Mark Twain
Reise durch Deutschland

Mark Twain

Reise durch Deutschland

Aus dem Amerikanischen
von Ana Maria Brock

Anaconda

Die vorliegende Übersetzung erschien erstmals 1963 als Teil von
Band 5 der *Ausgewählten Werke in zwölf Bänden* von Mark Twain,
hrsg. von Karl-Heinz Schönfelder im Aufbau Verlag, Berlin.
Dieser Band umfasst die ersten 24 Kapitel und den Anhang D:
Die schreckliche deutsche Sprache aus *Bummel durch Europa*.
Titel der Originalausgabe: *A Tramp Abroad* (Hartford, Conn. 1880).

Die Deutsche Nationalbibliothek verzeichnet diese Publikation
in der Deutschen Nationalbibliografie; detaillierte bibliografische
Daten sind im Internet unter http://dnb.d-nb.de abrufbar.

Lizenzausgabe mit freundlicher Genehmigung
© Aufbau Verlag GmbH & Co. KG, Berlin 1963, 2008
© dieser Ausgabe 2013 Anaconda Verlag GmbH, Köln
Alle Rechte vorbehalten.
Umschlagmotiv: Konstantin Apollonovich Savitsky (1844–1905),
»Travellers in Auvergne« (1876), State Russian Museum,
St. Petersburg / bridgemanart.com
Umschlaggestaltung: www.katjaholst.de
Satz und Layout: Andreas Paqué, www.paque.de
Printed in Czech Republic 2013
ISBN 978-3-86647-937-1
www.anacondaverlag.de
info@anacondaverlag.de

Inhalt

1. Kapitel

Eines Tages fiel mir auf, wie viele Jahre vergangen waren, seit die Welt das Schauspiel erlebt hatte, dass ein Mann verwegen genug war, eine Fußreise durch Europa zu unternehmen. Nach vielem Nachdenken entschied ich, dass ich der Richtige wäre, der Menschheit dieses Schauspiel zu bieten. Also entschloss ich mich dazu. Das war im März 1878.

Ich sah mich nach jemandem um, der geeignet wäre, mich als Agent zu begleiten, und stellte schließlich einen Mr. Harris für diesen Dienst ein.

Es war auch meine Absicht, Kunst zu studieren, solange ich in Europa sein würde. Mr. Harris stimmte darin mit mir überein. Er war ebenso sehr für die Kunst begeistert wie ich und nicht weniger begierig, malen zu lernen. Ich hatte den Wunsch, die deutsche Sprache zu erlernen; Harris ebenfalls.

Gegen Mitte April reisten wir auf der »Holsatia«, Kapitän Brandt, ab und erlebten wirklich eine sehr angenehme Überfahrt.

Nach einer kurzen Erholungspause in Hamburg trafen wir Vorbereitungen, in dem milden Frühlingswetter eine lange Fußwanderung gen Süden zu machen, aber im letzten Augenblick änderten wir aus privaten Gründen das Programm und fuhren mit dem Schnellzug.

In Frankfurt am Main machten wir kurz halt und fanden die Stadt interessant. Ich hätte gern das Geburtshaus Gutenbergs[1] besucht, aber das war nicht möglich, weil man sich die Lage des Hauses nicht gemerkt hat. Deshalb verbrachten wir stattdessen eine Stunde im Goethehaus. Die Stadt lässt es zu, dass dieses Haus Privatleuten gehört, statt sich selbst mit der Würde zu schmücken und auszuzeichnen, es zu besitzen und zu pflegen.

Frankfurt ist eine der sechzehn Städte, die den Vorzug genießen, Schauplatz des folgenden Ereignisses gewesen zu sein: Als Karl der Große[2] die Sachsen verfolgte (wie *er* sagte) oder von ihnen verfolgt wurde (wie *sie* sagten), kam er bei Morgengrauen im Nebel am Flussufer an. Der Feind war entweder vor ihm oder hinter ihm; aber jedenfalls wollte er sehr dringend hinüber. Für einen Führer hätte er alles gegeben, aber es war keiner da. Bald darauf sah er, wie eine Hirschkuh, von ihren Jungen gefolgt, auf das Wasser zuging. Er beobachtete sie, da er annahm, sie werde eine Furt suchen, und er hatte recht. Sie watete hinüber, und das Heer folgte ihr. So wurde ein großer fränkischer Sieg oder eine große fränkische Niederlage errungen oder vermieden; und zum Andenken an diese Begebenheit ließ Karl der Große dort eine Stadt bauen, die er Frankfurt nannte – die Furt der Franken. Keine der anderen Städte, wo dieses Ereignis stattgefunden hat, wurde danach benannt. Das ist ein schlüssiger Beweis, dass Frankfurt der erste Ort war, an dem es geschah.

Frankfurt besitzt noch eine Besonderheit – es ist der Geburtsort des deutschen Alphabets oder zumindest des deutschen Wortes für Alphabet – *Buchstaben*. Es heißt, die ersten beweglichen Lettern seien aus Birkenstäben hergestellt worden – daher der Name *Buchstabe*.[3]

In Frankfurt erhielt ich eine Lektion in Nationalökonomie. Ich hatte eine Kiste mit tausend sehr billigen Zi-

garren von zu Hause mitgebracht. Probehalber betrat
ich einen kleinen Laden in einer wunderlichen alten
Seitengasse, nahm vier bunte Schachteln mit Wachshöl-
zern und drei Zigarren und legte eine Silbermünze im
Werte von achtundvierzig Cent hin. Der Mann gab mir
dreiundvierzig Cent heraus.

In Frankfurt sind alle Leute sauber gekleidet, und ich
glaube, wir bemerkten diese merkwürdige Tatsache
auch in Hamburg und in den Orten entlang der Strecke.
Selbst in den engsten, ärmsten und ältesten Vierteln
Frankfurts war ordentliche und saubere Kleidung die
Regel. Die kleinen Kinder beiderlei Geschlechts waren
fast immer fein genug, um sie auf den Schoß zu nehmen. Und was die Uniformen der Soldaten anbetrifft,
so waren sie die Neuheit und Pracht in Perfektion. Keinerlei Schmutzfleck oder Stäubchen konnte man je darauf entdecken. Schaffner und Fahrer der Straßenbahn
trugen hübsche Uniformen, die eben vom Schneider
gekommen zu sein schienen, und so gut wie ihre Kleidung war auch ihr Benehmen.

Ich hatte das Glück, in einem der Geschäfte auf ein
Buch zu stoßen, das mich fast zu Tode entzückt hat. Es
heißt »Die Rheinsagen von Basel bis Rotterdam« von F.
J. Kiefer, übersetzt von L. W. Garnham, B. A.[4].

Alle Reisenden *erwähnen* die Rheinsagen – in einer
Weise, die unausgesprochen vorgibt, der Erwähnende
sei sein ganzes Leben lang mit ihnen vertraut gewesen
und sie könnten dem Leser nicht gut unbekannt sein –,
aber kein Reisender *erzählt* sie jemals. Daher hat dieses
kleine Buch bei mir einen sehr großen Appetit gestillt,
und ich wiederum habe die Absicht, meinen Leser mit
einem oder zwei kleinen Imbissen aus derselben Speisekammer zu laben. Ich werde Garnhams Übersetzung

nicht dadurch verderben, dass ich in ihr Englisch ein-
greife; denn das Schmackhafteste daran ist die drollige
Art, englische Sätze nach deutschem Muster zu bauen –
und sie nach überhaupt keinem Muster zu interpunk-
tieren.

In dem Kapitel, das den »Frankfurter Sagen« gewidmet ist, finde ich die folgende:

Der Schelm von Bergen

Im Römer[5] zu Frankfurt fand, bei der Krönungsfeier,
ein großer Maskenball statt, und in dem hell erleuchteten
Saal, lud die schmetternde Musik zum Tanze, und glanz-
voll zeigten sich die reichen Toiletten und Reize der
Damen, und die festlich kostümierten Fürsten und Ritter. Alles schien eitel Glück, Freude und schelmischer
Übermut, nur einer der zahlreichen Gäste zeigte ein
düsteres Aussehen; aber gerade die schwarze Rüstung, in
der er umherging, erregte allgemeine Aufmerksamkeit,
und seine hochgewachsene Gestalt, sowie der edle Anstand seiner Bewegungen, lenkten besonders die Blicke
der Damen auf sich. Wer der Ritter war? Niemand
konnte es erraten, denn sein Visier war fest geschlossen,
und an nichts war er zu erkennen. Stolz und doch be-
scheiden trat er vor die Kaiserin; ließ sich vor ihrem
Thron auf ein Knie nieder, und bat um die Gnade eines
Walzers mit der Königin des Festes. Und sie gab seiner
Bitte statt. Mit leichten und anmutigen Schritten tanzte
er durch den langen Saal, mit der Herrscherin, die
glaubte, niemals einem gewandteren und vorzüglicheren
Tänzer begegnet zu sein. Aber auch durch seine gefälli-
ge Art und seine erlesene Konversation verstand er es,

die Königin zu gewinnen, und sie gewährte ihm gnädig einen zweiten Tanz, um den er bat, ein dritter, ein vierter und weitere wurden ihm nicht abgeschlagen. Wie schauten alle auf den glücklichen Tänzer, wie neideten ihm viele die hohe Ehre; wie wuchs die Neugier, wer der maskierte Ritter sein könnte!

Auch der Kaiser wurde immer stärker von Neugier ergriffen, und mit großer Spannung erwartete man die Stunde, da sich nach dem Maskenrecht, jeder maskierte Gast zu erkennen geben musste. Dieser Zeitpunkt kam; aber obwohl sich alle anderen demaskiert hatten, weigerte sich der geheimnisvolle Ritter noch immer, seine Züge sehen zu lassen, bis schließlich die Königin, von Neugier getrieben und über die hartnäckige Weigerung verärgert, ihm befahl sein Visier zu öffnen. Er öffnete es, und niemand von den hohen Damen und Herren kannte ihn. Aber aus der dicht gedrängten Zuschauermenge traten 2 Beamte hervor, die den schwarzen Tänzer erkannten, und Schreck und Entsetzen verbreiteten sich im Saal, als sie sagten, wer der vermeintliche Ritter wäre. Es war der Henker von Bergen. Aber vor Zorn glühend, befahl der König den Verbrecher zu packen und hinzurichten, der gewagt hatte, mit der Königin zu tanzen; dadurch die Kaiserin beschimpft und die Krone beleidigt hatte. Der Schuldige warf sich dem Kaiser zu Füßen, und sagte:

»Wahrlich, ich habe mich schwer gegen alle hier versammelten edlen Gäste vergangen, aber am schwersten gegen Euch meinen Herrscher und meine Königin. Die Königin hat meine Anmaßung gleich einem Verrat beleidigt, aber keine Strafe, nicht einmal Blut, wird den Schimpf abwaschen können, den Ihr durch mich erlitten habt. Deshalb, o König, erlaubt mir ein Mittel vorzuschlagen, um die Schande auszulöschen, und ungeschehen zu machen. Zieht Euer Schwert und schlagt mich zum Ritter, dann werde ich jedem den Handschuh hinwerfen, der es wagt, unehrerbietig von meinem König zu sprechen.«

Der Kaiser war von diesem kühnen Vorschlag überrascht, jedoch schien es ihm das weiseste zu sein. »Du bist ein verwegener Schelm«, erwiderte er nach kurzer Überlegung, »aber dein Rat ist gut und zeugt von Klugheit, wie deine Beleidigung von waghalsigem Mut zeugt. Wohlan« − und versetzte ihm den Ritterschlag − »so erhebe ich dich in den Adelsstand, der du um Gnade für deine Missetat batest und nun vor mir kniest, erhebe dich als Ritter; wie ein Schelm hast du gehandelt und Schelm von Bergen sollst du fortan heißen«, und freudig erhob sich der schwarze Ritter. Man ließ den Kaiser dreimal hochleben, und laute Freudenrufe bezeugten die Zustimmung, unter der die Königin noch einmal mit dem Schelmen von Bergen tanzte.

2. Kapitel
Heidelberg

Wir stiegen in einem Hotel am Bahnhof ab. Als wir am nächsten Morgen in meinem Zimmer saßen und darauf warteten, dass das Frühstück heraufkomme, wurden wir von etwas, das sich drüben vor einem anderen Hotel abspielte, stark gefesselt. Zuerst erschien an der Tür die Persönlichkeit, die man »Portier« nennt (nicht der Träger, sondern eine Art Obermaat des Hotels), in einer funkelnagelneuen blauen Tuchuniform, geschmückt mit

glänzenden Messingknöpfen und mit Goldtressen um
Mütze und Manschetten; und weiße Handschuhe trug
er auch noch dazu. Er warf einen dienstlichen Blick auf
den Stand der Dinge und begann dann, Befehle zu er-
teilen. Zwei Dienstmädchen kamen mit Eimern und
Besen und Bürsten heraus und schrubbten gründlich
den Bürgersteig; inzwischen schrubbten zwei andere die
vier Marmorstufen, die zur Tür hinaufführten; weiter
hinten konnten wir einige Diener sehen, die den Teppich der großen Treppe aufnahmen. Diesen Teppich
brachte man fort, klopfte und schlug ihn und fegte das
letzte Stäubchen aus ihm heraus, brachte ihn dann zurück und legte ihn wieder hin. Die Läuferstangen aus
Messing wurden auf Hochglanz poliert und wieder an
ihren Ort gelegt. Nun brachte ein Trupp Diener Töpfe
und Kübel mit blühenden Pflanzen heran und grup-
pierte sie um die Tür und den Fuß der Treppe herum
zu einem prächtigen Dickicht. Andere Diener schmück-
ten alle Balkone der einzelnen Stockwerke mit Blumen
und Fahnen; weitere stiegen auf das Dach und hissten
dort an einem Mast eine große Flagge. Nun kamen
noch mehr Zimmermädchen und überarbeiteten noch
einmal den Bürgersteig und wischten dann die Marmorstufen mit feuchten Tüchern und staubten sie
schließlich mit Federbesen ab. Jetzt wurde ein breiter
schwarzer Läufer herausgebracht und die Marmorstufen
hinunter über den Bürgersteig bis zum Bordstein gelegt.
Der Portier warf einen Blick daran entlang und bemerkte, dass er nicht absolut gerade lag; er befahl, ihn
gerade auszurichten; die Diener gaben sich Mühe – sie
gaben sich wirklich viel Mühe –, aber der Portier war
nicht zufrieden. Er ließ ihn schließlich aufnehmen, und
dann legte er ihn selbst aus und bekam ihn richtig hin.

Bei diesem Stand der Dinge wurde ein schmaler, leuchtend roter Läufer entrollt und von der obersten Marmorstufe bis zum Bordstein mitten auf dem schwarzen Läufer ausgelegt. Dieser rote Pfad kostete den Portier sogar noch mehr Mühe als der schwarze. Aber er schob ihn geduldig wieder und wieder zurecht, bis er vollkommen in Ordnung war und genau in der Mitte des schwarzen Läufers lag. In New York hätten diese Vorgänge eine gewaltige Menge neugieriger und lebhaft interessierter Zuschauer angezogen; hier aber gewannen sie als Publikum nur ein halbes Dutzend kleiner Jungen, die in einer Reihe quer über dem Bürgersteig standen, einige mit dem Schulranzen auf dem Rücken und die Hände in den Taschen, andere die Arme voller Bündel, und alle waren in das Schauspiel vertieft. Gelegentlich hüpfte einer von ihnen respektlos über den Läufer und stellte sich auf der anderen Seite hin. Das ärgerte den Portier jedes Mal sichtlich.

Nun kam eine Wartezeit. Der Wirt, in schlichtem Zivil und barhäuptig, stellte sich auf der untersten Marmorstufe auf, neben dem Portier, der am anderen Ende derselben Stufe stand; sechs oder acht Kellner, behandschuht, barhäuptig und mit ihrer weißesten Wäsche, ihrer weißesten Krawatte und ihrem besten Frack bekleidet, gruppierten sich um diese Chefs herum, ließen aber den Teppichgang frei. Keiner rührte sich oder sprach mehr, sondern alle warteten nur noch.

Nach kurzer Zeit hörte man das schrille Pfeifen eines ankommenden Zuges, und sofort begannen sich Menschengruppen in der Straße zu versammeln. Zwei oder drei offene Wagen trafen ein und setzten einige Ehrendamen und einige Beamte am Hotel ab. Bald darauf brachte ein weiterer offener Wagen den Großherzog von Baden[6], einen stattlichen Mann in Uniform, der die hübsche, messingbeschlagene Pickelhaube des Heeres auf dem Kopfe trug. Zuletzt kamen die deutsche Kaiserin[7] und die Großherzogin von Baden in einer geschlossenen Kutsche; sie schritten durch die Gruppen der Bediensteten, die sich tief verneigten, und verschwanden im Hotel, wobei sie uns nur die Hinterköpfe zeigten, und dann war der Aufzug vorbei.

Einen Monarchen an Land zu setzen scheint genau so schwer zu sein, wie ein Schiff vom Stapel laufen zu lassen.

Aber nun zu Heidelberg. Es wurde ziemlich warm – wirklich sehr warm. Deshalb verließen wir das Tal und bezogen Quartier im Schlosshotel, auf dem Berg über dem Schloss.

Heidelberg liegt an der Mündung einer engen Schlucht – einer Schlucht in Form eines Hirtenstabes; wenn man in sie hinaufschaut, bemerkt man, dass sie etwa anderthalb Meilen weit gerade verläuft, dann scharf nach rechts abbiegt und verschwindet. Diese Schlucht – auf deren Grund der reißende Neckar fließt – ist eingeschlossen zwischen (oder eingeschnitten in) einige lange, steile Bergrücken, die tausend Fuß[8] hoch und bis zu den Gipfeln hinauf dicht bewaldet sind, mit Ausnahme eines Abschnittes, den man rasiert und dem Ackerbau unterworfen hat. Diese Bergrücken sind an der Mündung der Schlucht abgehackt und bilden zwei kühne, ins Auge fallende Vorgebirge, zwischen die sich Heidelberg schmiegt; zu ihren Füßen breitet sich die weite, dunstige Ebene des Rheintals aus, und in diese Ebene schweift der Neckar in gleißenden Windungen hinein und ist bald den Blicken entschwunden.

Wenn man sich nun umdreht und noch einmal die Schlucht hinaufblickt, sieht man rechts das Schlosshotel, das auf einer steilen Klippe über dem Neckar thront – einer Klippe, die so üppig mit Laub gepolstert und verkleidet ist, dass kein Stück des Felsens sichtbar wird. Das Gebäude scheint sehr hoch gelegen zu sein. Es sieht aus, als stünde es auf einem Bord auf halber Höhe des bewaldeten Berghanges; und da es abseits und ganz für sich liegt und sehr weiß ist, hebt es sich deutlich vom hohen Laubwall in seinem Rücken ab.

Dieses Hotel besaß eine Besonderheit, die entschieden etwas Neues war und die sich jedes Haus sehr zum Vorteil zu eigen machen könnte, das an so beherrschender Stelle thront. Diese Besonderheit könnte man als eine Reihe verglaster Räume beschreiben, *die an der Außenseite des Hauses kleben,* je einer an einem jeden Schlafzimmer und Salon. Sie ähneln an das Gebäude gehängten langen, schmalen, hohen Vogelkäfigen. Ich hatte ein Eckzimmer, das zwei dieser Dinger aufwies, eines nach Norden und eines nach Westen.

Vom Nordkäfig aus schaut man die Neckarschlucht hinauf; von dem westlichen aus schaut man sie hinunter. Der Letztere bietet den weitesten Ausblick, und das ist dazu einer der lieblichsten, die man sich nur vorstellen kann. Aus einer schwellenden Woge leuchtend grünen Laubwerks erhebt sich, einen Büchsenschuss entfernt, die gewaltige Ruine des Heidelberger Schlosses[9] mit leeren Fensterbögen, efeugepanzerten Zinnen, verwitternden Türmen – der Lear[10] der unbelebten Natur –, verlassen, entthront, sturmgepeitscht, aber noch immer fürstlich und schön. Es ist ein prächtiger Anblick, wenn das Abendsonnenlicht plötzlich den belaubten Abhang am Fuße des Schlosses trifft, an ihm emporschießt und es wie mit leuchtendem Gischt übergießt, während die angrenzenden Gehölze in tiefem Schatten liegen.

Hinter dem Schloss erhebt sich ein ansehnlicher kuppelförmiger, bewaldeter Berg, und hinter diesem einer, der noch stattlicher und höher ist. Das Schloss blickt hinunter auf die dicht gedrängte Stadt mit ihren braunen Dächern; und von der Stadt aus überspannen zwei malerische alte Brücken den Fluss. Nun weitet sich der Ausblick; durch den Torweg zwischen den postenstehenden Vorgebirgen sieht man hinaus auf die weite Rheinebene, die sich sanft und in satten Farbtönen hindehnt, allmählich und traumhaft verschwimmt und schließlich unmerklich mit dem fernen Horizont verschmilzt.

Ich habe noch niemals eine Aussicht genossen, die einen so stillen und beglückenden Zauber besessen hätte wie diese.

Am ersten Abend, den wir dort verbrachten, gingen wir früh schlafen, aber ich erwachte nach zwei oder drei Stunden und lag behaglich eine Weile da, um dem Regen zu lauschen, der so besänftigend gegen die Balkonfenster tropfte. Ich hielt es für Regen, aber es stellte sich heraus, dass es nur das Murmeln des rastlosen Neckars war, der weit unten in der Schlucht über seine Dämme und Wehre toste. Ich stand auf und ging in den Westbalkon und erblickte ein wundervolles Bild. Weit unten im Grund, unterhalb der schwarzen Masse des Schlosses, lag die Stadt am Fluss hingestreckt, und ihr verwickeltes Straßennetz war mit blinzelnden Lichtern geschmückt; auf den Brücken sah man Lichterreihen; diese warfen Lichtspeere auf das Wasser in den schwarzen Schatten der Brückenbogen hinab; und drüben am Rande dieses ganzen Märchenbildes blinkte und glühte eine dichte

Menge von Gaslichtern, die sich über mehrere Morgen zu erstrecken schienen; es war, als wären alle Diamanten der Welt dort ausgebreitet worden. Ich hatte nicht gewusst, dass sich eine halbe Meile sechsfacher Eisenbahngleise als solcher Schmuck ausnehmen könnte.

Man glaubt, Heidelberg – mit seiner Umgebung – bei Tage sei das Höchstmögliche an Schönheit; aber wenn man Heidelberg bei Nacht sieht, eine herabgestürzte Milchstraße, an deren Rand jenes glitzernde Sternbild der Eisenbahn geheftet ist, dann braucht man Zeit, um sich das Urteil noch einmal zu überlegen.

Man wird nie müde, in den dichten Wäldern umherzustöbern, die alle diese hohen Neckarberge bis an ihre Gipfel umkleiden. Die tiefsten Tiefen eines grenzenlosen Waldes besitzen in jedem Lande einen bestrickenden, mächtigen Zauber; aber die deutschen Sagen und Märchen haben diesem hier einen zusätzlichen Reiz verliehen. Sie haben diese ganze Gegend mit Geistern und Zwergen und geheimnisvollen und unheimlichen Geschöpfen aller Art bevölkert. Zu der Zeit, von der ich schreibe, hatte ich so viel von dieser Literatur gelesen, dass ich manchmal nicht sicher war, ob ich nicht allmählich an die Geister und Feen als wirkliche Wesen glaubte.

Eines Nachmittags verlief ich mich in den Wäldern, etwa eine Meile vom Hotel entfernt, und verfiel bald träumerischen Gedanken über sprechende Tiere und Kobolde und über verzauberte Menschen und den übrigen gemütlichen Märchenkram; und indem ich so meine Fantasie aufstachelte, kam ich schließlich so weit, mir einzubilden, dass ich hier und da tief in den Säulengängen des Waldes kleine, huschende Gestalten sehen könne. Der Ort war für so etwas besonders gut geeignet. Ein Kiefernwald mit einem so dicken und weichen Teppich aus braunen Nadeln, dass ein Tritt nicht mehr Geräusch machte, als wenn man über Wolle schritte; die Baumstämme waren so rund und gerade und glatt wie Säulen und standen dicht beisammen; bis etwa fünfundzwanzig Fuß über dem Boden wiesen sie keine Äste auf, und von da an aufwärts waren sie so dicht verzweigt, dass kein Sonnenstrahl hindurchdringen konnte. Draußen war die Welt hell vom Sonnenlicht, aber hier drinnen herrschten ein dunkles und sanftes Zwielicht und eine so tiefe Stille, dass ich meine eigenen Atemzüge zu hören glaubte.

Als ich zehn Minuten lang dagestanden, sinnend und fantasierend mein Gemüt auf den Ort eingestimmt und in die rechte Verfassung gebracht hatte, das Übernatürliche zu genießen, stieß plötzlich ein Rabe über meinem Kopf ein heiseres Krächzen aus. Das schreckte mich auf; und dann war ich wütend, weil ich aufgeschreckt war. Ich schaute hinauf, und das Tier saß auf einem Ast direkt über mir und schaute auf mich herunter. Ich empfand etwas von dem gleichen Gefühl der Erniedrigung und Beleidigung, das man verspürt, wenn man entdeckt, dass ein fremder Mensch einen in der Zurückgezogenheit verstohlen beobachtet und im Geiste kritische Anmerkungen dazu gemacht hat. Ich beäugte den Raben, und der Rabe beäugte mich. Ein paar Sekunden wurde nicht gesprochen. Dann schritt der Vogel ein Stückchen auf seinem Zweig entlang, um besser sehen zu können, lüftete die Flügel, stieß den Kopf weit unter Schulterhöhe hinab auf mich zu und krächzte wieder – ein Krächzer mit einem deutlich beleidigenden Klang. Hätte er Englisch gesprochen, so hätte er nicht offener sagen können, als er es auf Räbisch tat: »Na, was willst *du* denn hier?« Ich kam mir so albern vor, als wäre ich von einem höher verantwortlichen Wesen bei einer gemeinen Handlung erwischt und dafür gerügt worden. Ich gab jedoch keine Antwort; ich wollte mich doch nicht mit einem Raben auf einen Wortwechsel einlassen. Der Gegner wartete eine Weile, wobei er die Schultern noch immer erhoben, den Kopf zwischen ihnen herabgestreckt und das scharfe, glänzende Auge auf mich gerichtet hielt; dann stieß er noch zwei oder drei Beleidigungen aus, die ich nicht weiter verstehen konnte, nur wusste ich, dass ein Teil davon aus Redensarten bestand, die in der Kirche nicht gebräuchlich sind.

Ich gab noch immer keine Antwort. Nun hob der Gegner den Kopf und rief. Ein Antwortkrächzen kam nahe aus dem Wald – offensichtlich ein fragendes Krächzen. Der Gegner erstattete eifrigst Bericht, und der andere Rabe ließ alles stehen und liegen und kam an. Die beiden saßen nebeneinander auf dem Zweig und sprachen so ungezwungen und verletzend über mich, wie zwei große Naturforscher über eine neue Wanzenart sprechen würden. Das wurde immer peinlicher. Sie riefen einen weiteren Freund herzu. Das war zu viel. Ich erkannte, dass sie im Vorteil waren, und so beschloss ich, mich aus der Affäre zu ziehen, indem ich mich davonmachte. Sie freuten sich über meine Niederlage so sehr, wie es nur irgendwelche niedrigen Weißen hätten tun können. Sie reckten die Hälse und lachten mich aus (denn ein Rabe *kann* lachen, genau wie ein Mensch), sie kreischten beleidigende Bemerkungen hinter mir her, solange sie mich sehen konnten. Es waren nur Raben, ich wusste das; was sie über mich dachten, war völlig unwichtig – und doch, wenn sogar ein Rabe hinter einem herruft: »Doller Hut!«, »Mann, zieh die Weste glatt!« und solche Sachen, dann tut es einem weh und demütigt, und mit spitzfindigen Beweisführungen und hübschen Argumenten kommt man nicht darüber hinweg.

Natürlich sprechen Tiere miteinander. Das ist gar keine Frage; aber ich vermute, es gibt sehr wenige Leute, die sie verstehen können. Ich habe nur einen Mann gekannt, der das konnte. Dass er sie verstand, wusste ich freilich nur, weil er selbst es mir erzählt hat. Es war ein argloser Silbergräber mittleren Alters, der viele Jahre in einer einsamen Ecke Kaliforniens in den Wäldern und Bergen verbracht und die Lebensweise seiner einzigen Nachbarn, der Tiere und Vögel, studiert hatte, bis er glaubte, jede ihrer Bemerkungen genau übersetzen zu können. Nach Jim Baker besitzen manche Tiere nur eine begrenzte Bildung und verwenden nur sehr einfache Wörter, kaum jemals einen Vergleich oder eine blumenreiche Wendung; während gewisse andere Tiere einen großen Wortschatz, vortreffliche Sprachbeherrschung und einen gewandten und flüssigen Vortragsstil aufweisen. Letztere reden deswegen eine ganze Menge; es macht ihnen Spaß; sie sind sich ihrer Begabung bewusst und lieben es, »anzugeben«. Baker sagte, er sei nach langer und sorgfältiger Beobachtung zu dem Schluss gekommen, dass die Eichelhäher die besten Sprecher seien, die er unter Vögeln und Vierfüßlern gefunden habe. Er sagte:

»An einem Eichelhäher ist mehr dran als an jedem anderen Tier. Er besitzt mehr Stimmungen und mehr verschiedenartige Gefühle als andere Tiere; und, merken Sie sich das, was ein Eichelhäher fühlt, kann er auch in Sprache ausdrücken. Und auch nicht bloß in gewöhnlicher Sprache, sondern in fließender regelrechter

Schriftsprache, die noch dazu von Bildern strotzt – einfach strotzt! Und was die Beherrschung der Sprache angeht – na, *Sie* erleben es nicht, dass ein Eichelhäher stecken bleibt und nach einem Wort sucht. Das hat noch kein Mensch erlebt. Die Worte sprudeln direkt aus ihm heraus! Und noch etwas: Ich habe schon vieles beobachtet, und es gibt keinen Vogel und keine Kuh oder sonst etwas, das eine so gute Grammatik spricht wie der Eichelhäher. Man könnte ja sagen, eine Katze spricht gute Grammatik. Gut, das stimmt – aber lassen Sie nur mal eine Katze sich aufregen; lassen Sie mal eine Katze nachts mit einer anderen Katze auf einem Schuppen raufen, und Sie bekommen eine Grammatik zu hören, dass Sie die Maulsperre kriegen. Unkundige denken, der *Krach*, den raufende Katzen machen, wirkt so unangenehm, aber der ist es nicht; es ist die scheußliche Grammatik, die sie sprechen. Häher habe ich aber nur ganz selten schlechte Grammatik sprechen hören; und wenn sie es tun, schämen sie sich wie ein Mensch; gleich halten sie den Schnabel und hauen ab.

Man könnte einen Häher einen Vogel nennen. Na ja, das ist er gewissermaßen auch – vielleicht, weil er Federn trägt und keiner Kirche angehört; aber sonst ist er genauso menschlich wie Sie. Und ich will Ihnen sagen, warum. Die Geistesgaben, Instinkte, Gefühle und Interessen eines Hähers sind allumfassend. Ein Häher hat nicht mehr Grundsätze als ein Kongressmann[11]. Ein Häher lügt, ein Häher stiehlt, ein Häher täuscht, ein Häher betrügt, und viermal von fünfen bricht ein Häher sein feierliches Wort. Die Heiligkeit eines Versprechens ist etwas, das Sie keinem Häher eintrichtern können. Na, und zu alledem kommt noch eine andere Sache: Ein Häher überbietet jeden Herrn auf den Silbergruben im

Fluchen. Man denkt, eine Katze kann fluchen. Schön, kann sie; aber geben Sie einem Eichelhäher einen Anlass, der seine versteckten Reserven herausfordert, und wo bleibt Ihre Katze? Erzählen Sie *mir* nichts – ich weiß zu viel darüber. Und da ist noch etwas: In dem einen kleinen Punkt des Schimpfens – einfach anständigen, ordentlichen, gründlichen Schimpfens – schlägt der Eichelhäher alles, menschlich oder göttlich. Jawohl, Sir, der Eichelhäher ist alles, was der Mensch auch ist. Der Häher kann weinen, der Häher kann lachen, der Häher kann sich schämen, der Häher kann denken und planen und diskutieren, der Häher liebt Klatsch und Verleumdung, der Häher hat Sinn für Humor, der Häher weiß genauso gut wie Sie, wann er sich lächerlich macht – vielleicht noch besser. Wenn der Häher nicht menschlich ist, sollte er sein Schild lieber einholen, so ist das. Jetzt werde ich Ihnen eine vollkommen wahre Begebenheit von ein paar Eichelhähern erzählen.«

3. Kapitel
Bakers Eichelhähergarn

Als ich gerade anfing, die Hähersprache richtig zu verstehen, gab es hier einen kleinen Vorfall. Vor sieben Jahren war der letzte Mann in dieser Gegend außer mir weggezogen. Dort steht sein Haus – seither immer leer gewesen; ein Blockhaus mit Bretterdach – nur ein großer Raum und weiter nichts; keine Decke – nichts zwischen den Dachbalken und dem Fußboden. Na gut, eines Sonntagmorgens saß ich mit meiner Katze hier draußen vor der Hütte und sonnte mich und schaute zu den blauen Bergen und hörte zu, wie die Blätter so verlassen in den Bäumen raschelten, und dachte an die Heimat weit drüben in den Staaten, von der ich seit dreizehn Jahren nichts gehört hatte – als sich ein Eichelhäher auf dem Haus dort niederließ, eine Eichel im Schnabel, und sagte: »Hallo, ich glaube, ich hab was entdeckt.« Als er sprach, fiel ihm die Eichel aus dem Schnabel und rollte natürlich das Dach hinunter, aber er kümmerte sich nicht darum; sein ganzer Sinn war auf die Sache gerichtet, die er aufgespürt hatte. Es war ein Astloch im Dach. Er legte den Kopf auf die Seite, machte ein Auge zu und legte das andere an das Loch, wie ein Opossum[12], das in einen Krug schaut; dann blickte er mit seinen glänzenden Augen auf, schlug ein- oder zweimal mit den Flügeln – das bedeutet Befriedigung, wissen Sie – und sagte: »Es sieht aus wie ein Loch, es ist wie ein Loch gelegen – verdammt, ich glaube, das *ist* ein Loch!«

Dann senkte er den Kopf und riskierte noch einen Blick; diesmal sah er restlos glücklich auf, wackelte mit Flügeln und Schwanz gleichzeitig und sagte: »Oh, das ist wohl kein dicker Hund, was? Hab ich ein Glück! – das ist doch ein maßlos schickes Loch!« Also flog er hinab, holte sich die Eichel und brachte sie hinauf, ließ sie hineinfallen und bog gerade mit einem restlos verklärten Lächeln auf dem Gesicht den Kopf zurück, als er plötzlich in lauschender Haltung erstarrte und das Lächeln allmählich aus seiner Miene schwand wie der Hauch von einem Rasiermesser und der seltsamste Ausdruck der Überraschung an seine Stelle trat. Dann sagte er: »Nanu, ich habe sie nicht fallen hören!« Er neigte das Auge wieder an das Loch und schaute lange hinein, richtete sich auf und schüttelte den Kopf, trat auf die andere Seite des Loches und schaute von da aus erneut hinein, schüttelte wieder den Kopf. Er überlegte eine Weile, dann ging er der Sache nach – lief immer wieder um das Loch herum und starrte aus jeder Himmelsrichtung hinein. Keinen Zweck. Nun nahm er auf dem Dachfirst Denkerstellung ein und kratzte sich eine Minute lang mit dem rechten Fuß den Hinterkopf und sagte schließlich: »Also, mir ist das zu hoch, das steht fest; muss ein lausig langes Loch sein; aber ich hab keine Zeit, hier herumzutrödeln, die Arbeit ruft; ich denke, 's wird schon stimmen – will's jedenfalls hoffen.«

So flog er weg und holte noch eine Eichel, ließ sie hineinfallen und versuchte, das Auge schnell genug an das Loch zu bringen, um zu sehen, was aus ihr wurde, aber er kam zu spät. Er hielt das Auge fast eine Minute lang dran; dann richtete er sich auf und seufzte und sagte: »Verflixt, das begreif ich anscheinend nicht, überhaupt nicht; aber ich mach mich noch mal drüber her.« Er holte eine neue Eichel und gab sich die größte Mühe, um zu sehen, was aus ihr wurde, aber er schaffte es nicht. Er sagte: »Also, *ich* hab so ein Loch noch nie erlebt; ich bin der Meinung, es ist eine völlig neue Art von Loch.« Dann fing er an, wild zu werden. Er hielt noch eine kurze Weile an sich, ging auf dem Dachfirst hin und her, schüttelte den Kopf und murmelte vor sich hin; aber bald überwältigten ihn seine Gefühle, und er ging durch und fluchte, bis er schwarz im Gesicht wurde. Ich habe noch nie einen Vogel gesehen, der wegen so einer Kleinigkeit so viel Wind gemacht hat. Als er damit fertig war, ging er zu dem Loch und schaute wieder eine halbe Minute lang hinein; dann sagte er: »Gut, du bist ein langes Loch und ein tiefes Loch und überhaupt ein mächtig komisches Loch – aber ich hab nun mal angefangen, dich aufzufüllen, und verdammt will ich sein, wenn ich dich nicht ganz auffülle, und wenn's hundert Jahre dauert!«

Und damit zog er los. In Ihrem ganzen Leben haben Sie noch nie einen Vogel so arbeiten sehen. Er kniete sich in die Arbeit wie ein Nigger, und wie er an die zweieinhalb Stunden lang Eicheln in das Loch hievte, das war eines der aufregendsten und erstaunlichsten Schauspiele, die ich je erlebt habe. Er hielt überhaupt nicht mehr an, um nachzusehen – er hievte sie bloß hinein und holte mehr. Na, schließlich konnte er kaum noch mit den Flügeln schlagen, so fertig war er. Noch einmal kam er abgekämpft an, schwitzend wie ein Krug Eiswasser, ließ seine Eichel hineinfallen und sagte: »*Jetzt*, schätz ich, hab ich dich inzwischen kleingekriegt.« So bückte er sich, um nachzusehen. Ob Sie mir glauben oder nicht, als er den Kopf wieder hob, war er einfach bleich vor Wut. Er sagte: »Ich habe genug Eicheln hier reingeschaufelt, um die Familie dreißig Jahre lang zu ernähren, und wenn ich auch nur von einer davon ein Zeichen sehen kann, will ich binnen zwei Minuten mit dem Bauch voll Sägemehl im Museum landen!«

Er hatte gerade noch Kraft genug, um auf den First hinaufzukriechen und den Rücken gegen den Schornstein zu lehnen, und dann fasste er seine Eindrücke zusammen und fing an, sich alles von der Seele zu reden. In einer Sekunde hatte ich gemerkt, dass das, was ich in den Gruben fälschlich für Geluche gehalten hatte, nur sozusagen die Grundbegriffe gewesen waren.

Ein anderer Häher kam vorbei und hörte seine Andachtsübungen und hielt an, um sich zu erkundigen, was los war. Der schwer geprüfte erzählte ihm den ganzen Fall und sagte: »Also, dort drüben ist das Loch, und wenn du mir nicht glaubst, dann geh hin und sieh selbst nach.« So ging dieser Kerl hin und sah nach und sagte: »Was hast du gesagt, wie viel hast du dort reingesteckt?« – »Bestimmt nicht weniger als zwei Tonnen«, sagte der schwer geprüfte. Der andere Häher sah wieder nach. Er kam anscheinend nicht dahinter, deshalb machte er ein Geschrei, und es kamen noch drei Häher. Sie untersuchten alle das Loch, sie ließen alle den schwer geprüften alles noch mal erzählen, dann besprachen sie alle die Sache und gaben ebenso viele verschrobene Ansichten darüber ab, wie es eine durchschnittliche Gruppe von Menschen getan hätte.

Sie riefen noch mehr Häher herzu; dann mehr und mehr, bis ziemlich bald diese ganze Gegend einen blauen Schimmer anzunehmen schien. Es müssen fünftausend gewesen sein; und so ein Schwadronieren und Diskutieren und Streiten und Fluchen hat man noch nie gehört. Jeder Häher dieses ganzen Haufens legte das Auge an das Loch und gab eine quatschigere Ansicht über das Geheimnis von sich als der Häher, der vor ihm hingegangen war. Sie untersuchten auch das ganze Haus. Die Tür stand halb offen, und schließlich stieß ein alter Häher zufällig auf sie und schaute hinein. Natürlich blies das das Rätsel auf der Stelle in den Wind. Da lagen die Eicheln, über den ganzen Fußboden verstreut. Er schlug mit den Flügeln und erhob ein Geschrei. »Kommt her«, sagte er, »kommt alle mal her; will tot umfallen, wenn dieser Trottel nicht versucht hat, ein Haus mit Eicheln anzufüllen!« Sie kamen alle wie eine blaue Wolke herabgestoßen, und immer wenn einer auf der Tür landete und einen Blick hineinwarf, gab ihm die ganze Absurdität der Aufgabe, die sich der erste Häher vorgenommen hatte, den Rest, und er fiel hintenüber und erstickte vor Lachen, und der nächste Häher kam dran, und ihm ging es genauso.

Na, eine Stunde lang hockten sie hier auf dem Hausdach und den Bäumen herum und lachten schallend über die Sache wie die Menschen. Es hat keinen Zweck, mir zu erzählen, dass der Eichelhäher keinen Sinn für Humor hat, denn ich weiß es besser. Und Gedächtnis hat er auch. Sie haben Häher aus den ganzen Vereinigten Staaten hergebracht, um ihnen das Loch zu zeigen, jeden Sommer, drei Jahre lang. Andere Vögel auch. Und sie haben alle die Pointe erfasst, bloß eine Eule nicht, die aus Neuschottland[13] gekommen war, um das Tal Yosemite zu besuchen, und diese Sache auf dem Rückweg mitnahm. Sie sagte, sie könnte nichts komisch daran finden. Aber sie war ja auch über das Tal Yosemite ziemlich enttäuscht.

4. Kapitel
Studentenleben

Das Sommersemester war in vollem Gange; infolgedessen war die häufigste Erscheinung in und um Heidelberg der Student. Natürlich waren die meisten Studenten Deutsche, aber es gab sehr zahlreiche Vertreter anderer Länder. Sie stammten aus allen Ecken des Erdballs – denn die Ausbildung ist billig in Heidelberg und der Lebensunterhalt auch. Der Anglo-Amerikanische Klub, der sich aus britischen und amerikanischen Studenten zusammensetzte, hatte fünfundzwanzig Mitglieder, und es gab noch viel Reservematerial.

Neun Zehntel der Heidelberger Studenten trugen weder Abzeichen noch Uniform; das andere Zehntel

trug Mützen verschiedener Farben und gehörte gesell-
schaftlichen Organisationen an, die »Korps« heißen. Es
gab fünf Korps, jedes mit einer eigenen Farbe; da waren
weiße Mützen, blaue Mützen, rote, gelbe und grüne.
Das berühmte Schlagen ist auf die Korpsstudenten beschränkt. Die »Kneipe« scheint auch eine Spezialität
von ihnen zu sein. Kneipen werden dann und wann ab-
gehalten, um große Anlässe zu feiern – wie zum Beispiel die Wahl eines Bierkönigs. Der Gang der Feierlichkeit ist einfach; die fünf Korps versammeln sich am
Abend, und auf ein Zeichen hin fangen sie alle an, sich
aus Halbliterkrügen so schnell wie möglich mit Bier
volllaufen zu lassen, und jeder zählt für sich selbst – gewöhnlich dadurch, dass er für jeden Krug, den er leert,
ein Streichholz zur Seite legt. Die Wahl ist schnell entschieden. Wenn in die Kandidaten nichts mehr hinein-
geht, veranstaltet man eine Zählung, und wer die größte Anzahl von Halblitern getrunken hat, wird zum König ausgerufen. Man hat mir erzählt, dass der letzte
durch die Korps – oder durch seine eigenen Fähigkei-
ten – erwählte Bierkönig seinen Krug fünfundsiebzig-
mal geleert habe. Natürlich könnte kein Magen diese
ganze Menge auf einmal fassen – aber es gibt Möglichkeiten, wiederholt ein Vakuum zu schaffen, was diejenigen verstehen werden, die oft zur See gefahren sind.
Man sieht zu allen Stunden so viele Studenten unterwegs, dass man sich bald fragt, ob sie überhaupt jemals
Arbeitszeit haben. Manche haben sie, manche nicht. Jeder kann sich selbst aussuchen, ob er arbeiten oder sich
amüsieren will; denn das deutsche Universitätsleben ist
ein sehr freies Leben; es scheint keinen Beschränkungen
zu unterliegen. Der Student wohnt nicht in den Uni-
versitätsgebäuden, sondern mietet seine eigene Bude,

wo es ihm beliebt, und nimmt seine Mahlzeiten ein, wann und wo es ihm gefällt. Er geht zu Bett, wann es ihm passt, und steht überhaupt nicht auf, es sei denn, er will. Er wird an der Universität nicht für eine bestimmte Zeitdauer immatrikuliert; deshalb ist damit zu rechnen, dass er sie wechselt. Beim Eintritt in die Universität macht er keine Prüfung. Er zahlt nur eine geringfügige Gebühr von fünf oder zehn Dollar, erhält eine Karte, die ihm die Privilegien der Universität einräumt, und das ist alles. Nun kann die Arbeit losgehen – oder das Vergnügen, was er vorziehen mag. Wenn er zu arbeiten beschließt, findet er eine lange Vorlesungsliste, aus der er wählen kann. Er sucht die Fächer aus, die er studieren will, und er trägt seinen Namen für diese Veranstaltungen ein; aber er kann auch schwänzen.

Das Ergebnis dieses Systems ist, dass Vorlesungen sehr spezieller Themen häufig vor äußerst kleinem Hörerkreis stattfinden, während solche über mehr praktische und alltägliche Gebiete der Bildung vor einer sehr großen Zuhörerschaft gehalten werden. Ich hörte von einem Fall, wo das Publikum des Dozenten Tag für Tag aus drei Studenten bestand – und immer denselben. Aber eines Tages blieben zwei von ihnen weg. Der Dozent begann wie gewöhnlich:

»Meine Herren …« – dann, ohne ein Lächeln, verbesserte er sich und sagte:

»Mein Herr …«, und fuhr mit der Vorlesung fort.

Es heißt, die übergroße Mehrheit der Heidelberger Studenten arbeite fleißig und nutze alle Möglichkeiten gründlich; sie habe keine überschüssigen Mittel, die sie zum Vergnügen ausgeben kann, und keine Zeit für lustige Streiche. Eine Vorlesung folgt der anderen auf den Fersen, wobei der Student sehr wenig Zeit hat, um aus einem Hörsaal in den nächsten zu gelangen; aber die Fleißigen schaffen es, indem sie Trab laufen. Die Professoren helfen ihnen dadurch, Zeit zu sparen, dass sie pünktlich beim Stundenschlag an ihren kleinen Rednerpulten stehen und ebenso pünktlich wieder draußen sind, wenn die Stunde abgelaufen ist. Eines Tages betrat ich einen leeren Hörsaal, kurz bevor die Uhr schlug. Der Raum enthielt einfache, ungestrichene Pulte und Bänke aus Kiefernholz für etwa zweihundert Personen.

Etwa eine Minute vor dem Stundenschlag kamen hundertfünfzig Studenten hereingeschwärmt, stürzten zu den Plätzen, klappten sofort die Kolleghefte auf und tauchten die Federn in die Tinte. Als die Uhr zu schlagen anfing, trat ein stämmiger Professor ein, wurde mit einer Beifallssalve begrüßt, ging rasch den Mittelgang hinab, sagte »Meine Herren« und begann zu sprechen, während er noch die Stufen zu seinem Pult emporstieg; und bevor er in seinem Kasten angekommen war und sich seinen Hörern zugewandt hatte, war seine Vorlesung in vollem Gange und waren alle Federn in Bewegung. Er hatte kein Manuskript bei sich, er sprach eine Stunde lang mit erstaunlicher Geschwindigkeit und Energie – dann fingen die Studenten an, ihn auf eine bestimmte Art, die er wohl verstand, daran zu erinnern, dass seine Zeit um war; er griff, immer weitersprechend, zu seinem Hut, stieg schnell die Stufen seines Pultes hinab, brachte das letzte Wort seiner Vorlesung heraus, als er den Fußboden erreichte; alle erhoben sich respektvoll, und er fegte den Gang hinunter und verschwand. Es folgte sofort ein Sturm auf einen anderen Hörsaal, und binnen einer Minute war ich wieder allein mit den leeren Bänken.

Ja, zweifellos sind faule Studenten nicht die Regel. Von achthundert, die in der Stadt sind, kannte ich nur die Gesichter von etwa fünfzig; aber diese sah ich überall und täglich. Sie wanderten in den Straßen und den bewaldeten Bergen umher, sie fuhren in Mietkutschen aus, sie machten Bootsfahrten auf dem Fluss, sie tranken nachmittags im Schlossgarten Bier und Kaffee. Eine ganze Anzahl von ihnen trug die bunten Mützen der Korps. Sie waren gut und modern gekleidet, ihre Manieren waren ganz fabelhaft, und sie führten ein leichtes, sorgloses, behagliches Leben. Wenn ein Dutzend von ihnen beisammensaß und eine Dame oder ein Herr vorüberging, die einer von ihnen kannte und grüßte, erhoben sie sich alle und zogen die Mütze. Die Angehörigen eines Korps empfingen auch ein Mitglied stets auf diese Weise, aber Mitgliedern anderer Korps schenkten sie keine Beachtung; sie schienen sie nicht zu sehen. Das war keine Unhöflichkeit; es war nur ein Teil der komplizierten und strengen Korpsetikette.

Zwischen den deutschen Studenten und dem Professor scheint kein frostiger Abstand zu bestehen, sondern vielmehr ein geselliger Umgang, das Gegenteil von Frostigkeit und Zurückhaltung. Wenn der Professor abends ein Bierlokal betritt, wo Studenten versammelt sind, erheben sich diese, ziehen die Mütze und laden den alten Herrn ein, sich zu ihnen zu setzen und mitzuhalten. Er nimmt an, und eine oder zwei Stunden lang fließen Bier und Unterhaltung dahin, und dann wünscht der Professor, ordentlich vollgetankt und gemütlich geworden, herzlich eine gute Nacht, während die Studenten barhäuptig dienernd dastehen; und dann begibt er sich auf seinen fröhlichen Heimweg, und all seine gewaltige Last von Gelehrsamkeit schwimmt ihm im Laderaum herum. Niemand tadelt das oder ist empört darüber; es ist nichts Böses geschehen.

Es schien auch zur Korpsetikette zu gehören, mindestens einen Hund zu halten. Ich meine einen Korpshund – das gemeinsame Eigentum der Organisation, wie der Küchenmeister oder Oberkellner des Korps; dann gibt es noch weitere Hunde, die Einzelpersonen gehören.

An einem Sommernachmittag habe ich im Schlossgarten sechs Studenten feierlich hereinmarschieren sehen, einer hinter dem anderen, jeder mit einem bunten chinesischen Sonnenschirm in der Hand und einem gewaltigen Hund an der Leine. Es war ein sehr eindrucksvoller Anblick. Manchmal wimmelten fast ebenso viele Hunde wie Studenten um den Pavillon herum; Hunde aller Rassen und aller Abstufungen der Schönheit und der Hässlichkeit. Diese Hunde führten ein ziemlich saures Leben, denn sie waren an die Bänke gebunden und hatten eine oder zwei Stunden lang nur die Unterhaltung, die sie sich verschaffen konnten, indem sie nach Mücken schlugen oder einzuschlafen versuchten und das nicht schafften. Gelegentlich bekamen sie jedoch ein Stück Zucker – den mochten sie.

Es erschien richtig und in Ordnung, dass Studenten sich Hunde hielten; aber alle anderen hatten auch welche – alte Männer und junge, alte Frauen und hübsche junge Damen. Wenn es einen Anblick gibt, der unerfreulicher ist als jeder andere, so ist es der einer elegant gekleideten jungen Dame, die einen Hund an der Leine zieht. Man sagt, es sei das Zeichen und Symbol unglücklicher Liebe. Mir scheint, man könnte sich eine andere Methode ausdenken, das bekannt zu geben, die genau so auffällig wäre und doch nicht so die Schicklichkeit herausforderte.

Es wäre ein Irrtum, anzunehmen, dass der leichtlebige, vergnügungssüchtige Student einen leeren Kopf umhertrüge. Ganz im Gegenteil. Er hat neun Jahre auf dem Gymnasium unter einem System verbracht, das ihm keinerlei Freiheit gewährte, sondern ihn unerbittlich zwang, wie ein Sklave zu arbeiten. Infolgedessen hat er das Gymnasium mit einer Bildung verlassen, die so umfangreich und vollständig ist, dass die Universität höchstens noch einige ihrer tiefgründigeren Spezialgebiete vervollkommnen kann. Es heißt, wenn ein Schüler das Gymnasium verlässt, besitzt er nicht nur eine umfassende Bildung, sondern er hat sich ein Wissen angeeignet – es ist nicht von Ungewissheit umnebelt, es ist so in ihn hineingebrannt, dass es haftet. Zum Beispiel liest und schreibt er Griechisch nicht nur, sondern er spricht es auch; das Gleiche gilt für Latein. Ausländische Jünglinge machen um das Gymnasium einen Bogen; seine Regeln sind zu streng. Sie gehen zur Universität, um ein Mansardendach über ihrer ganzen Allgemeinbildung zu errichten; aber der deutsche Student hat schon sein Mansardendach, darum geht er hin, um ein Türmchen in Gestalt irgendeines Spezialfaches hinzuzufügen, wie etwa eines besonderen Zweiges der Gesetzeskunde oder der Medizin oder der Philologie – beispielsweise internationales Recht oder Augenkrankheiten oder ein spezielles Studium der alten gotischen Sprachen. Deshalb besucht dieser Deutsche nur diejenigen Vorlesungen, die seinem erwählten Fachgebiet entsprechen, und den Rest des Tages hindurch trinkt er sein Bier und zerrt seinen Hund umher und lässt es sich allgemein gut gehen. Er hat so lange in strenger Knechtschaft gelebt, dass die großzügige Freiheit des Universitätslebens genau das ist, was er braucht und liebt und zu schätzen weiß; und da sie nicht ewig währen kann, genießt er sie, solange er sie hat, und legt sich einen guten Überschuss davon für jenen Tag zurück, der ihn das Joch wieder aufnehmen und in die Sklaverei des Beamten- oder Berufslebens eintreten sieht.

5. Kapitel
Auf dem Paukboden

Eines Tages erlangte mein Agent im Interesse der Wissenschaft die Genehmigung, mich auf den Paukboden zu bringen. Wir überquerten den Fluss und fuhren ein paar Hundert Yard das Ufer aufwärts, wandten uns dann nach links, betraten ein enges Gässchen, gingen darin hundert Yard weit und kamen zu einem zweistöckigen Wirtshaus; seine Außenansicht kannten wir, denn es war vom Hotel aus zu sehen. Wir stiegen die Treppe hinauf und betraten einen großen, getünchten Raum, der etwa fünfzig Fuß lang, dreißig Fuß breit und zwanzig bis fünfundzwanzig Fuß hoch war. Es war ein heller Saal. Einen Teppich gab es nicht. Quer an einer Schmalseite und beide Längsseiten des Raumes entlang erstreckte sich eine Reihe Tische, und an diesen Tischen saßen etwa fünfzig bis fünfundsiebzig Studenten.

Einige tranken Wein, andere spielten Karten, andere Schach, andere Gruppen schwatzten, und viele rauchten Zigaretten, während sie auf die folgenden Zweikämpfe warteten. Fast alle trugen bunte Mützen; es gab weiße Mützen, grüne Mützen, blaue, rote und leuchtend gelbe; also waren alle fünf Korps in starker Zahl vertreten. In den Fenstern am freien Ende des Raumes standen sechs oder acht lange Säbel mit schmalen Klingen und großen Schutzkörben für die Hand, und draußen war

ein Mann dabei, andere auf einem Schleifstein zu schär-
fen. Er verstand sein Geschäft, denn wenn er einen Säbel aus der Hand gab, konnte man sich damit rasieren.

Man konnte beobachten, dass die jungen Herren diejenigen Studenten, deren Mützen sich in der Farbe von
ihrer eigenen unterschieden, weder grüßten noch anre-
deten. Das bedeutete nicht Feindschaft, sondern nur be-
waffnete Neutralität. Man war der Meinung, dass jemand im Zweikampf härter und mit ernsterer Absicht
zuschlagen könne, wenn er zu seinem Gegner niemals
in einem kameradschaftlichen Verhältnis gestanden hätte; aus diesem Grunde war Kameradschaft zwischen den
Korps nicht gestattet. Die Vorsitzenden der fünf Korps
hielten gelegentlich eine kühle, offizielle Zusammen-
kunft ab, aber weiter nichts. Wenn zum Beispiel der re-
guläre Fechttag eines Korps naht, ruft der Vorsitzende
aus den Reihen der Mitglieder Freiwillige auf, sich zum
Kampf zu stellen; drei oder mehr melden sich – aber es
dürfen nicht weniger als drei sein; der Vorsitzende teilt
ihre Namen den anderen Vorsitzenden mit und ersucht
sie, aus ihren Korps Gegner für diese Herausforderer zu
stellen. Das wird prompt getan. Zufällig war gerade
Fechttag des Korps der Roten Mützen. Sie waren die
Herausforderer, und gewisse Mützen von anderer Farbe
hatten sich erboten, ihnen entgegenzutreten. Die Studenten schlagen sich in dem Raum, den ich beschrieben habe, *siebeneinhalb oder acht Monate jeden Jahres hindurch zweimal wöchentlich.* Dieser Brauch besteht in
Deutschland seit zweihundertfünfzig Jahren.

Zurück zu meinem Bericht. Ein Student mit weißer
Mütze empfing uns und stellte uns sechs oder acht seiner Freunde vor, die auch weiße Mützen trugen, und
während wir so dastanden und uns unterhielten, führte

man aus einem anderen Zimmer zwei merkwürdige Gestalten herein. Es waren für das Duell aufgetakelte Studenten. Sie trugen keine Kopfbedeckung; ihre Augen wurden von einer eisernen Brille geschützt, die einen Zoll oder noch mehr herausstand und deren Lederriemen ihnen die Ohren flach an den Kopf banden; den Hals hatten sie mehrmals mit dicken Bandagen umwunden, die ein Säbel nicht durchschneiden konnte; vom Kinn bis zum Knöchel waren sie gegen Verletzungen gründlich abgepolstert; ihre Arme waren umwickelt und wieder umwickelt, Schicht um Schicht, bis sie wie feste, schwarze Blöcke aussahen. Diese unheimlichen Erscheinungen waren fünfzehn Minuten vorher hübsche Jünglinge in moderner Kleidung gewesen, aber jetzt sahen sie keinem Geschöpf mehr ähnlich, das einem anderswo als im Albtraum begegnet. Sie schritten dahin, wobei ihnen die Arme steif vom Körper abstanden; sie hielten sie nicht selbst hoch, sondern Kommilitonen gingen neben ihnen her und gaben ihnen die notwendige Hilfestellung.

Alles stürzte jetzt zu dem freien Ende des Raumes, und wir folgten und bekamen gute Plätze. Die Kämpfer wurden einander gegenübergestellt, jeder hatte mehrere Mitglieder seines eigenen Korps zum Beistand um sich; zwei gut gepolsterte Sekundanten mit Säbeln in der Hand nahmen dicht dabei Aufstellung; ein Student, der keinem der gegnerischen Korps angehörte, stellte sich in einer günstigen Position auf, um bei dem Kampf Schiedsrichter zu sein; ein anderer Student stand mit einer Uhr und einem Notizbuch dabei, um die Zeit sowie die Anzahl und Art der Wunden festzuhalten; ein grauhaariger Wundarzt war mit seiner Scharpie, seinen Verbänden und seinen Instrumenten zur Stelle. Nach einer kurzen Pause grüßten die Kämpfer respektvoll den Schiedsrichter, dann traten die verschiedenen Offiziellen nacheinander vor, nahmen elegant die Mütze ab, grüßten ihn ebenfalls und kehrten dann auf ihre Plätze zurück. Nun war alles bereit; vorn standen dicht gedrängt Studenten, und andere standen hinter ihnen auf Stühlen und Tischen. Jedes Gesicht war auf den Mittelpunkt des Interesses gerichtet.

Die Kämpfer beobachteten einander mit wachsamen Augen; es herrschte völlige Stille, atemlose Spannung. Ich hatte den Eindruck, ich würde sehr behutsame Arbeit zu sehen bekommen. Aber keineswegs. Sofort, als das Kommando fiel, sprangen die zwei Gespenster vor und fingen an, mit so blitzartiger Geschwindigkeit Schläge aufeinander herabprasseln zu lassen, dass ich nicht genau sagen konnte, ob ich die Säbel sah oder nur ihr Aufblitzen in der Luft; der Lärm dieser Schläge, wenn sie Stahl oder Polster trafen, war etwas wunderbar Aufregendes, und sie wurden mit so furchtbarer Kraft geführt, dass ich nicht begreifen konnte, wieso der gegnerische Säbel unter dem Anprall nicht aus der Hand geschlagen wurde. Plötzlich sah ich inmitten der Säbelblitze eine Handvoll Haar aufstieben, als hätte es lose auf dem Kopfe des Opfers gelegen und wäre plötzlich von einem Windstoß fortgeweht worden.

Die Sekundanten riefen: »Halt!«, und schlugen die Säbel der Kämpfenden mit ihren eigenen hoch. Die Duellanten setzten sich; ein Offizieller, ein Student, trat vor, untersuchte den verwundeten Kopf und berührte die Stelle ein- oder zweimal mit einem Schwamm; der Wundarzt kam, strich das Haar von der Wunde zurück, enthüllte eine karmesinrote Wunde von zwei oder drei Zoll Länge und machte sich daran, ein ovales Stück Leder und einen Bausch Scharpie darüberzubinden; der Merker trat vor und trug in seinem Buch einen Punkt für den Gegner ein.

Dann stellten sich die Kämpfer wieder auf; dem Verletzten floss ein Blutbächlein seitlich den Kopf herunter, über die Schulter und am Leib entlang auf den Boden, aber das schien ihn nicht zu stören. Das Kommando ertönte, und sie stürzten so hitzig wie vorher aufeinander los; wieder prasselten und dröhnten und blitzten die Hiebe; alle paar Augenblicke bemerkten die Sekundanten mit raschem Blick, dass ein Säbel verbogen war – dann riefen sie: »Halt!«, schlugen die gegnerischen Waffen hoch, und ein assistierender Student richtete die verbogene aus.

Das erstaunliche Getümmel ging weiter – plötzlich sprang von einer Klinge ein heller Funken auf, und diese Klinge, in mehrere Stücke zerbrochen, schleuderte eines ihrer Bruchstücke zur Decke empor. Man brachte einen neuen Säbel herbei, und das Gefecht wurde fortgesetzt. Die Anstrengung war natürlich ungeheuer groß, und mit der Zeit begannen die Kämpfer, große Erschöpfung zu zeigen. In kurzen Abständen durften sie einen Augenblick ausruhen; sie verschafften sich weitere Ruhepausen, indem sie einander verwundeten, denn dann konnten sie sich setzen, während der Arzt die Scharpie und die Verbände anlegte. Nach der Satzung muss der Kampf fünfzehn Minuten dauern, wenn die Leute durchhalten können, und da die Pausen nicht zählen, zog sich dieses Duell über zwanzig oder dreißig Minuten hin, schätzte ich. Schließlich wurde entschieden, dass die Männer zu erschöpft wären, um länger zu kämpfen. Sie wurden fortgeführt, von Kopf bis Fuß blutgetränkt. Das war ein guter Kampf, aber er war nicht gültig, teils weil er nicht die vorschriftsmäßigen fünfzehn Minuten (tatsächlichen Fechtens) gedauert hatte, und teils weil keiner der Männer durch seine Wunden kampfunfähig geworden war. Es war ein unentschiedener Kampf, und die Satzung des Korps schreibt vor, dass unentschiedene Kämpfe erneut ausgefochten werden müssen, sobald die Gegner von ihren Verletzungen genesen sind.

Während des Kampfes hatte ich mich hin und wieder ein bisschen mit einem jungen Herrn vom Korps der Weißen Mützen unterhalten, und er hatte erwähnt, dass er als Nächster fechten würde – und hatte mir auch seinen Herausforderer gezeigt, einen jungen Herrn, der an der gegenüberliegenden Wand lehnte, eine Zigarette rauchte und gelassen den in Gang befindlichen Kampf beobachtete.

Meine Bekanntschaft mit einem Teilnehmer des nächsten Kampfes bewirkte, dass ich eine Art persönlicher Anteilnahme daran empfand; natürlich wünschte ich, er möge gewinnen, und es war keineswegs erfreulich, zu erfahren, dass ihm das wahrscheinlich nicht gelingen würde, denn obwohl er ein hervorragender Fechter war, galt der Herausforderer als ihm überlegen.

Bald begann der Zweikampf, und zwar in der gleichen hitzigen Weise, die den vorigen ausgezeichnet hatte. Ich stand dicht dabei, konnte aber nicht sagen, welche Hiebe zählten und welche nicht; sie fielen und schwanden wie Lichtblitze. Alle zählten anscheinend; dauernd senkten sich die Säbel über die Köpfe der Gegner, von der Stirn bis über den Scheitel, und schienen zu treffen; aber das war nicht der Fall – stets wurde eine schützende Klinge, für mich unsichtbar, dazwischengehalten. Nach zehn Sekunden hatte jeder Mann zwölf oder fünfzehn Hiebe geführt und zwölf oder fünfzehn abgewehrt, und es war nichts passiert; dann wurde ein Säbel unbrauchbar, und es folgte eine kurze Ruhepause, solange ein neuer gebracht wurde. In der nächsten Runde bekam der Student des weißen Korps bald seitlich am Kopf eine hässliche Wunde ab und versetzte dem Gegner eine gleiche. In der dritten Runde nahm Letzterer eine weitere schlimme Wunde am Kopf hin, und dem ersten wurde die Unterlippe gespalten. Danach teilte der Student des weißen Korps zahlreiche ernste Verwundungen aus, empfing dagegen keine erheblichen. Fünf Minuten nach dem Beginn des Kampfes brach ihn der Wundarzt ab; der Herausforderer hatte solche Verletzungen erlitten, dass jede weitere hätte gefährlich werden können. Diese Verletzungen boten einen furchterregenden Anblick, werden aber besser nicht beschrieben. So war mein Bekannter wider Erwarten Sieger.

6. Kapitel

Das dritte Duell war kurz und blutig. Der Wundarzt gebot Einhalt, als er sah, dass einer der Männer so schwere Wunden empfangen hatte, dass er, ohne sein Leben zu gefährden, nicht weiterkämpfen konnte.

Der vierte Kampf war ein gewaltiges Treffen; aber nach fünf oder sechs Minuten trat der Arzt wieder dazwischen; wieder war ein Mann so schwer verletzt, dass es gefährlich gewesen wäre, seinen Verletzungen weitere hinzuzufügen. Ich beobachtete dieses Gefecht, wie ich die anderen beobachtet hatte – mit angespanntem Interesse und starker Erregung, mit Zusammenschrecken und Erschauern bei jedem Hieb, der eine Wange oder eine Stirn freilegte, und mit spürbarem Erbleichen, wenn ich gelegentlich sah, wie eine noch entsetzlichere Wunde beigebracht wurde. Ich hatte den Blick auf den Verlierer dieses Zweikampfes gerichtet, als er seine letzte und entscheidende Verletzung erhielt – im Gesicht, und sie entfernte seine – aber egal, ich darf mich nicht in Einzelheiten verlieren. Ich schaute nur flüchtig hin und wandte mich dann schnell ab, aber ich hätte überhaupt nicht hingesehen, wenn ich gewusst hätte, was kam. Nein, das stimmt wahrscheinlich nicht; man glaubt, man würde nicht hinschauen, wenn man wüsste, was kommt, aber die Anteilnahme und die Erregung sind so mächtig, dass sie zweifellos alle anderen Gefühle besiegen würden; und so würde man, wild hingerissen von dem klirrenden Stahl, dennoch nachgeben und hinschauen. Manchmal werden Zuschauer bei diesen Zweikämpfen ohnmächtig, und das scheint wirklich ein sehr vernünftiges Verhalten zu sein.

Beide Beteiligten an diesem vierten Treffen waren schlimm zugerichtet; so sehr, dass der Wundarzt eine knappe oder eine ganze Stunde lang mit ihnen beschäftigt war – eine Tatsache, die für sich spricht. Aber diese Wartezeit wurde von den versammelten Studenten nicht untätig vergeudet. Es war nach zwölf; deshalb wiesen sie den Wirt unten an, heiße Beefsteaks, Huhn und solche Sachen heraufzuschicken, und diese aßen sie gemütlich an den Tischen, wobei sie schwatzten, disputierten und lachten. Die Tür zum Zimmer des Wundarztes stand dabei offen, aber das Schneiden, Nähen, Verspleißen und Verbinden, das dort drinnen in voller Sicht vor sich ging, schien niemandem den Appetit zu verderben. Ich ging hinein und schaute dem Arzt eine Weile bei der Arbeit zu, aber es machte mir keinen Spaß; es war bei Weitem nicht so unangenehm gewesen, zu sehen, wie die Wunden erteilt und empfangen wurden, als zu sehen, wie man sie flickte; der Aufruhr, das Getümmel und der Klang des Stahls fehlten hier – dieses grausige Schauspiel hier ging an die Nerven, während die ausgleichende angenehme Erregung des Zweikampfes fehlte.

Schließlich war der Arzt fertig, und die Männer, die das letzte Treffen des Tages ausfechten sollten, traten vor. Eine ganze Anzahl war mit dem Speisen noch nicht fertig, aber das machte nichts, man konnte alles nach dem Kampf kalt essen; deshalb drängte jeder nach vorn, um zuzuschauen. Das war kein Freundschaftstreffen, sondern eine »Satisfaktions«-Affäre. Diese zwei Studenten hatten sich gestritten und waren hier, um die Sache auszutragen. Sie gehörten keinem der Korps an, aber die fünf Korps versahen sie aus Gefälligkeit mit Waffen und Rüstung und gestatteten ihnen, hier zu fechten. Offensichtlich waren diese beiden jungen Männer mit dem Zeremoniell des Duells nicht vertraut, obwohl sie mit dem Säbel durchaus umzugehen wussten. Als man sie aufgestellt hatte, dachten sie, es wäre Zeit anzufangen – und sie fingen auch an, und zwar mit ungestümer Kraft, ohne abzuwarten, dass ihnen jemand ein Zeichen gäbe. Das belustigte die Zuschauer ungemein und überwand sogar ihren gekünstelten und förmlichen Ernst und überraschte sie so, dass sie loslachten. Natürlich schlugen die Sekundanten die Säbel hoch und ließen das Duell von Neuem anfangen. Auf das Kommando begann der Hagel von Schlägen, aber bald darauf unterbrach der Wundarzt wieder – aus dem einzigen Grunde, der ihm überhaupt gestattete zu unterbrechen –, und der Kampf war für diesen Tag vorbei. Jetzt war es zwei Uhr nachmittags, und ich war seit morgens halb zehn dort gewesen. Mittlerweile war das Schlachtfeld wirklich rot geworden, aber etwas Sägemehl brachte das bald in Ordnung. Ein Duell hatte stattgefunden, bevor ich eingetroffen war. Dabei hatte einer der Männer viele Verletzungen erlitten, während der andere ohne einen Kratzer davongekommen war.

Ich hatte zugesehen, wie die scharfen, zweischneidigen Klingen zehn Jünglingen die Köpfe und Gesichter in allen Richtungen zerhieben, und hatte doch keines der Opfer zusammenzucken sehen, auch kein Stöhnen gehört oder einen flüchtigen Ausdruck erhascht, der den heftigen Schmerz eingestanden hätte, den die Wunden verursachten. Das war wirklich beträchtliche Seelenstärke. Eine solche Standhaftigkeit kann man von Wilden und Preisboxern erwarten, denn sie werden dazu geboren und erzogen; aber sie in solcher Vollendung bei diesen umhegt aufgewachsenen und liebevoll erzogenen jungen Burschen zu finden, das ist überraschend. Nicht etwa nur in der Hitze des Gefechts wurde diese Standhaftigkeit bewiesen; sie wurde auch im Zimmer des Wundarztes an den Tag gelegt, wo eine ernüchternde Ruhe herrschte und wo kein Publikum vorhanden war. Die Handgriffe des Arztes brachten weder Grimassen noch Stöhnen hervor; und bei den Kämpfen konnte man beobachten, dass diese Burschen, nachdem sie mit Blut strömenden Wunden bedeckt waren, mit demselben Kampfgeist draufloshieben und -schlugen, den sie zu Anfang gezeigt hatten.

Im Allgemeinen betrachtet die Welt Studentenduelle als sehr possenhafte Angelegenheiten; sind sie auch, aber wenn man bedenkt, dass das Duell von Knaben ausgefochten wird, dass die Säbel richtige Säbel sind und dass Kopf und Gesicht nicht geschützt werden, so scheint mir doch die Posse eine ziemlich ernste Seite zu haben. Hauptsächlich lachen die Leute darüber, weil sie glauben, der Student sei so bepanzert, dass er nicht verletzt werden könne. Aber so ist das nicht: Augen und Ohren sind geschützt, aber das übrige Gesicht und der Kopf sind unbedeckt. Der Student kann nicht nur böse verletzt werden, auch sein Leben ist in Gefahr, und manchmal würde es einer verlieren, wenn sich der Wundarzt nicht einmischte. Es besteht nicht die Absicht, das Leben des Gegners zu gefährden. Doch sind tödliche Unfälle möglich. Zum Beispiel kann der Säbel des Studenten zerbrechen und das Ende empor- und bis hinter das Ohr des Gegners fliegen und eine Arterie zerschneiden, die mit unversehrtem Säbel nicht zu erreichen wäre. Das ist schon passiert, und der Tod trat auf der Stelle ein. Früher waren die Achselhöhlen des Studenten nicht geschützt, und damals waren die Säbel spitz, während sie jetzt abgestumpft sind; daher wurde manchmal eine Arterie in der Achselhöhle zerschnitten, und Tod war die Folge. Dann war zur Zeit der Säbel mit scharfen Spitzen gelegentlich ein Zuschauer das Opfer; die Spitze eines zerbrochenen Säbels flog fünf oder zehn Fuß weit und bohrte sich ihm in den Hals oder ins Herz hinein, und der sofortige Tod trat ein. Jetzt verursachen die Fechtkämpfe der Studenten in Deutschland zwei oder drei Todesfälle jährlich, aber nur wegen der Unvorsichtigkeit der verletzten Leute; sie essen oder trinken in leichtsinniger Weise oder strengen sich übermäßig an; eine Entzündung tritt dann ein und greift so schnell um sich, dass sie nicht mehr einzudämmen ist. Der Zweikampf der Studenten bedeutet wirklich genug Blut, Schmerzen und Gefahr, um ein beträchtliches Maß an Achtung zu beanspruchen.

Alle Gebräuche, alle Vorschriften, alle Einzelheiten, die zu dem Studentenduell gehören, sind wunderlich und naiv. Das ernste, exakte und höfliche Zeremoniell, mit dem es durchgeführt wird, verleiht ihm eine Art altertümlichen Zaubers.

Diese Würde und dieser ritterliche Anstand erinnern an das mittelalterliche Turnier, nicht an das Preisboxen. Die Vorschriften sind ebenso merkwürdig wie streng. Zum Beispiel kann der Duellant über die Linie, auf der er steht, hinaus vortreten, aber niemals hinter sie zurück. Tritt er hinter die Linie oder beugt er sich auch nur zurück, nimmt man an, dass er es tue, um einem Schlag auszuweichen oder einen Vorteil zu gewinnen; darum wird er schmachvoll aus seinem Korps ausgestoßen. Es scheint nur natürlich zu sein, unbewusst und entgegen eigenem Willen und eigener Absicht vor einem herabsausenden Säbel zurückzuweichen, aber diese unbewusste Reaktion wird nicht gestattet. Und wenn der Kämpfer unter dem plötzlichen Schmerz einer Verwundung das Gesicht verzieht, sinkt er einige Grade in der Wertschätzung seiner Kameraden; sein Korps schämt sich seiner und nennt ihn Hasenfuß, was das deutsche Gegenstück zum englischen »Hühnerherz« ist.

7. Kapitel

In Ergänzung der Korpssatzungen gibt es einige Korpsbräuche, welche die bindende Kraft einer Satzung haben.

Vielleicht bemerkt der Vorsitzende eines Korps, dass eines der Mitglieder, das nicht mehr vom Schlagen befreit – das heißt, kein Fuchs[14] mehr – ist, sich schon eine kleine Weile im zweiten Studienjahr befindet, ohne sich freiwillig zum Kampf gemeldet zu haben; anstatt Freiwillige aufzurufen, *bestimmt* der Vorsitzende eines Tages diesen Studenten dazu, mit einem Studenten eines anderen Korps die Waffen zu messen. Es steht ihm nun frei, abzulehnen – jeder sagt das, es gibt keinen Zwang. Das stimmt alles, aber ich habe noch von keinem Studenten gehört, der tatsächlich abgelehnt hätte. Er würde natürlich eher aus dem Korps austreten als ablehnen; wenn er ablehnte und dennoch im Korps bliebe, fiele er unangenehm auf, und das mit Recht, da er beim Eintritt gewusst hatte, seine Hauptaufgabe als Mitglied würde das Schlagen sein. Nein, es gibt keine Vorschrift, die das Ablehnen verbietet – außer dem Gewohnheitsrecht, das zugestandenermaßen überall stärker ist als das geschriebene Recht.

Die zehn Männer, deren Kämpfen ich beigewohnt hatte, gingen entgegen meiner Annahme nicht fort, nachdem ihre Wunden versorgt waren, sondern kamen einer nach dem anderen zurück, sobald der Wundarzt sie entlassen hatte, und mischten sich unter die Gesellschaft auf dem Paukboden. Der Student mit der weißen Mütze, der den zweiten Kampf gewonnen hatte, schaute sich die restlichen drei an und unterhielt sich während der Pausen mit uns. Er konnte nicht sehr gut sprechen, weil der Säbel seines Gegners ihm die Unterlippe entzweigeschnitten und der Wundarzt sie dann zusammengenäht und reichlich mit weißen Pflasterstreifen überklebt hatte; er konnte auch nicht bequem essen, brachte es aber fertig, einen langsamen und mühevollen Imbiss einzunehmen, während zum letzten Zweikampf gerüstet wurde. Der von allen am schlimmsten verletzte Mann spielte Schach, während er darauf wartete, diesen

Kampf zu sehen. Pflaster und Verbände bedeckten einen großen Teil seines Gesichts, und sie bedeckten und verhüllten den ganzen übrigen Kopf. Es heißt, der Student erscheine gern in dieser Aufmachung auf der Straße und an anderen öffentlichen Orten, und wegen dieser Vorliebe bleibe er oft auch dann noch draußen, wenn es eine ausgesprochene Gefahr für ihn bedeutet, sich dem Regen oder der Sonne auszusetzen. Frisch verbundene Studenten sind in den Parks von Heidelberg ein sehr alltäglicher Anblick. Es heißt auch, der Student freue sich, Verletzungen im Gesicht abzubekommen, weil die zurückbleibenden Narben sich da so gut machen; und es heißt auch, diese Gesichtswunden würden so sehr geschätzt, dass man sogar von Jünglingen gehört habe, die sie von Zeit zu Zeit auseinandergezogen und Rotwein hineingestrichen hätten, damit sie schlecht heilten und eine möglichst scheußliche Narbe hinterließen. Es klingt unvernünftig, und doch wird es ernstlich behauptet, und man beharrt darauf. Einer Sache bin ich sicher – in Deutschland sind bei den jungen Männern Narben recht häufig, und zwar sehr grausige. Sie stehen als bösartig rote Schmisse kreuz und quer im Gesicht und sind dauerhaft und unauslöschlich. Manche dieser Narben sehen ganz seltsam und furchtbar aus; und wenn mehrere dieser Art die schwächer ausgeprägten unterstreichen, die auf dem Gesicht eines Mannes einen Stadtplan bilden, ist die Wirkung überraschend; sie erinnern dann an den »verbrannten Bezirk«.

Wir hatten oft bemerkt, dass viele der Studenten ein buntes Seidenband schräg über der Brust trugen.* Es stellte sich heraus, dies bedeute, dass der Träger drei Duelle ausgefochten habe, in denen eine Entscheidung fiel – Duelle, in denen er entweder gesiegt hatte oder besiegt worden war, denn unentschiedene Kämpfe zählen nicht. Nachdem ein Student das Band empfangen hat, ist er »frei«; er kann ohne Vorwurf aufhören zu fechten – es sei denn, es beleidigt ihn jemand; sein Vorsitzender kann ihn nicht zum Schlagen abordnen; er kann sich freiwillig melden, wenn er will, oder sich still verhalten, wenn er das vorzieht. Die Statistik weist aus, dass er es *nicht* vorzieht, sich still zu verhalten. Sie zeigt, dass der Zweikampf irgendwie einen besonderen Zauber ausüben muss, denn diese freien Leute, weit entfernt, auf dem Privileg des Bandes auszuruhen, melden sich dauernd freiwillig. Ein Korpsstudent erzählte mir, es sei aufgezeichnet, dass Fürst Bismarck[15], als er auf der Universität war, in einem einzigen Sommersemester zweiunddreißig dieser Duelle ausgetragen habe. Also hat er neunundzwanzig ausgefochten, nachdem ihm das Band das Recht gegeben hatte, sich vom Schlachtfeld zurückzuziehen.

Vielleicht ist die Statistik in verschiedenen Punkten interessant. Zwei Tage jeder Woche werden dem Fechten gewidmet. Die strenge Regel lautet, dass an jedem dieser Tage drei Treffen stattfinden müssen; im Allgemeinen sind es mehr, aber es dürfen nicht weniger sein. An dem Tag, als ich anwesend war, waren es sechs; manchmal sind es sieben oder acht. Es wird betont,

* AUS MEINEM TAGEBUCH. Haben ein paar Meilen neckaraufwärts in einem Hotel gegessen, in einem Raum, dessen Wände über und über mit gerahmten Gruppenbildern der fünf Korps vollgehängt waren; einige waren neueren Datums, aber viele stammten aus der Zeit vor der Photographie und waren lithografiert – die Zeitangaben reichten bis zu vierzig oder fünfzig Jahren zurück. Fast jeder trug das Band über der Brust. Bei einer Gruppenaufnahme, die (wie alle diese Bilder) ein ganzes Korps darstellte, machte ich mir die Mühe, die Bänder zu zählen: Es waren siebenundzwanzig Mitglieder, und einundzwanzig davon trugen dieses bedeutsame Kennzeichen.

dass acht Duelle wöchentlich – vier an jedem der zwei Tage – ein zu niedriger Durchschnitt sind, um daraus Berechnungen abzuleiten, aber ich werde von dieser Grundlage ausgehen, denn ich ziehe eine Unterschätzung dieser Sache einer Überschätzung vor. Das erfordert etwa vierhundertachtzig bis fünfhundert Duellanten im Jahr – denn im Sommer dauert das Semester etwa dreieinhalb Monate und im Winter vier Monate und manchmal länger. Zu der Zeit, von der ich schreibe, gehörten von den siebenhundertfünfzig Studenten der Universität nur achtzig den fünf Korps an, und nur diese Korps schlagen sich; gelegentlich borgen sich andere Studenten Waffen und Kampfplatz der fünf Korps, um einen Streit zu entscheiden, aber das kommt nicht an jedem Fechttag vor.* Infolgedessen geben achtzig junge Männer das Material für etwa zweihundertfünfzig Duelle im Jahr ab. Dieser Durchschnitt weist jedem der achtzig im Jahr sechs Kämpfe zu. Diese umfangreiche Arbeit wäre nicht zu bewältigen, wenn die Bandträger auf ihrem Vorrecht bestünden und aufhörten, sich freiwillig zu melden.

Wo so viel gefochten wird, legen die Studenten natürlich Wert darauf, ständig mit dem Rapier in Übung zu bleiben. Man sieht sie oft an den Tischen im Schlosspark ihre Peitschen oder Stöcke gebrauchen, um irgendeine neue Finte zu erläutern, von der sie gehört haben; und an dem Tage, dessen Verlauf ich beschrieben habe, waren zwischen den Duellen die Säbel nicht dau-

---

* Sie müssen sich die Waffen borgen, weil sie diese sonst nirgendwo und auf keine andere Art bekommen könnten. Nach meiner Kenntnis gestatten die Behörden in ganz Deutschland den fünf Korps zwar, Säbel zu halten, aber *gestatten ihnen nicht, sie zu benutzen*. Dieses Gesetz ist streng; nur seine Durchführung ist lässig.

ernd müßig; immer wieder einmal hörten wir eine Folge der scharf zischenden Töne, die der Säbel verursacht, wenn man ihn in der Luft alle seine Tempi machen lässt, und das verkündete uns, dass ein Student beim Üben war. Natürlich bringt diese unaufhörliche Beschäftigung mit der Kunst gelegentlich einen Meister hervor. Er wird an seiner eigenen Universität berühmt, sein Ruhm wird zu anderen Universitäten getragen. Man lädt ihn nach Göttingen ein, wo er sich mit einem Göttinger Meister schlagen soll; wenn er siegt, wird er an andere Hochschulen eingeladen, oder diese Hochschulen schicken ihre Meister zu ihm. Häufig treten Amerikaner und Engländer dem einen oder anderen der fünf Korps bei. Vor einem oder zwei Jahren war der erste Heidelberger Meister ein großer Kerl aus Kentucky[16]; er wurde zu den verschiedenen Universitäten eingeladen und ließ in ganz Deutschland eine Siegesspur hinter sich; aber schließlich besiegte ihn ein kleiner Straßburger Student. In Heidelberg gab es einmal einen Studenten, der irgendwo einen besonderen Trick aufgeschnappt und sich angeeignet hatte, von unten heraufzuziehen, statt von oben nach unten zu schlagen. Solange der Trick klappte, gewann er an seiner Universität sechzehn Duelle hintereinander; aber inzwischen hatten Beobachter herausgefunden, worin der Zauber bestand und wie man ihn brechen könne, und so lief seine Meisterschaft ab.

Die Vorschrift, die den geselligen Verkehr zwischen Mitgliedern der verschiedenen Korps verbietet, ist streng. Im Fechtsaal, in den Parks, auf der Straße und überall, wohin die Studenten auch gehen, scharen sich Mützen von gleicher Farbe zusammen. Wenn in einem Gartenlokal alle Tische bis auf einen voll besetzt wären und an diesem einen zwei Studenten in roten Mützen säßen und zehn Plätze frei wären, würden die gelben Mützen, die blauen Mützen, die weißen und die grünen Mützen platzsuchend an diesem Tische vorbeigehen und ihn scheinbar nicht sehen, würden scheinbar nicht einmal merken, dass es auf dem Grundstück einen solchen Tisch gibt. Der Student, durch dessen Entgegenkommen wir den Fechtboden hatten besuchen dürfen, trug die weiße Mütze – Korps Borussia. Er stellte uns vielen weißen Mützen vor, aber keiner von anderer Farbe. Die Korpsetikette erstreckte sich sogar auf uns, die wir Fremde waren, und forderte von uns, nur mit dem weißen Korps zusammen zu sein und nur mit dem weißen Korps zu sprechen, solange wir seine Gäste waren, und uns von Mützen der anderen Farben fernzuhalten. Einmal wollte ich mir einige der Säbel ansehen, aber ein amerikanischer Student sagte: »Es wäre nicht sehr höflich; die jetzt in den Fenstern liegen, haben alle rote oder blaue Griffe; man wird gleich welche mit weißen Griffen hereinbringen, und die können Sie gern anfassen.« Als im ersten Treffen ein Säbel zerbrach, wollte ich ein Stück davon haben; aber sein Griff hatte die falsche Farbe, so hielt man es für besser und höflicher, eine günstigere Gelegenheit abzuwarten. Man brachte es mir, nachdem der Saal geräumt war, und ich werde nun eine Skizze »in Lebensgröße« davon anfertigen, indem ich mit der Feder eine Linie darum ziehe, um die Breite der Waffe zu zeigen. Die Länge dieser Säbel beträgt etwa drei Fuß, und sie sind ziemlich schwer. Natürlich war man stark versucht, während der Duelle oder bei ihrem Abschluss Beifall zu spenden, aber die Korpsetikette verbot jede Kundgebung dieser Art. Wie glänzend ein Kampf oder ein Sieg auch sein mochte, kein Zeichen oder Laut verriet, dass jemand davon gepackt war. Stets wurden würdiger Ernst und Beherrschung gewahrt. Als das Fechten zu Ende war und wir gehen wollten, zogen die Herren des Korps Borussia, denen wir vorgestellt worden waren, auf die höfliche deutsche Art die Mützen und schüttelten uns auch die Hände; ihre Korpsbrüder zogen die Mützen und verbeugten sich, aber ohne Händeschütteln; die Herren der anderen Korps behandelten uns gerade so, wie sie weiße Mützen behandelt hätten – sie traten zur Seite, offenbar zufällig, und ließen uns eine Bahn frei, schienen uns aber nicht zu sehen oder nicht zu wissen, dass wir da wären. Wenn wir in der nächsten Woche als Gäste eines anderen Korps hingegangen wären, hätten die weißen Mützen ohne jede beleidigende Absicht die Etikette ihres Ordens eingehalten und unsere Anwesenheit ignoriert.*

8. Kapitel
Das grosse französische Duell

Wie sehr das moderne französische Duell von gewissen Neunmalklugen auch lächerlich gemacht wird, ist es in Wirklichkeit doch eine der gefährlichsten Einrichtungen unserer Tage. Da es stets im Freien ausgefochten

* Wie seltsam sind in diesem Leben Komödie und Tragödie gemischt! Nachdem ich diesen spielerischen Scheinduellen beigewohnt hatte, war ich noch keine halbe Stunde zu Hause, als die Umstände erforderten, dass ich mich sofort bereit machte, persönlich bei einem richtigen zu assistieren – keinem Duell mit weichlichen Beschränkungen der Folgen, sondern einem Kampf auf Leben und Tod. Ein Bericht darüber wird dem Leser im nächsten Kapitel zeigen, dass Zweikämpfe, die Knaben zum Spaß ausfechten, und Duelle, die Männer im Ernst austragen, sehr verschiedene Dinge sind.

wird, ist es so gut wie sicher, dass sich die Duellanten erkälten. M. Paul de Cassagnac[17], der besessenste der französischen Duellanten, hat so oft auf diese Weise Schaden erlitten, dass er nunmehr chronisch krank ist; und der beste Arzt von Paris hat der Meinung Ausdruck gegeben, er werde, wenn er sich noch weitere fünfzehn oder zwanzig Jahre duelliere, sich möglicherweise den Tod holen – es sei denn, er machte es sich zur Gewohnheit, in einem behaglichen Raum zu kämpfen, in den Feuchtigkeit und Luftzug nicht eindringen können. Diese Tatsache sollte das Gerede jener Leute im Zaume halten, die so hartnäckig darauf bestehen, das französische Duell sei der allergesündeste Zeitvertreib, weil es einem Bewegung in frischer Luft verschaffe. Und sie sollte auch das dumme Gerede einschränken, wonach französische Duellanten und von den Sozialisten gehasste Herrscher die einzigen unsterblichen Menschen sind.

Aber es wird Zeit, dass ich zum Thema komme. Sobald ich von dem letzten hitzigen Streit zwischen M. Gambetta[18] und M. Fourtou[19] in der französischen Nationalversammlung gehört hatte, wusste ich, dass es Ärger geben würde. Ich wusste es, weil eine langjährige persönliche Freundschaft mit M. Gambetta mir die verwegene und unversöhnliche Wesensart des Mannes enthüllt hatte. So mächtig seine körperlichen Proportionen auch sind, wusste ich doch, dass der Rachedurst bis in die entferntesten Randbezirke seines Körpers dringen würde.

Ich wartete nicht ab, bis er mich aufsuchte, sondern ging gleich zu ihm hin. Wie ich es vorausgesehen hatte, traf ich den tapferen Burschen in tiefe französische Ruhe versunken an. Ich sage französische Ruhe, weil französische Gemütsruhe und englische Gemütsruhe

Unterschiede aufweisen. Er lief hastig zwischen den Trümmern seiner Einrichtung auf und ab, wobei er dann und wann zufällig daliegende Bruchstücke mit dem Fuß quer durch das Zimmer stieß; er knirschte eine ununterbrochene Flut von Flüchen durch die zusammengebissenen Zähne; und alle paar Augenblicke hielt er an, um eine weitere Handvoll seiner Haare auf dem Berg abzulegen, den er davon auf dem Tisch aufgehäuft hatte.

Er schlang mir die Arme um den Hals, bog mich über seinen Bauch an die Brust, küsste mich auf beide Wangen, drückte mich vier- oder fünfmal an sich und setzte mich dann in seinen eigenen Sessel. Sobald ich mich wieder erholt hatte, gingen wir sofort ans Geschäft.

Ich sagte, ich nähme an, er wünschte, dass ich ihm sekundiere, und er sagte: »Natürlich.« Ich sagte, man müsse mir gestatten, unter einem französischen Namen aufzutreten, damit ich vor Schande in meinem Vaterland bewahrt bliebe, falls sich ein tödlicher Ausgang ergeben sollte. Hier zuckte er zusammen, vermutlich wegen der Andeutung, dass in Amerika das Duellieren nicht mit Hochachtung angesehen wird. Er stimmte jedoch meiner Forderung zu. Dies erklärt die Tatsache, dass nach allen Presseberichten der Sekundant M. Gambettas anscheinend ein Franzose war.

Zunächst setzten wir das Testament meines Mandanten auf. Darauf bestand ich und hielt auch daran fest. Ich sagte, ich hätte noch nie von einem Manne im Vollbesitz seines Verstandes gehört, der losgegangen wäre, um ein Duell auszufechten, ohne vorher sein Testament gemacht zu haben. Er sagte, er hätte noch nie von einem Manne im Vollbesitz seines Verstandes gehört, der so etwas gemacht hätte. Als er das Testament fertig hatte, wollte er darangehen, sich seine »letzten Worte« zurechtzulegen. Er wollte wissen, wie mir die folgenden Worte als Sterbeausruf gefielen: »Ich sterbe für meinen Gott, für mein Vaterland, für die Freiheit der Rede, für den Fortschritt und für die weltweite Brüderlichkeit unter den Menschen!«

Ich wandte ein, dass dafür ein allzu langwieriger Tod erforderlich wäre; es wäre eine gute Rede für einen Schwindsüchtigen, aber den Erfordernissen auf dem Felde der Ehre nicht angemessen. Wir stritten uns über eine ganze Anzahl von Ante-mortem-Ausbrüchen, aber schließlich bekam ich ihn dazu, seinen Nachruf wie folgt zu kürzen, und das schrieb er in sein Notizbuch, weil er es auswendig lernen wollte:

»Ich sterbe, auf dass Frankreich lebe.«

Ich sagte, diese Bemerkung schiene mir nicht ganz zu passen, aber er sagte, ob sie passten, sei bei letzten Worten unwichtig – sie mussten nur packend sein.

Der nächste Punkt war die Wahl der Waffen. Mein Mandant sagte, er fühle sich nicht wohl, er wolle diese und die anderen Einzelheiten des geplanten Treffens mir überlassen. Deshalb schrieb ich folgendes Briefchen und brachte es M. Fourtous Freund:

Mein Herr,

M. Gambetta akzeptiert die Herausforderung M. Fourtous und ermächtigt mich vorzuschlagen: als Ort des Treffens Plessis-Piquet; als Zeit morgen früh bei Tagesanbruch; und als Waffen Äxte. Ich verbleibe, mein Herr, mit vorzüglicher Hochachtung,   Mark Twain

Der Freund M. Fourtous las dieses Briefchen und schauderte zusammen. Dann wandte er sich zu mir und sagte mit einer Spur von Strenge im Ton:

»Haben Sie berücksichtigt, mein Herr, was das unvermeidliche Ergebnis eines derartigen Treffens wäre?«

»Na, was *wäre* es denn zum Beispiel?«

»Blutvergießen!«

»Stimmt genau«, sagte ich. »Nun gestatten Sie mir wohl die Frage, was Ihre Partei zu vergießen gedachte?«

Da hatte ich ihn erwischt. Er merkte, dass er einen Schnitzer gemacht hatte, und beeilte sich, ihn wegzuerklären. Er sagte, er habe im Scherz gesprochen. Dann fügte er hinzu, dass er und sein Mandant sehr gern zur Axt greifen würden und sie tatsächlich allem anderen vorzögen, aber der französische Ehrenkodex schließe solche Waffen aus, deshalb müsste ich meinen Vorschlag ändern.

Ich schritt auf und ab, überdachte die Angelegenheit, und schließlich fiel mir ein, dass Mitrailleusen auf fünfzehn Schritt ein geeigneter Weg wären, auf dem Felde der Ehre eine Entscheidung zu erzielen. Also erhob ich diesen Einfall zum Vorschlag.

Aber er wurde nicht angenommen. Der Kodex war wieder im Wege. Ich schlug Büchsen vor, dann doppelläufige Schrotflinten, dann Colts Marinerevolver[20]. Da diese alle zurückgewiesen wurden, überlegte ich eine Weile und schlug dann sarkastisch Ziegelbrocken auf drei viertel Meilen vor. Ich hasse es, eine witzige Bemerkung an einen Menschen zu verschwenden, der keinen Sinn für Humor hat, und es erfüllte mich mit Bitterkeit, als dieser Mann nüchtern und gelassen davonging, um seinem Mandanten den letzten Vorschlag zu unterbreiten.

Er kam bald zurück und sagte, sein Mandant sei entzückt von der Idee der Ziegelbrocken auf drei viertel Meilen Entfernung, müsse aber wegen der Gefahr für dazwischen befindliche unbeteiligte Personen ablehnen. Dann sagte ich:

»Na, ich bin jetzt mit meinem Latein am Ende. Vielleicht hätten *Sie* die Güte, eine Waffe vorzuschlagen? Womöglich haben Sie die ganze Zeit eine im Sinn gehabt?«

Seine Miene hellte sich auf, und er sagte eifrig: »Oh, zweifellos, Monsieur!«

Also fing er an, in seinen Taschen zu suchen – Tasche auf Tasche, und er hatte viele –, und murmelte die ganze Zeit: »Na, wo können sie denn hin sein?«

Schließlich hatte er Erfolg. Er angelte aus der Westentasche ein paar kleine Dinger, die ich ans Licht trug und als Pistolen erkannte. Sie waren einläufig, mit Silber beschlagen und sehr niedlich und hübsch. Vor Ergriffenheit konnte ich nicht sprechen. Schweigend hing ich eine an die Uhrkette und gab die andere zurück. Mein Komplize entfaltete nun eine Briefmarke, in die mehrere Patronen gewickelt waren, und gab mir eine davon. Ich fragte, ob er damit andeuten wolle, dass unsere Leute nur je einen Schuss haben dürften. Er antwortete, der französische Kodex gestatte nicht mehr. Daraufhin bat ich ihn, fortzufahren und eine Entfernung vorzuschlagen, denn mein Geist werde allmählich unter der Belastung, der er ausgesetzt worden sei, schwach und verwirrt. Er nannte fünfundsechzig Yard. Ich verlor fast die Fassung.

Ich sagte: »Fünfundsechzig Yard mit diesen Instrumenten? Wasserpistolen wären bei fünfzig noch gefährlicher. Bedenken Sie, mein Freund, Sie und ich haben uns zusammengetan, um Leben zu vernichten, nicht um es unsterblich zu machen.«

Aber mit allen meinen Überredungskünsten, allen meinen Argumenten konnte ich ihn nur dazu bewegen, die Entfernung auf fünfunddreißig Yard zu verkürzen; und selbst dieses Zugeständnis gewährte er widerwillig und sagte mit einem Seufzer:

»Ich lehne die Verantwortung für dieses Blutbad ab; es komme auf Ihr Haupt.«

Es blieb mir nichts weiter übrig, als nach Hause zu meinem alten Löwenherz zu gehen und meine beschämende Geschichte zu erzählen. Als ich eintrat, legte M. Gambetta gerade seine letzte Haarlocke auf den Altar. Er sprang auf mich zu und rief aus: »Sie haben die verhängnisvollen Abmachungen getroffen – ich sehe es an Ihrem Blick!«

»Ja.«

Sein Gesicht erbleichte etwas, und er lehnte sich Halt suchend gegen den Tisch. Einen oder zwei Augenblicke lang atmete er schwer und mühsam, so ungestüm waren seine Empfindungen; dann flüsterte er heiser: »Die Waffe, die Waffe! Schnell, was für eine Waffe?«

»Diese!«, und ich zeigte das silberbeschlagene Ding vor. Er warf einen einzigen Blick darauf, dann fiel er plump ohnmächtig zu Boden.

Als er zu sich kam, sagte er düster: »Die unnatürliche Ruhe, der ich mich unterworfen habe, hat sich auf meine Nerven ausgewirkt. Aber fort mit der Schwäche! Ich will meinem Geschick wie ein Mann und ein Franzose entgegentreten!«

Er erhob sich und nahm eine Haltung an, deren Erhabenheit kein Mensch je erreicht und Statuen selten übertroffen haben. Dann sagte er in seinem tiefen Bass: »Sie sehen, ich bin ruhig, ich bin bereit, verraten Sie mir die Entfernung.«

»Fünfunddreißig Yard ...«

Ich konnte ihn natürlich nicht aufheben; aber ich rollte ihn herum und goss ihm Wasser den Rücken hinunter. Er kam bald zu sich und sagte: »Fünfunddreißig Yard ohne Zugabe? Aber warum frage ich? Da die Absicht dieses Mannes Mord war, warum sollte er sich mit Kleinigkeiten abgeben? Aber merken Sie sich das eine: Aus meinem Untergang soll die Welt ersehen, wie Frankreichs Kavaliere dem Tode entgegentreten.«

Nach langem Schweigen fragte er: »Ist nichts darüber gesagt worden, dass die Familie dieses Mannes mit ihm antreten sollte, als Gegengewicht zu meinem Umfang? Aber das ist gleich; ich würde mich nicht erniedrigen, einen solchen Vorschlag zu machen; wenn er nicht so anständig ist, es selbst vorzuschlagen, mag er diesen Vorteil genießen, den kein ehrenwerter Mann wahrnehmen würde.«

Nun versank er in eine Art nachdenklicher Starre, die einige Minuten anhielt; dann brach er das Schweigen mit: »Die Zeit – welche Zeit hat man für den Zusammenstoß bestimmt?«

»Morgen bei Sonnenaufgang.«

Er schien ungemein überrascht zu sein und sagte sofort: »Wahnsinn! So etwas habe ich noch nie gehört. Niemand ist um diese Zeit unterwegs.«

»Aus diesem Grunde habe ich sie angegeben. Wollen Sie damit sagen, dass Sie Publikum wünschen?«

»Es ist jetzt nicht der Augenblick für einen Wortwechsel. Ich bin erstaunt, dass M. Fourtou einer so seltsamen Neuerung überhaupt zugestimmt haben soll. Gehen Sie sofort hin und verlangen Sie eine spätere Zeit.«

Ich lief die Treppe hinab, riss die Haustür auf und fiel dem Sekundanten M. Fourtous beinahe in die Arme. Er sagte: »Ich erlaube mir mitzuteilen, dass mein Mandant entschiedene Einwände gegen die festgesetzte Zeit vorbringt und Sie um Ihr Einverständnis bittet, diese auf halb zehn zu ändern.«

»Jede Gefälligkeit, mein Herr, die zu erweisen in unserer Macht liegt, steht Ihrem hoch geschätzten Mandanten zu Diensten. Wir sind mit der vorgeschlagenen Änderung der Zeit einverstanden.«

»Bitte nehmen Sie den Dank meines Klienten entgegen.« Dann wandte er sich zu einer Person hinter ihm und sagte: »Sie hören, M. Noir, die Zeit ist auf halb zehn abgeändert.« Woraufhin sich M. Noir verneigte, bedankte und entfernte. Mein Komplize fuhr fort: »Wenn es Ihnen angenehm ist, werden Ihre Hauptärzte und die unseren wie üblich im gleichen Wagen zum Kampfplatz fahren.«

»Es ist mir durchaus angenehm, und ich bin Ihnen sehr dafür verbunden, dass Sie die Wundärzte erwähnt haben, denn ich fürchte, ich hätte nicht an sie gedacht. Wie viele werde ich brauchen? Ich nehme an, dass zwei oder drei reichen werden.«

»Man rechnet gewöhnlich zwei für jede Partei. Ich spreche von Hauptärzten; aber unter Berücksichtigung der hervorragenden Stellung, die unsere Klienten einnehmen, dürfte es richtig und schicklich sein, dass jeder von uns mehrere beratende Wundärzte unter den namhaftesten ihres Standes auswählt. Haben Sie einen Leichenwagen bestellt?«

»Wie dumm von mir, ich habe überhaupt nicht daran gedacht! Sofort erledige ich das. Ich muss Ihnen sehr unwissend vorkommen; aber haben Sie bitte Nachsicht mit mir, denn ich habe noch nie ein so piekfeines Duell mitgemacht. An der pazifischen Küste habe ich eine ganze Menge mit Zweikämpfen zu tun gehabt, aber jetzt sehe ich ein, dass das rohe Angelegenheiten waren. Ein Leichenwagen – herrje!, wir ließen die Auserwählten frei herumliegen, und es konnte sie zusammenbündeln und wegkarren, wer wollte. Haben Sie noch etwas vorzuschlagen?«

»Nicht, nur dass die Oberbestatter zusammen fahren sollten, wie es üblich ist. Die Untergebenen und Statisten werden zu Fuß gehen, wie es ebenfalls üblich ist. Ich werde Sie um acht Uhr morgens aufsuchen, und dann legen wir die Reihenfolge des Zuges fest. Ich habe die Ehre, guten Tag.«

Ich kehrte zu meinem Klienten zurück, der sagte: »Also gut, um wie viel Uhr soll das Treffen anfangen?«

»Halb zehn.«

»Wirklich sehr gut. Haben Sie die Nachricht an die Zeitungen gegeben?«

»*Mein Herr!* Wenn Sie mich nach unserer langen engen Freundschaft auch nur einen Augenblick lang eines so niedrigen Verrates für fähig halten können …«

»Aber, aber! Was sind das für Worte, mein lieber Freund? Habe ich Sie verletzt? Ah, vergeben Sie mir; ich überlaste Sie mit Arbeit. Fahren Sie daher mit den anderen Einzelheiten fort und lassen Sie das weg. Der blutdürstige Fourtou wird das bestimmt erledigen. Oder ich selbst – ja, zur Sicherheit werde ich meinem journalistischen Freund, M. Noir, ein Briefchen schicken.«

»Oh, da fällt mir ein, die Mühe können Sie sich sparen; der andere Sekundant hat M. Noir informiert.«

»Hm! Das hätte ich mir denken können. Das sieht diesem Fourtou ähnlich, der sich immer zur Schau stellen muss.«

Um halb zehn Uhr morgens näherte sich der Zug in folgender Ordnung dem Felde von Plessis-Piquet:

Zuerst kam unser Wagen – nur M. Gambetta und ich saßen darin; dann ein Wagen mit M. Fourtou und seinem Sekundanten; dann ein Wagen mit zwei Festrednern, die nicht an Gott glaubten und aus deren Brusttaschen Manuskripte mit Nachrufen herausragten; dann ein Wagen mit den Hauptärzten und ihren Instrumententaschen; dann acht Privatwagen mit beratenden Wundärzten; dann ein Mietwagen mit einem Leichenbeschauer; dann die zwei Leichenwagen; dann ein Wagen mit den zwei Oberbestattern; dann ein Zug Gehilfen und Statisten zu Fuß; und nach diesem kam ein langer Zug von Schlachtenbummlern, Polizisten und Bürgern aller Art durch den Nebel gestapft. Es war ein prächtiger Aufzug und hätte einen schönen Anblick geboten, wenn wir Wetter mit besserer Sicht gehabt hätten.

Es wurde nicht gesprochen. Ich sprach meinen Mandanten mehrmals an, vermute aber, dass er es nicht bemerkte, denn er schaute dauernd in seinem Notizbuch nach und murmelte zerstreut: »Ich sterbe, auf dass Frankreich lebe.«

Auf dem Felde angekommen, schritten der andere Sekundant und ich die fünfunddreißig Yard ab und losten dann aus, wer den Standort wählen dürfte. Das Letztere war nur eine dekorative Handlung, denn bei solchem Wetter war jede Wahl gleich. Nachdem diese Vorbereitungen abgeschlossen waren, ging ich zu meinem Mandanten und fragte ihn, ob er bereit sei. Er dehnte sich zu seiner vollen Breite aus und sagte mit strenger Stimme: »Bereit! Lasst die Geschütze laden!«

Das Laden geschah in Gegenwart ordnungsgemäß ernannter Zeugen. Wir hielten es für zweckmäßig, diese heikle Aufgabe mit Rücksicht auf das Wetter unter Zuhilfenahme einer Laterne auszuführen. Nun stellten wir unsere Männer auf.

Zu diesem Zeitpunkt bemerkte die Polizei, dass sich das Publikum rechts und links des Feldes zusammengedrängt hatte; sie bat deshalb um einen Aufschub, damit sie diese armen Menschen an einen sicheren Platz verweisen könnte. Dem Ersuchen wurde stattgegeben.

Nachdem die Polizei die beiden Haufen angewiesen hatte, sich hinter den Duellanten aufzustellen, waren wir wieder bereit. Da die Sicht noch schlechter wurde, kam ich mit dem anderen Sekundanten überein, dass vor Abgabe des verhängnisvollen Signals jeder einen lauten Ruf ausstoßen sollte, um es den Kämpfenden zu ermöglichen, den Standort des anderen auszumachen.

Nun kehrte ich zu meinem Mandanten zurück und bemerkte mit Sorge, dass er ein Großteil seines Kampfgeistes verloren hatte. Ich versuchte mein Bestes, ihn zu ermutigen.

Ich sagte: »Wirklich, die Dinge stehen nicht so schlecht, wie es aussieht. Wenn man die Art der Waffen bedenkt, die begrenzte Anzahl der festgesetzten Schüsse, den reichlichen Abstand, den undurchdringlich dichten Nebel sowie den weiteren Umstand, dass einer der Kämpfer nur ein Auge hat und der andere schielt und kurzsichtig ist, scheint mir, dass diese Auseinandersetzung nicht unbedingt tödlich ausgehen muss. Es besteht die Aussicht, dass Sie beide am Leben bleiben. Fassen Sie deshalb Mut, seien Sie nicht verzagt.«

Diese Rede übte eine so gute Wirkung aus, dass mein Mandant sogleich die Hand ausstreckte und sagte: »Ich habe mich wieder gefasst; geben Sie mir die Waffe.«

Ich legte sie ganz einsam und verlassen mitten in die weiträumige Einöde seiner Handfläche. Er sah sie an und

erschauerte. Und während er sie noch immer düster betrachtete, murmelte er mit brüchiger Stimme: »Ach, nicht
den Tod fürchte ich, sondern Verstümmelung.«

Ich ermutigte ihn noch einmal, und zwar mit solchem Erfolg, dass er bald sagte: »Das Trauerspiel mag
beginnen. Stellen Sie sich hinter mich; verlassen Sie
mich nicht in dieser ernsten Stunde, mein Freund.«

Ich gab ihm mein Wort. Nun half ich ihm, seine Pis-
tole auf die Stelle zu richten, wo ich seinen Gegner ver-
mutete, und ermahnte ihn, scharf hinzuhören und sich
weiterhin von dem Ruf meines Mitsekundanten leiten
zu lassen. Dann stemmte ich mich gegen M. Gambettas
Rücken und ließ ein schallendes »Hu-hu« ertönen. Es
wurde weit aus den Tiefen des Nebels beantwortet, und
ich rief sofort: »Eins – zwei – drei – *Feuer!*«

Zwei kleine Geräusche wie piff! piff! drangen an
mein Ohr, und im selben Augenblick wurde ich unter
einem Fleischberg zu Boden gemalmt. So zerschlagen
ich war, konnte ich doch noch einen schwachen Laut
von oben vernehmen, und zwar wie folgt: »Ich sterbe
für – für – verdammt, *wofür* sterbe ich denn – o ja –
Frankreich! Ich sterbe, auf dass Frankreich lebe!«

Die Ärzte wimmelten mit ihren Sonden in der Hand
herum und setzten ihre Mikroskope an M. Gambettas
gesamter Oberfläche an, mit dem erfreulichen Ergebnis,
dass sie nichts von einer Wunde fanden. Dann folgte
eine in jeder Hinsicht beglückende und begeisternde
Szene.

Die beiden Gladiatoren fielen einander mit Strömen
stolzer und glücklicher Tränen um den Hals; der andere
Sekundant umarmte mich; die Ärzte, die Redner, die
Leichenbestatter, die Polizei, alle umarmten einander,
alle gratulierten sich, alle weinten, und die ganze Atmo-

sphäre war von unbeschreiblicher Dankbarkeit und unaussprechlichem Glück erfüllt.

Mir war, als wollte ich lieber der Held eines französischen Duells sein als ein Herrscher mit Zepter und Krone.

Als der Aufruhr sich etwas gelegt hatte, hielt die Ärzteschaft eine Beratung ab, und nach vielem Debattieren kamen sie zu dem Schluss, es bestünde Grund zu der Annahme, dass ich unter geeigneter Pflege und Betreuung meine Verletzungen überstehen würde. Meine inneren Verletzungen sah man als besonders ernst an, da sich herausstellte, mir war eine gebrochene Rippe in den linken Lungenflügel gedrungen, und viele meiner Organe waren von der Stelle, wo sie hingehörten, so weit nach der einen oder anderen Seite verschoben worden, dass es zweifelhaft erschien, ob sie jemals lernen würden, ihre Funktionen an so fernen und ungewohnten Orten zu verrichten. Dann renkten sie mir den linken Arm an zwei Stellen ein, ließen meine rechte Hüfte wieder in ihr Gelenk einschnappen und richteten mir die Nase wieder auf. Ich war Gegenstand großer Anteilnahme, ja, sogar Bewunderung; und viele aufrichtige und warmherzige Leute ließen sich mir vorstellen und sagten, sie wären stolz darauf, den einzigen Mann kennenzulernen, der seit vierzig Jahren in einem französischen Duell verletzt worden sei.

Ich wurde in einem Krankenwagen ganz an der Spitze des Zuges untergebracht; und so wurde ich als hervorstechendste Person dieser großen Schau mit angenehmem Eclat[21] nach Paris gebracht und im Hospital abgeliefert.

Man hat mir das Kreuz der Ehrenlegion[22] verliehen. Es entgehen jedoch nur wenige dieser Auszeichnung.

Das ist die wahrheitsgetreue Darstellung der denkwürdigsten privaten Auseinandersetzung unseres Zeitalters.

Ich habe keine Beschwerden gegen irgendjemanden vorzubringen. Ich habe in eigener Verantwortung gehandelt, und ich kann die Konsequenzen tragen. Ich glaube, ohne zu prahlen, sagen zu können, dass ich mich nicht fürchte, vor einem modernen französischen Duellanten zu stehen, aber solange ich meinen klaren Verstand behalte, werde ich nie wieder darauf eingehen, mich hinter einen zu stellen.

9. Kapitel

Eines Tages bestiegen wir den Zug und fuhren nach Mannheim hinab, um uns »König Lear« anzusehen, der in deutscher Sprache gespielt wurde. Es war ein Fehler. Drei volle Stunden saßen wir auf unseren Plätzen und verstanden überhaupt nichts außer dem Donner und Blitz, und selbst die hatte man umgekehrt, um sie der deutschen Vorstellung anzupassen, denn der Donner kam zuerst und der Blitz danach.

Das Benehmen des Publikums war tadellos. Es gab kein Rascheln oder Flüstern und keine anderen kleinen Störungen; jedem Akt hörte man still zu, und der Applaus setzte ein, nachdem der Vorhang sich gesenkt hatte. Um halb fünf wurde geöffnet, das Schauspiel begann pünktlich um halb sechs, und zwei Minuten später saßen alle, die noch kamen, auf ihren Plätzen, und es herrschte Ruhe. Ein deutscher Herr im Zug hatte gesagt, ein Drama Shakespeares sei in Deutschland ein hoch geschätzter Genuss, und wir würden ein volles

Haus vorfinden. Das stimmte; alle sechs Ränge waren voll besetzt und blieben es bis zum Schluss – was darauf hinwies, dass in Deutschland nicht nur die Leute aus dem ersten Rang Shakespeare lieben, sondern auch die aus dem Parkett und auf dem Olymp[74].

Ein andermal fuhren wir nach Mannheim und besuchten ein Spektakel – auch Oper genannt –, und zwar »Lohengrin«. Das Gebumse und Gepauke und Gedröhn und Gekrache war einfach unglaublich. Der quälende und unbarmherzige Schmerz, den es verursachte, ruht in meinem Gedächtnis gleich neben der Erinnerung an die Zeit, als ich meine Zähne in Ordnung bringen ließ. Gewisse Umstände machten es notwendig, dass ich die vier Stunden bis zum Schluss dablieb, und ich blieb da; aber das Andenken dieser langen, schleppenden, harten Leidenszeit ist unzerstörbar. Dass man es schweigend und stillsitzend ertragen musste, machte es nur noch schlimmer. Ich befand mich in einem Abteil mit acht oder zehn Fremden beiderlei Geschlechts, und das legte mir Zurückhaltung auf; aber zeitweise war der Schmerz so heftig, dass ich kaum die Tränen unterdrücken konnte. In solchen Augenblicken, wenn das Heulen und Jammern und Kreischen der Sänger und das Rasen und Tosen und Krachen des gewaltigen Orchesters immer lauter, immer toller, immer wilder wurden, hätte ich weinen können, wenn ich allein gewesen wäre. Diese Fremden wären wohl nicht überrascht gewesen, jemanden weinen zu sehen, dem man allmählich die Haut abzöge, aber hier hätten sie sich darüber gewundert und zweifellos Bemerkungen darüber gemacht, während doch der vorliegende Fall gegenüber dem Geschundenwerden absolut keinen Vorteil besaß. Nach dem ersten Akt gab es eine halbstündige Pause, und ich hätte in dieser Zeit hinausgehen und mich erholen können, aber ich traute mich nicht, denn ich spürte, dass ich desertieren und draußen bleiben würde. Gegen neun Uhr gab es eine weitere halbstündige Pause, aber mittlerweile hatte ich so viel durchgemacht, dass ich keine Kraft mehr hatte und deshalb nur noch wünschte, in Frieden gelassen zu werden.

Ich möchte damit nicht sagen, dass es den anderen Leuten genauso ging wie mir, denn das war keineswegs der Fall. Ob ihnen dieser Lärm von Natur aus gefiel oder ob sie allmählich Gefallen daran fanden, indem sie sich daran gewöhnten, wusste ich damals nicht; aber er gefiel ihnen – das war ganz deutlich. Solange er anhielt, saßen sie da und sahen so hingerissen und dankbar aus wie Katzen, wenn man ihnen den Rücken streichelt; und immer wenn der Vorhang fiel, standen sie als eine gewaltige, geschlossene Menge auf, und Taschentücher wehten in der Luft wie dichtes Schneetreiben, und Beifallsstürme durchrasten das Haus. Das war mir unbegreiflich. Natürlich waren viele Leute da, die nicht gezwungen waren zu bleiben; und doch waren zum Schluss die Ränge genauso voll wie zu Anfang. Das bewies doch, dass es den Leuten gefiel.

Es war ein Stück merkwürdiger Art. Was die Kostüme und Bühnenbilder anbetraf, war es ganz schön und prunkvoll; aber es gab nicht viel Handlung. Das soll heißen, dass nicht viel wirklich geschah, es wurde nur davon gesprochen; und immer mit heftiger Erregung. Man könnte es ein erzählendes Drama nennen. Jeder hatte etwas zu erzählen und zu beklagen, und keiner benahm sich vernünftig, sondern alle befanden sich in reizbarer und unbeherrschter Verfassung. Von dem üblichen Zeug, wo der Tenor und die Sopranistin vorn an der Rampe stehen, die trillernden Stimmen ineinander verwoben, und immerzu einander die Arme entgegenstrecken und sie wieder zurückziehen und mit Beben und Pressen beide Hände erst über die eine und dann über die andere Brust breiten, davon brachten sie nicht viel – nein, jeder Meuterer blieb für sich, und ein Verschmelzen der Stimmen gab es nicht. Einer nach dem anderen sang seine anklagende Erzählung, von dem gesamten Sechzigmannorchester begleitet; und wenn das einige Zeit so gegangen war und man gerade hoffte, sie würden zu einer Verständigung gelangen und den Lärm dämpfen, brach plötzlich ein großer Chor los, der gänzlich aus Verrückten bestand, und dann machte ich zwei und manchmal drei Minuten lang alles noch einmal durch, was ich damals gelitten hatte, als das Waisenhaus abbrannte.

Nur eine kurze Zeitspanne, die den Himmel und des Himmels süße Wonne und Eintracht ahnen ließ, erlebten wir während dieser ganzen langen, fleißigen und quälenden Darstellung des anderen Ortes. Das war, als im dritten Akt eine prächtige Prozession von Leuten immer im Kreise herumlief und den Brautchor sang. Das war für mein ungebildetes Ohr Musik – beinahe göttliche Musik. Während meine verdorrte Seele in dem heilenden Balsam dieser lieblichen Töne badete, schien mir, als könnte ich fast die vorherigen Martern noch einmal erdulden, nur um wieder auf diese Art geheilt zu werden. Hier tritt die überaus sinnreiche Idee der Oper zutage. Sie teilt so reichlich Qualen aus, dass die darin verstreuten Wonnen durch den Kontrast ungeheuer verstärkt werden. In einer Oper wirkt eine hübsche Arie hübscher, als sie irgendwo anders wirken könnte, nehme ich an, gerade wie ein ehrlicher Mann in der Politik mehr glänzt als sonst irgendwo.

Seither habe ich festgestellt, dass die Deutschen nichts so sehr lieben wie die Oper. Sie lieben sie nicht auf gelinde und mäßige Art, sondern mit ganzem Herzen. Das ist ein echtes Ergebnis von Gewohnheit und Erziehung. Zweifellos wird unser Volk mit der Zeit die Oper auch lieben. Einer von fünfzig, die unsere Opern besuchen, liebt sie vielleicht schon, aber ich glaube, eine ganze Anzahl von den anderen neunundvierzig geht hin, um sie lieben zu lernen, und der Rest, um klug darüber reden zu können. Die Letzteren summen gewöhnlich die Arien mit, während diese gesungen werden, damit ihre Nachbarn merken, dass sie schon einmal in der Oper waren. Bestattungen solcher Leute finden noch nicht oft genug statt.

An jenem Abend saßen in der Mannheimer Oper gerade vor uns eine freundliche, altjüngferliche Person und ein süßes, junges Mädchen von siebzehn Jahren. Diese Leute unterhielten sich zwischen den Akten, und ich verstand sie, obwohl ich nichts von dem verstand, was auf der fernen Bühne geäußert wurde. Zuerst war ihre Unterhaltung reserviert, aber nachdem sie meinen Agenten und mich hatten Englisch reden hören, ließen sie ihre Zurückhaltung fallen, und ich schnappte viele ihrer kleinen vertraulichen Mitteilungen auf; nein, ich meine viele kleine vertrauliche Mitteilungen der einen – wobei ich die ältere Person meine, denn das junge Mädchen hörte nur zu und nickte zustimmend, aber sagte kein einziges Wort. Wie hübsch sie war und wie süß! Ich wünschte, sie würde reden. Aber offensichtlich war sie in ihre eigenen Gedanken versunken, ihre eigenen Jungmädchenträume und fand größere Freude am Schweigen. Aber sie träumte keine schläfrigen Träume – nein, sie war wach, lebendig, munter; sie konnte keinen Augenblick still sitzen. Sie zu studieren war bezaubernd. Ihr Kleid war aus weichem, weißem, seidigem Stoff, der wie eine Fischhaut ihrer rundlichen, jungen Gestalt anlag, und es wurde von sehr zierlichen, duftigen kleinen Spitzenvolants überrieselt; sie besaß tiefe, zärtliche Augen mit langen, geschwungenen Wimpern, und sie hatte Pfirsichwangen und ein Grübchen im Kinn und einen so lieben, kleinen, frischen Rosenknospenmund; und sie war so taubensanft, so rein und so anmutig, so süß und so zauberhaft. Lange Stunden hindurch wünschte ich mit aller Macht, dass sie sprechen möge. Und schließlich tat sie es; die roten Lippen öffneten sich, und heraus hüpfte ihr Gedanke, mit so argloser und netter Inbrunst: »Tantchen, ich *weiß* einfach, dass ich fünfhundert Flöhe habe!«

Das lag wahrscheinlich über dem Durchschnitt. Ja, es muss sehr weit über dem Durchschnitt gelegen haben. Damals betrug im Großherzogtum Baden der Durchschnitt, der auf einen jungen Menschen (wenn er allein war) entfiel, fünfundvierzig, und zwar nach der amtlichen Schätzung des Innenministers für jenes Jahr; der Durchschnitt bei älteren Leuten war schwankend und unbestimmbar, denn wenn ein gesundes, junges Mädchen zu Älteren trat, senkte sie sofort deren Durchschnitt und erhöhte ihren eigenen. Sie wurde eine Art Sammelbüchse. Das liebe Kind im Theater hatte dagesessen und unbewusst eine Kollekte veranstaltet. Manches dürre, alte Wesen in unserer Umgebung war umso glücklicher und ruhiger, weil sie gekommen war.

Unter dem zahlreichen Publikum jenes Abends befanden sich acht sehr auffällige Leute. Das waren Damen, die ihre Hüte oder Hauben aufhatten. Was wäre das für eine schöne Sache, wenn in unseren Theatern eine Dame dadurch Aufmerksamkeit erregen könnte, dass sie ihren Hut trüge! In Europa ist es nicht üblich, Damen und Herren zu gestatten, dass sie Hauben, Hüte, Mäntel, Stöcke oder Regenschirme in den Zuschauerraum mitnehmen, aber in Mannheim bestand man nicht auf dieser Vorschrift, weil sich das Publikum großenteils aus Leuten von außerhalb zusammensetzte, und unter diesen befanden sich immer ein paar ängstliche Damen, die fürchteten, ihren Zug zu verpassen, wenn sie zum Schluss des Stückes in die Garderobe gehen müssten, um ihre Sachen zu holen. Aber die überwiegende Mehrheit derer, die von auswärts kamen, riskierten es und ließen es darauf ankommen, da sie das Verpassen des Zuges einem Bruch der guten Sitten sowie dem Unbehagen vorzogen, drei oder vier Stunden lang unangenehm aufzufallen.

10. Kapitel

Drei oder vier Stunden! Das ist eine lange Zeit, wenn man sie auf einem Fleck sitzend verbringen muss, ob man nun auffällt oder nicht, aber einige Wagneropern dröhnen sechs ganze Stunden lang hintereinander fort! Und doch sitzen die Leute da und genießen alles und wünschen, es dauerte länger. Eine deutsche Dame in München sagte mir, zuerst könne man Wagners Musik nicht leiden, sondern müsse sich bewusst daranmachen, sie lieben zu lernen – dann sei einem der Lohn gewiss; denn wenn man gelernt hätte, sie zu lieben, würde man danach hungern und nie genug davon bekommen. Sie sagte, sechs Stunden Wagner seien keineswegs zu viel. Sie sagte, dieser Komponist habe in der Musik eine vollständige Revolution verursacht und trüge die alten Meister nacheinander zu Grabe. Und sie sagte, Wagners Opern unterschieden sich in einem bemerkenswerten Umstand von allen anderen, und zwar in dem, dass sie nicht bloß hier und da mit Musik gesprenkelt, sondern *ganz* Musik seien, vom ersten Ton bis zum letzten. Das überraschte mich. Ich sagte, ich hätte eine seiner Revolutionen besucht und kaum irgendwelche Musik darin gefunden, mit Ausnahme des Brautchores. Sie sagte, »Lohengrin« sei geräuschvoller als die anderen Opern Wagners, aber wenn ich sie immer wieder besuchte, würde ich mit der Zeit bemerken, dass sie ganz aus Musik bestünde, und mich dann aus diesem Grunde daran erfreuen. Ich *hätte* sagen können: »Aber würden Sie jemandem raten, ein paar Jahre lang bewusst zu üben, Zahnweh im tiefsten Magen zu haben, damit er dann allmählich dazu kommt, sich daran zu erfreuen?« Aber ich unterdrückte diese Bemerkung.

Diese Dame war des Lobes voll über den Heldentenor, der am Abend vorher in einer Wagneroper aufgetreten war, und fuhr fort, sich über seinen langjährigen und gewaltigen Ruhm auszulassen und darüber, mit wie vielen Ehrungen ihn die Fürstenhäuser Deutschlands überschüttet hätten. Das war wieder eine Überraschung. Ich hatte in der Person meines Agenten dieselbe Oper besucht und hatte gründliche und genaue Beobachtungen angestellt. Also sagte ich:

»Aber, meine Damen, *meine* Erlebnisse berechtigen mich zu der Behauptung, dass die Stimme dieses Tenors überhaupt keine Stimme ist, sondern nur ein Heulen – das Heulen einer Hyäne.«

»Das ist ganz richtig«, sagte sie; »jetzt kann er nicht mehr singen; schon vor vielen Jahren hat er die Stimme verloren, aber früher sang er, ja, göttlich! Deshalb werden Sie sehen, wann immer er jetzt kommt, ja, dass mehr Leute kommen, als das Theater fasst. Jawohl bei Gott, seine Stimme ist wunderschön in jener vergangenen Zeit!«

Ich sagte, sie enthülle mir einen liebenswürdigen Zug an den Deutschen, der des Nacheiferns wert wäre. Ich sagte, wir jenseits des großen Teiches seien nicht ganz so großzügig; wenn bei uns ein Sänger die Stimme und ein Springer die Beine verloren hätten, zögen diese Leute nicht mehr. Ich sagte, ich sei einmal in Hannover in der Oper gewesen, einmal in Mannheim und einmal (durch meinen autorisierten Agenten) in München, und diese umfangreiche Erfahrung habe mich fast davon überzeugt, dass die Deutschen solche Sänger vorzögen, die nicht singen könnten. Das war gar nicht eine so besonders übertriebene Rede, denn die Lobreden auf jenen stämmigen Mannheimer Tenor waren in ganz Heidelberg schon eine Woche vor seinem Auftritt Stadtgespräch gewesen, doch glich seine Stimme dem aufreizenden Geräusch, das ein Nagel hervorbringt, wenn man ihn über eine Fensterscheibe kreischen lässt. Ich sagte das am nächsten Tage Heidelberger Freunden, und sie sagten ganz gelassen und schlicht, das sei sehr richtig, aber in früheren Zeiten sei seine Stimme wunderbar schön *gewesen*. Und der Tenor in Hannover war bloß ein weiteres Exemplar derselben Sorte. Der englisch sprechende deutsche Herr, der dort mit mir in die Oper ging, überschlug sich vor Begeisterung über jenen Tenor.

Er sagte:

»Ach Gott! Ein großer Mann! Sie werden ihn ja sehen. Er wird in ganz Deutschland so gefeiert; und er hat eine Pension, ja, von der Regierung. Er ist jetzt nicht mehr zum Singen verpflichtet, nur zweimal im Jahr; aber wenn er nicht zweimal im Jahr singt, nehmen sie ihm die Pension weg.«

Also schön, wir gingen hin. Als der berühmte alte Tenor erschien, bekam ich einen Rippenstoß und mir wurde erregt zugeflüstert: »Da sehen Sie ihn!«

Aber der »Gefeierte« war für mich eine verblüffende Enttäuschung. Wenn ihn ein Schirm verborgen hätte, hätte ich angenommen, dass man eine chirurgische Operation an ihm ausführte. Ich schaute meinen Freund an. Zu meinem großen Erstaunen schien er vor Wonne berauscht, seine Augen strahlten vor brennendem Entzücken. Als schließlich der Vorhang fiel, brach er in rasenden Beifall aus und setzte diesen fort – wie es das ganze Haus tat –, bis der zermürbende Tenor dreimal vor den Vorhang gekommen war, um seine Verbeugung zu machen. Während der glühende Enthusiast sich den Schweiß vom Gesicht wischte, sagte ich:

»Ich meine es wirklich nicht böse, aber nun einmal im Ernst: Glauben Sie, dass er singen kann?«

»Er! *Nein!* Gott im Himmel, aber wie hat er vor fünfundzwanzig Jahren gesungen!« Dann nachdenklich: »Ach nein, *jetzt* singt er nicht mehr, er schreit nur noch. Wenn er jetzt denkt, er singt, singt er überhaupt nicht, nein; er macht nur wie eine Katze, der übel ist.«

Wie sind wir nur auf die Idee gekommen, die Deutschen seien ein stures, phlegmatisches Volk? Tatsächlich sind sie weit davon entfernt. Sie sind warmherzig, gefühlvoll, impulsiv, begeisterungsfähig, beim zartesten Anstoß kommen ihnen die Tränen, und es ist nicht schwer, sie zum Lachen zu bringen. Es sind wirklich Kinder des Impulses. Im Vergleich zu den Deutschen sind wir kühl und verschlossen. Sie umarmen und küssen sich, weinen und jubeln und tanzen und singen; und wo wir einen liebenden, kosenden Ausdruck anwenden, verströmen sie gleich zwanzig. Ihre Sprache ist voller zärtlicher Diminutive; nichts von dem, was sie lieben, entgeht der Anwendung einer kosenden Verkleinerungsform – weder das Haus noch der Hund, noch das Pferd, noch die Großmutter, noch irgendein anderes Geschöpf, ob beseelt oder unbeseelt.

In den Theatern in Hannover, Hamburg und Mannheim gab es einen vernünftigen Brauch. Sobald sich der Vorhang hob, gingen die Lichter im Zuschauerraum aus. Das Publikum saß im kühlen Dunkel eines tiefen Dämmerlichtes, was den leuchtenden Glanz der Bühne vermehrte. Es sparte außerdem Gas, und die Leute schwitzten sich nicht tot.

Als ich »König Lear« sah, durfte niemand einen Szenenwechsel beobachten; wenn auch weiter nichts zu tun war, als einen Wald fortzurollen und einen dahinterstehenden Tempel zu enthüllen, sah man diesen Wald nicht in der Mitte auseinanderbrechen und quietschend abfahren, begleitet von dem entzaubernden Anblick der Hände und Füße der bewegenden Kraft – nein, jedes Mal wurde der Vorhang für einen Augenblick gesenkt, man hörte nicht die geringste Bewegung hinter ihm; aber wenn er sich im nächsten Augenblick wieder hob, war der Wald fort. Selbst wenn die Bühne völlig umgebaut wurde, hörte man kein Geräusch. Während der ganzen Spieldauer dieses »König Lear« war der Vorhang kein einziges Mal zwei Minuten lang unten. Das Orchester spielte, bis sich der Vorhang zum ersten Mal hob, dann ging es für den Rest des Abends fort. Wo die Pausen niemals zwei Minuten dauern, gibt es keine Gelegenheit für Musik. Ich hatte diese Zweiminutenmasche zwischen den Akten nur einmal vorher erlebt, und das war damals, als im Wallack-Theater »Shaughraun«[24] gegeben wurde.

Eines Abends besuchte ich in München ein Konzert, die Leute kamen hereingeströmt, der Zeiger stand auf sieben, die Musik setzte ein, und augenblicklich hörte jede Bewegung im Zuschauerraum des Hauses auf – niemand stand noch oder lief die Gänge entlang oder fummelte mit einem Sitz herum, der Strom der Eintretenden war plötzlich an der Quelle versiegt. Ich lauschte ungestört einem fünfzehnminütigen Musikstück, wobei ich stets erwartete, dass ein paar säumige Karteninhaber sich an meinen Knien vorbeidrängen würden, und darin ständig angenehm enttäuscht wurde; aber als der letzte Ton verklungen war, setzte der Strom wieder ein. Man hatte nämlich diese Verspäteten von dem Zeitpunkt an, da die Musik begonnen hatte, bis zum Ende des Stückes in dem behaglichen Foyer warten lassen.

Zum allererstenmal hatte ich erlebt, dass dieser Sorte Verbrecher das Recht verweigert wurde, die Bequemlichkeit eines Hauses voller Leute zu stören, die besser waren als sie. Ein paar von diesen waren ziemlich hohe Tiere, aber dennoch mussten sie draußen in dem langen Foyer warten, unter der Aufsicht einer Doppelreihe livrierter Diener und Zofen, welche die beiden Wände mit ihrem Rücken stützten und die Mäntel und Siebensachen ihrer Herrschaften über dem Arm trugen.

Wir hatten keine Lakaien, die unsere Sachen hätten halten können, und es war nicht gestattet, diese in den Saal mitzunehmen; aber es gab einige Männer und Frauen, die sie uns abnahmen. Sie gaben uns dafür Marken und verlangten einen festen Preis, im Voraus zahlbar – fünf Gent.

In Deutschland hört man in einer Oper stets etwas, das man in Amerika bisher vermutlich noch nie gehört hat – ich meine den Schlusston eines schönen Solos oder Duetts. Wir fallen schon immer vorzeitig mit einem Beifall ein, dass die Wände wackeln. Die Folge davon ist, dass wir uns selbst den schönsten Teil des Vergnügens rauben; wir kriegen den Whisky, aber den Zucker auf dem Grund des Glases kriegen wir nicht.

Unsere Art, im Verlaufe eines Aktes Applaus zu verstreuen, scheint mir besser zu sein als die Mannheimer Art, ihn völlig aufzusparen, bis der Akt zu Ende ist. Ich kann nicht begreifen, wie ein Schauspieler vor einem kühlen, stillen Publikum sich selbst vergessen und heiße Leidenschaft darstellen kann. Ich denke, er müsste sich komisch vorkommen. Es tut mir bis zum heutigen Tage weh, mich daran zu erinnern, wie jener alte deutsche Lear auf der Bühne herumraste, -weinte und -heulte, ohne eine einzige Reaktion aus dem verstummten Haus, einen einzigen Ausbruch, bevor der Akt zu Ende war. Für mich lag etwas unsagbar Unbehagliches in dem ernsten, toten Schweigen, das stets auf die ungeheuren Gefühlsergüsse dieses alten Mannes folgte. Ich konnte nicht anders, als mich an seine Stelle zu versetzen – ich glaubte zu wissen, wie elend und niedergeschlagen ihm während dieser Schweigepausen zumute war, denn ich gedachte eines Vorfalls, den ich einmal erlebt hatte und der – aber ich werde das Ereignis schildern:

An Bord eines Mississippidampfers lag eines Abends ein zehnjähriger Junge schlafend in seiner Koje – ein hoch aufgeschossener, dünnbeiniger Junge; er war in ein ziemlich kurzes Hemd gehüllt. Es war das erste Mal, dass er auf einem Dampfer fuhr, und deshalb sorgte und ängstigte er sich und war zu Bett gegangen, den Kopf voll drohender

Zusammenstöße mit Snags[25], voller Explosionen, Feuers-
brünsten und plötzlicher Todesfälle. Gegen zehn Uhr saßen etwa zwanzig Damen im Damensalon umher, still mit
Lesen, Nähen, Sticken und dergleichen beschäftigt, und
zwischen diesen saß eine liebe, wohlwollende alte Dame
mit runden Brillengläsern auf der Nase und geschäftigen
Stricknadeln in den Händen. Nun brach plötzlich mitten
in diese friedliche Szene jener dünnbeinige Junge im kurzen Hemd ein, mit wildem Blick und zu Berge stehenden
Haaren, und schrie: »Feuer, Feuer! Lauft los, das Schiff
brennt, und es ist keine Minute zu verlieren!«

Alle diese Damen blickten freundlich auf, niemand
rührte sich, die alte Dame schob die Brille nach unten,
schaute darüber hinweg und sagte sanft: »Erkälte dich nur
nicht, Kind. Geh und steck dir deine Schlipsnadel an,
dann kannst du wiederkommen und uns alles erzählen.«

Es war eine grausame, kalte Dusche für das über-
schäumende Ungestüm eines armen kleinen Teufels. Er
erwartete, gewissermaßen ein Held zu sein – Auslöser
einer wilden Panik –, und hier saßen alle und lächelten
spöttisch, und eine alte Frau machte sich über seinen
Albdruck lustig. Ich drehte mich um und schlich ge-
knickt fort – denn jener Junge war ich – und wollte gar
nicht mehr wissen, ob ich das Feuer geträumt oder tatsächlich gesehen hatte.

Man hat mir gesagt, in einem deutschen Konzert oder
einer Oper werde kaum jemals ein Musikstück wiederholt; wenn sie auch womöglich vor Sehnsucht stürben, es
noch einmal zu hören, halte ihre gute Erziehung sie gewöhnlich davon ab, ein Dacapo zu verlangen.

Könige dürfen eine Wiederholung verlangen; das ist
etwas ganz anderes. Jedermann ist entzückt, wenn er
sieht, dass es dem König gefällt; und was den zum Wie-

derholen aufgeforderten Künstler angeht, so übersteigen
sein Stolz und seine Freude einfach alle Grenzen. Dennoch gibt es Umstände, unter denen selbst ein königlicher Dacapo-Ruf …

Aber man sollte das lieber erläutern. Der König von
Bayern[26] ist ein Dichter und weist die Überspanntheiten
eines Dichters auf − mit dem Vorteil vor allen anderen
Dichtern, dass er sie befriedigen kann, gleichgültig, in
welcher Form sie sich äußern. Er liebt die Oper, aber er
liebt es nicht, in Gegenwart eines Publikums dazusitzen;
deshalb ist es in München manchmal vorgekommen,
wenn eine Oper zu Ende war und die Darsteller sich gerade abschminkten und umzogen, dass ihnen ein Befehl
zuging, sich erneut zu schminken und zu kostümieren.
Bald darauf kam dann der König, einsam und allein, und
die Schauspieler fingen von vorn an und wiederholten
die ganze Oper mit nur diesem einen Menschen als Publikum in dem riesigen, feierlichen Theater. Einmal setzte er sich eine sonderbare Grille in den Kopf. Weit oben
und unsichtbar über der ungeheuren Bühne des Hof-
theaters zieht sich ein Wirrwarr ineinander verschlunge-
ner Wasserrohre hin, die so durchlöchert sind, dass man
im Falle eines Brandes unzählige kleine, fadendünne Was-
serstrahlen herabsprühen lassen kann; und wenn es notwendig sein sollte, können diese zu einer strömenden
Flut verstärkt werden. Amerikanische Direktoren dürfen
sich das notieren. Der König war das ganze Publikum.
Die Oper lief ab, es war ein Stück mit einem Gewitter
darin; der Bühnendonner begann zu grollen, der Büh-
nenwind begann zu heulen und zu rauschen, und der
Bühnenregen begann zu prasseln.

Die Anteilnahme des Königs wurde immer stärker,
sie wurde zu Begeisterung. Er rief: »Das ist gut, wirklich

sehr gut! Aber ich will einen richtigen Regen haben! Stellt das Wasser an!«

Der Direktor bat, den Befehl zurückzuziehen; er sagte, es würde das teure Bühnenbild und die prächtigen Kostüme ruinieren, aber der König rief:

»Egal, egal, ich will einen richtigen Regen haben! Stellt das Wasser an!«

Also wurde der echte Regen angestellt, und er begann, in feinen Strahlen auf die imitierten Blumenbeete und Kieswege der Bühne herabzurieseln. Die reich gekleideten Künstlerinnen und Künstler trippelten umher, sangen tapfer und gaben vor, sich nichts daraus zu machen.

Der König war entzückt – seine Begeisterung wuchs. Er rief: »Bravo, bravo! Mehr Donner! Mehr Blitz! Dreht den Regen stärker auf.«

Der Donner polterte, der Blitz blendete, die Sturmwinde wüteten, die Sintflut stürzte herab. Den Theatermajestäten auf der Bühne klebten die durchnässten Satinstoffe am Leibe, sie platschten durch knöcheltiefes Wasser und trillerten so süß und schön sie nur konnten, die Geiger unter der Bühnentraufe sägten drauflos, als ginge es ums liebe Leben, während ihnen die kalte Flut hinten den Nacken hinabbrann, und der trockene und glückliche König saß in seiner erhöhten Loge und applaudierte so sehr, dass seine Handschuhe in Fetzen gingen.

»Noch mehr!«, schrie der König, »noch mehr – lasst den ganzen Donner los, stellt das ganze Wasser an! Wer einen Regenschirm aufspannt, wird gehängt!«

Als dieses gewaltigste und wirkungsvollste Gewitter, das jemals auf einem Theater aufgeführt wurde, schließlich abzog, war der Beifall des Königs grenzenlos. Er rief: »Großartig, großartig! *Da capo!* Macht das noch mal!«

Aber es gelang dem Direktor, ihn zu überreden, die Aufforderung zurückzunehmen, und er sagte, das Ensemble fühle sich durchaus belohnt und geschmeichelt durch die bloße Tatsache, dass Seine Majestät ein Dacapo gewünscht habe, ohne dass das Ensemble ihn, nur um seine eigene Eitelkeit zu befriedigen, mit einer Wiederholung ermüden wolle.

Im weiteren Verlauf der Vorstellung waren diejenigen Künstler glücklich dran, deren Rollen einen Kostümwechsel verlangten; die anderen blieben ein durchnässter, schmuddliger und trostloser Haufen, aber ungemein malerisch. Das Bühnenbild war hin, die Versenkungen waren so verquollen, dass sie eine Woche später noch nicht wieder funktionierten, die schönen Kostüme waren verdorben, und noch unendlich viele kleinere Schäden hatte dieses bemerkenswerte Gewitter angerichtet.

Es war ein königlicher Einfall, dieses Gewitter, und königlich ausgeführt. Aber man beachte die Mäßigung des Königs: Er bestand nicht auf dem Dacapo. Wäre er ein fröhliches, unbesonnenes amerikanisches Opernpublikum gewesen, dann hätte er wahrscheinlich sein Gewitter immer von Neuem wiederholen lassen, bis er alle diese Leute ertränkt hätte.

11. Kapitel

Die Sommertage in Heidelberg vergingen angenehm. Wir hatten einen erfahrenen Trainer, und unter seiner Anleitung brachten wir unsere Beine für die geplanten Wanderungen in Kondition. Wir waren mit den Fortschritten recht zufrieden, die wir in der deutschen Sprache* erzielt, und mehr als zufrieden mit dem, was wir in der Kunst erreicht hatten. Wir hatten die besten Lehrer Deutschlands für das Malen und Zeichnen gehabt – Hämmerling, Vogel, Müller, Dietz und Schumann. Hämmerling lehrte uns die Landschaftsmalerei, Vogel lehrte uns gegenständliches Zeichnen, Müller lehrte uns, Stillleben zu malen, und Dietz und Schumann gaben uns den letzten Schliff in zwei Spezialfächern – Schlachtenszenen und Schiffbrüchen. Was ich auf dem Gebiete der Kunst bin, verdanke ich diesen Männern. Ich habe etwas von der Manier jedes von ihnen; aber sie sagten alle, dass ich auch eine eigene Manier besäße und dass sie deutlich zu erkennen wäre. Sie sagten, mein Stil besitze eine individuelle Eigenart, insofern ich, wenn ich auch den gewöhnlichsten Typus eines Hundes malte, ganz sicher in das Bild dieses Hundes ein gewisses Etwas hineinlegte, das es unmöglich machte, ihn für die Schöpfung irgendeines anderen Künstlers zu halten. Insgeheim hätte ich gern alle diese freundlichen Redensarten geglaubt, aber das konnte ich nicht; ich befürchtete, die Vorliebe meiner Meister für mich und ihr Stolz auf mich beeinflussten ihre Urteilskraft. Deshalb beschloss ich, eine Probe durchzuführen. Heimlich und ohne dass es jemand wusste, malte ich mein großes Bild »Heidelberger Schloss, illuminiert« – mein erstes wirklich bedeutendes Werk in Öl – und ließ es ohne Namensnennung inmitten eines Dickichts von Ölgemälden in der Kunstausstellung aufhängen. Zu meiner größten Befriedigung wurde es sofort als mein Werk erkannt. Die ganze Stadt strömte hin, um es sich anzusehen, und selbst aus umliegenden Orten kamen seinethalben Leute. Es erregte

---

* Zur Information über diese furchtbare Sprache vergleiche Anhang.

mehr Aufsehen als jedes andere Werk der Ausstellung. Aber das Erfreulichste dabei war, dass zufällig durchreisende Fremde, die nichts von meinem Gemälde gehört hatten, nicht nur wie von einem Magneten zu ihm hingezogen wurden, sobald sie die Galerie betraten, sondern es stets für einen Turner hielten.

Etwa zur gleichen Zeit wie ich bestand Mr. Harris die Abschlussprüfung in der Malkunst, und wir mieteten gemeinsam ein Atelier. Eine Zeit lang warteten wir auf Aufträge; als dann die Zeit anfing, sich ein bisschen lang hinzuziehen, beschlossen wir, eine Wandertour zu unternehmen. Nach vielem Überlegen einigten wir uns auf einen Ausflug an den schönen Ufern des Neckars entlang bis nach Heilbronn hinauf. Offenbar hatte das zuvor noch niemand getan. Die ganze Strecke hin standen auf den überhängenden Klippen und Felsen zerstörte Burgen; man sagte, es gäbe Sagen um sie geradeso wie um die am Rhein, und was noch besser war, diese seien nie gedruckt erschienen. In den Büchern stand nichts über diese bezaubernde Gegend, sie war von den Touristen vernachlässigt worden, sie war jungfräulicher Boden für den literarischen Pionier.

Inzwischen waren die Rucksäcke, die derbe Wanderkleidung und die festen Wanderschuhe fertig, die wir bestellt hatten, und sie wurden uns überbracht. Ein Mr. X. und ein junger Mr. Z. hatten sich bereit gefunden, mitzukommen. Eines Abends gingen wir herum und verabschiedeten uns von unseren Freunden, und danach hielten wir im Hotel ein kleines Abschiedsessen ab. Wir gingen früh zu Bett, denn wir wollten zeitig aufbrechen, um die Kühle des Morgens auszunutzen.

Bei Tagesanbruch waren wir aus dem Bett, fühlten uns frisch und kräftig und nahmen ein herzhaftes Frühstück ein, dann stürzten wir durch die Laubgewölbe des Schlossparks zur Stadt hinab. Was für ein herrlicher Sommermorgen, und wie die Blumen ihren Duft verströmten und die Vögel sangen! Es war gerade die richtige Zeit, um Wälder und Berge zu durchstreifen.

Wir trugen alle die gleiche Kleidung: breite Schlapphüte, um die Sonne abzuschirmen; graue Rucksäcke; blaue Militärblusen; blaue Drillichhosen; Ledergamaschen, vom Knie bis zum Knöchel hinab eng geknöpft; derbe hohe Schuhe, fest geschnürt. Jeder hatte ein Opernglas, eine Feldflasche und eine Tasche für den Reiseführer über die Schulter gehängt und trug einen Bergstock in der einen Hand und einen Sonnenschirm in der anderen. Um unsere Hüte schlang sich in vielen Lagen dünner, weißer Musselin, dessen Enden uns den Rücken hinabhingen und -flatterten – ein aus dem Orient stammender Einfall, der von den Touristen in ganz Europa verwendet wird. Harris trug die kleine, einer Uhr ähnliche Maschine, die »Pedometer« heißt und deren Aufgabe es ist, eines Mannes Schritte zu zählen und anzugeben, wie weit er gewandert ist. Jedermann hielt an, um unsere Tracht zu bewundern und uns herzlich »Angenehme Reise« zuzurufen.

Als wir in die Stadt hinunterkamen, stellte ich fest, dass wir mit der Bahn bis fünf Meilen vor Heilbronn fahren könnten. Der Zug fuhr gerade ab, also sprangen wir auf und brausten in glänzender Laune davon. Alle waren wir uns einig, dass wir klug gehandelt hatten, denn es wäre genau so angenehm, den Neckar *abwärts* wie aufwärts zu wandern, und es war nicht notwendig, beide Strecken zu laufen. In unserem Abteil befanden sich einige nette deutsche Leute. Bald fing ich an, ein paar ziemlich private Dinge zu erörtern, und Harris wurde nervös; deshalb gab er mir einen Rippenstoß und sagte:

»Sprich doch Deutsch – womöglich verstehen diese Leute Englisch.«

Ich tat es, und es war gut so; denn es stellte sich heraus, dass sich in dieser Gruppe kein Deutscher befand, der Englisch nicht ausgezeichnet verstanden hätte. Merkwürdig, wie weit verbreitet unsere Sprache in Deutschland ist.

Nach einer Weile stiegen einige dieser Leute aus, und ein deutscher Herr mit seinen zwei jungen Töchtern stieg ein. Ich sprach eine davon mehrmals auf Deutsch an, aber ohne Erfolg. Schließlich sagte sie: »Ich verstehe nur Deutsch und Englisch«, oder etwas, das darauf hinauslief.

Und tatsächlich, nicht nur sie, sondern auch ihr Vater und ihre Schwester sprachen Englisch. Danach hatten wir also so viel Unterhaltung, wie wir uns nur wünschen konnten, und wir wünschten uns eine ganze Menge, denn es waren sehr nette Leute. Sie interessierten sich sehr für unsere Tracht; besonders für die Bergstöcke, denn sie hatten noch nie welche gesehen. Sie sagten, die Neckarstraße sei vollkommen flach, also müssten wir wohl in die Schweiz oder ein anderes gebirgiges Land fahren; und sie fragten uns, ob wir das Wandern bei so warmem Wetter nicht ziemlich anstrengend fänden. Aber wir sagten nein.

Nach etwa drei Stunden erreichten wir Wimpfen – ich glaube, es war Wimpfen – und stiegen aus, nicht im geringsten ermüdet; fanden ein gutes Hotel und bestellten Bier und Mittagessen; machten dann einen Bummel durch das ehrwürdige alte Dorf. Es war sehr malerisch und verfallen, schmutzig und interessant. Es gab dort wunderliche, fünfhundert Jahre alte Häuser und einen hundertfünfzehn Fuß hohen Wehrturm, der schon mehr als tausend Jahre stand. Ich machte eine kleine Skizze davon. Eine Kopie behielt ich, aber das Original gab ich dem Bürgermeister. Ich glaube, das Original war besser als die Kopie, denn es waren mehr Fenster drauf, und das Gras stand aufrechter und sah frischer aus. Um den Turm herum stand aber keines; ich habe das Gras selbst komponiert, nach Studien, die ich zu Hämmerlings Zeit auf einem Feld bei Heidelberg angefertigt hatte. Der Mann obendrauf, der die Aussicht betrachtet, ist offensichtlich zu groß, aber es stellte sich heraus, dass ich ihn nicht gut kleiner machen konnte. Ich wollte ihn dort stehen haben, und ich wollte, dass er zu sehen wäre, also dachte ich mir eine Methode aus, das zu erreichen; ich komponierte das Bild von zwei Standpunkten aus: Den Mann hat der Beschauer etwa von der Stelle aus zu sehen, wo die Fahne ist, und den Turm selbst muss er vom Boden aus sehen. Das bringt den scheinbaren Widerspruch in Einklang.

In der Nähe eines alten Domes standen unter einem Schutzdach drei Steinkreuze – schimmelige und beschädigte Dinger, an denen lebensgroße Steinfiguren hingen. Die zwei Schächer trugen die fantasievolle höfische Tracht der Mitte des sechzehnten Jahrhunderts, während der Heiland bis auf ein Lendentuch unbekleidet war.

Unter den grünen Bäumen eines Gartens, der zum Hotel gehörte und auf den Neckar hinausblickte, aßen wir zu Mittag; dann rauchten wir und gingen zu Bett. Wir hielten ein erfrischendes Schläfchen, standen dann gegen drei Uhr nachmittags auf und legten volle Rüstung an. Als wir fröhlich aus dem Stadttor hinauswanderten, überholten wir einen Bauernwagen, der teilweise mit allerlei Kohlköpfen und ähnlichem Grünzeug beladen war und von einer kleinen Kuh und einem noch kleineren Esel, die zusammengespannt waren, gezogen wurde. Es war eine ziemlich langsame Angelegenheit, aber sie brachte uns vor Einbruch der Dunkelheit nach Heilbronn – fünf Meilen, oder möglicherweise waren es auch sieben.

Wir stiegen in demselben Gasthof ab, in dem der berühmte alte Raubritter und grobe Streiter Götz von Berlichingen[28] gewohnt hatte, nachdem er vor dreihundertfünfzig bis vierhundert Jahren aus der Gefangenschaft im Turm zu Heilbronn freigekommen war. Harris und ich bewohnten denselben Raum, den er bewohnt hatte, und dieselbe Tapete war noch nicht ganz von den Wänden abgeblättert. Die Einrichtung bestand aus wunderlichen, geschnitzten alten Möbeln, volle vierhundert Jahre alt, und manche rochen älter als tausend Jahre. An der Wand befand sich ein Haken, an den der schreckliche alte Götz, wie der Wirt sagte, seine eiserne Hand hängte, wenn er sie abnahm, um schlafen zu gehen. Dieser Raum war sehr groß – man könnte ihn unermesslich nennen – und befand sich im ersten Stock; das bedeutet, dass er im zweiten Geschoss lag, denn in Europa sind die Häuser so hoch, dass man das erste Geschoss nicht mitzählt, sonst würde man des Kletterns müde werden, bevor man oben ankäme. Die Tapete war feuerrot, mit riesigen goldenen Mustern, vom Alter stark nachgedunkelt, und sie bedeckte alle Türen. Diese Türen schlossen so dicht ab und führten das Muster der Tapete so durchgehend weiter, dass man, wenn sie geschlossen waren, an der Wand entlangtasten und suchen musste, um sie zu finden. In der Ecke stand ein Ofen – eines jener hohen, breiten, mächtigen, weißen Porzellandinger, die wie ein Denkmal aussehen und einen immerzu an den Tod denken lassen, wenn man eigentlich seine Reise genießen sollte. Die Fenster blickten auf ein kleines Gässchen hinaus und gegenüber auf einen Pferdestall und auf einige Geflügel- und Schweinehöfe hinter Wohnhäusern. Im Zimmer standen die üblichen zwei Betten, eines an dem einen Ende, das andere an dem anderen, etwa einen altmodischen, messingbeschlagenen, einläufigen Pistolenschuss voneinander entfernt. Sie waren auch genau so schmal wie die üblichen deutschen Betten und besaßen die unausrottbare Gewohnheit deutscher Betten, immer, wenn man sich vergaß und einschlief, die Decken auf den Boden zu werfen.

Mitten im Zimmer stand ein runder Tisch, so groß wie der des Königs Artus[29]; während sich die Kellner anschickten, unser Essen darauf zu servieren, gingen wir alle hinaus, um die berühmte Uhr am Rathaus[30] zu besichtigen.

12. Kapitel

Das Rathaus zeigt einen überaus wunderlichen und malerischen mittelalterlichen Baustil. An der Frontseite hat es eine massige Säulenhalle und Stufen, alles reichlich mit Balustraden versehen und mit lebensgroßen, verrosteten eisernen Rittern in voller Rüstung geschmückt. Das Zifferblatt an der Stirnwand des Bauwerks ist sehr groß und merkwürdig ausgestattet. Regelmäßig schlägt ein vergoldeter Engel mit dem Hammer auf einer großen Glocke die Stunde; sobald der Schlag verklingt, hebt eine lebensgroße Darstellung der Zeit ihr Stundenglas und dreht es um; zwei goldene Widder treten hervor und stoßen sich gegenseitig; ein vergoldeter Hahn breitet die Flügel aus; aber die Hauptgestalten sind zwei große Engel, die mit langen Trompeten am Munde zu beiden Seiten des Zifferblattes stehen; es hieß, dass sie auf diesen Trompeten allstündlich melodisch bliesen, aber für uns taten sie es nicht. Später sagte man uns, sie blasen nur nachts, wenn die Stadt still sei.

Im Rathaus hing an Brettern entlang der Wand eine Anzahl Schädel gewaltiger Keiler; sie trugen Inschriften, die aussagten, wer sie getötet hatte und vor wie vielen Jahrhunderten das geschehen war. Ein Zimmer in dem Gebäude war der Aufbewahrung alter Archive vorbehalten. Dort zeigte man uns eine unendliche Menge alter Dokumente; einige waren von Päpsten signiert, einige von Tilly[31] und anderen großen Heerführern, und einen dieser Briefe hatte Götz von Berlichingen 1519 in Heilbronn geschrieben und unterzeichnet, gerade nach seiner Entlassung aus dem Turm.

Dieser großartige alte Raubritter war ein inbrünstig und aufrichtig frommer Mann, gastfreundlich, den Armen gegenüber wohltätig, im Kampfe furchtlos, energisch, unternehmungslustig und von weitherziger und großzügiger Wesensart. Er besaß eine Eigenschaft, die in jenen rauen Zeiten selten vorkam – die Eigenschaft, geringfügige Beleidigungen übersehen und tödliche vergeben und vergessen zu können, sobald er deren Urheber gründlich verdroschen hatte. Er war sofort bereit, den Streitfall jedes armen Teufels in die Hand zu nehmen und den Hals zu riskieren, um ihm sein Recht zu verschaffen. Das gewöhnliche Volk liebte ihn, und sein Andenken lebt noch immer in Liedern und Sagen fort. Gewöhnlich ging er auf die Landstraße und beraubte reiche Reisende;

und manchmal stieß er von seiner hoch gelegenen Burg in den Neckarbergen herab und erbeutete vorbeikommende Warenladungen. In seinen Lebenserinnerungen dankt er fromm dem ewigen Spender alles Guten dafür, dass er seiner Nöte gedacht und ihm verschiedene derartige Ladungen zu solchen Zeiten in die Hände gespielt habe, da ihm nur göttliche Vorsehung hatte helfen können. Er war ein tapferer Krieger und hatte am Kampf seine helle Freude. Mit kaum dreiundzwanzig Jahren wurde ihm beim Angriff auf eine Feste in Bayern die rechte Hand abgeschossen, aber er war so sehr mit dem Gefecht beschäftigt, dass er es eine Zeit lang gar nicht bemerkte. Er sagte, die eiserne Hand, die man daraufhin für ihn hergestellt hatte und die er mehr als ein halbes Jahrhundert lang trug, sei fast so geschickt, wie es die aus Fleisch und Bein gewesen war. Ich freute mich, dass ich ein Faksimile des Briefes erhielt, den dieser tapfere, alte deutsche Robin Hood[32] geschrieben hatte, obwohl ich ihn nicht lesen konnte. Er ist mit dem Schwert ein größerer Meister als mit der Feder.

Wir gingen am Fluss hinab und sahen uns den Turm an. Es war ein sehr ehrwürdiges Bauwerk, sehr stark und sehr einfach. In Bodennähe war keine Öffnung vorhanden. Zweifellos hat man eine Leiter benutzen müssen, um hineinzukommen.

Wir besuchten auch die Hauptkirche, einen merkwürdigen alten Bau, dessen bastionsartiger Turm mit grotesken Darstellungen aller Art geschmückt war. Die Innenwände der Kirche waren mit großen kupfernen Tafeln bedeckt, deren eingravierte Inschriften die Verdienste alter Heilbronner Würdenträger aus der Zeit vor zwei oder drei Jahrhunderten rühmten und die auch kunstlose Bildnisse dieser Leute und ihrer Familien zeigten, im Aufputz der seltsamen Trachten jener Zeiten. Das Haupt der Familie saß immer im Vordergrund, und hinter ihm erstreckte sich eine scharf in den Hintergrund zurücktretende und an Größe abnehmende Reihe Söhne; ihm gegenüber saß seine Gattin, und hinter ihr erstreckte sich eine lange Reihe an Größe abnehmender Töchter. Die Familie war gewöhnlich zahlreich, aber die Perspektive schlecht.

Dann mieteten wir den Wagen und das Pferd, die Götz von Berlichingen zu benutzen pflegte, und fuhren mehrere Meilen weit in das Land hinein, um den Ort Weibertreu zu besuchen. Es war ein Feudalschloss aus dem Mittelalter. Als wir seine Umgebung erreichten, stellten wir fest, dass es wunderschön gelegen war, aber auf der Kuppe eines runden und ziemlich steilen Hügels, in etwa zweihundert Fuß Höhe. Die Sonne brannte heiß, deshalb stiegen wir nicht hinauf, sondern nahmen den Ort auf Treu und Glauben hin und besichtigten ihn aus der Entfernung, während das Pferd sich an einen Zaun lehnte und ausruhte. Der Ort hat nichts Fesselndes an sich, mit Ausnahme dessen, was ihm seine Sage verleiht, die sehr hübsch ist – nämlich:

Die Sage

Im Mittelalter ergriffen zwei junge Herzöge, sie waren Brüder, in einem der Kriege für die entgegengesetzten Seiten Partei, wobei der eine für den Kaiser kämpfte, der andere gegen ihn. Einem von ihnen gehörten Burg und Dorf auf der Kuppe des Hügels, von dem ich gesprochen habe, und in seiner Abwesenheit kam sein Bruder mit Rittern und Söldnern und begann eine Belagerung. Es war eine langwierige und ermüdende Angelegenheit, denn die Leute verteidigten sich hartnäckig und treu. Aber schließlich gingen ihre Vorräte zu Ende, und die Hungersnot begann ihr Werk; durch den Hunger fielen mehr als durch die Geschosse des Feindes. Endlich ergaben sie sich und baten um milde Bedingungen. Aber der belagernde Fürst war wegen ihres langen Widerstandes so wütend auf sie, dass er sagte, er würde nur Frauen und Kinder verschonen – alle Männer ohne Ausnahme sollten dem Schwert verfallen, und all ihre Habe sollte vernichtet werden. Da kamen die Frauen und fielen auf die Knie und baten um das Leben ihrer Männer.

»Nein«, sagte der Fürst, »kein einziger Mann soll lebendig entkommen; ihr selbst sollt mit euren Kindern in obdachlose und freundlose Verbannung gehen; aber damit ihr nicht verhungert, gewähre ich euch die eine Gnade, dass jede Frau so viel von ihrem wertvollsten Eigentum mitnehmen darf, wie sie zu tragen vermag.«

Nun gut, bald taten sich die Tore auf, und diese Frauen kamen heraus und trugen auf dem Rücken ihre Männer. Über den Streich erbost, stürzten die Belagerer vor, um die Männer umzubringen, aber der Herzog trat dazwischen und sagte:

»Nein, steckt eure Schwerter ein – das Wort eines Fürsten ist unverletzlich.«

Als wir zum Hotel zurückkamen, stand König Artus' runde Tafel im weißen Gewand für uns bereit, und der Oberkellner und sein erster Gehilfe in Schwalbenschwänzen und weißen Krawatten brachten sogleich die Suppe und die heißen Teller herein.

Mr. X. hatte das Essen bestellt, und als der Wein kam, nahm er eine Flasche, sah sich das Etikett an, wandte sich dann an den ernsten, den melancholischen, den grabesdüsteren Oberkellner und sagte, das sei nicht die Weinsorte, die er verlangt habe.

Der Oberkellner ergriff die Flasche, warf seinen Leichenbestatterblick darauf und sagte: »Das stimmt; ich bitte um Verzeihung.« Dann wandte er sich an seinen Untergebenen und sagte gelassen: »Hole ein anderes Etikett.«

Gleichzeitig zog er das derzeitige Etikett mit der Hand ab und legte es beiseite; es war frisch aufgeklebt worden, der Leim war noch feucht. Als das neue Etikett kam, klebte er dieses an; nachdem er nunmehr aus unserem französischen Wein wunschgemäß deutschen Wein gemacht hatte, ging der Oberkellner mild seinen weiteren Pflichten nach, als wäre es für ihn eine alltägliche und leichte Sache, solcherlei Wunder zu vollbringen.

Mr. X. sagte, er habe bisher nicht gewusst, dass es Leute gebe, die ehrlich genug seien, dieses Wunder in der Öffentlichkeit zu vollbringen, er wüsste aber, dass jährlich viele Tausende von Etiketts von Europa nach Amerika eingeführt würden, um die Händler in die Lage zu versetzen, ihren Kunden auf unaufdringliche und billige Weise alle verschiedenen Sorten ausländischer Weine zu liefern, die sie verlangten.

Nach dem Essen machten wir eine Runde durch die Stadt und fanden sie im Mondlicht genau so interessant, wie sie bei Tage gewesen war. Die Straßen waren eng und grob gepflastert, und nirgends gab es einen Bürgersteig oder eine Straßenlaterne. Die Wohnungen waren jahrhundertealt und geräumig genug, um als Hotels zu dienen. Nach oben zu verbreiterten sie sich fortschreitend; die Stockwerke traten vorn und seitlich immer stärker heraus, je höher sie lagen, und die langen Reihen erleuchteter Fenster, mit kleinen Scheiben verglast, mit gemustertem weißem Musselin verhängt und außen mit Blumenkästen geschmückt, gaben ein hübsches Bild ab. Der Mond schien hell, und Licht und Schatten waren sehr intensiv; nichts konnte malerischer sein als diese gekrümmten Straßen mit ihren Reihen gewaltig hoher Giebel, die sich in freundschaftlich schwatzhafter Weise weit zueinander hinauslehnten, und die Menschenmenge unten, die abwechselnd durch dunkle Stellen und Streifen milden Mondlichts dahintrieb. Fast jedermann war unterwegs, plaudernd, singend, tollend oder in nachlässig bequemer Haltung an den Haustüren versammelt.

An einer Stelle stand ein öffentliches Gebäude, von einer starken, rostigen Kette umgeben, die in flachen Bögen von Pfosten zu Pfosten durchhing. Das Pflaster bestand hier aus schweren Steinplatten. Im hellen Mondlicht schaukelte eine Gruppe barfüßiger Kinder auf diesen Ketten und vergnügte sich lärmend. Es waren nicht die Ersten, die das taten; selbst ihre Ururgroßeltern waren als Kinder nicht die Ersten gewesen, die das getan hatten. Die Spuren der nackten Füße hatten zolltiefe Furchen in die Steinplatten gegraben; es waren viele Generationen schaukelnder Kinder notwendig gewesen, um das zu erreichen. Überall in der Stadt fanden sich Moder und Verfall, die mit dem Alter einhergehen und es bezeugen; aber ich wüsste nicht, dass uns etwas anderes ein so lebendiges Empfinden für das Alter Heilbronns vermittelt hätte wie diese von Füßen gegrabenen Furchen in den Pflastersteinen.

13. Kapitel

Als wir in das Hotel zurückkamen, zog ich das Pedometer auf, stellte es und steckte es in die Tasche, denn ich
sollte es am nächsten Tag tragen und die von uns zurück-
gelegten Meilen registrieren. Die Arbeit, die wir dem In-
strument während des soeben abgelaufenen Tages zuge-
mutet hatten, hatte es nicht merklich angestrengt.

Um zehn lagen wir im Bett, denn wir wollten bei
Tagesanbruch aufgestanden und unterwegs auf dem
Rückmarsch sein. Ich war noch unentschlossen, aber
Harris schlief sofort ein. Ich hasse Menschen, die sofort
einschlafen; es liegt darin etwas, das nicht gerade eine
Beleidigung, aber doch eine Unverschämtheit ist, und
zwar eine schwer erträgliche. Ich lag da, ärgerte mich
über diese Kränkung und versuchte einzuschlafen; aber
je angestrengter ich es versuchte, desto munterer wurde
ich. Ich fühlte mich schließlich sehr einsam in der Dunkelheit, ohne jede Gesellschaft, abgesehen von einem
unverdauten Abendbrot. Nach und nach kam mein
Geist in Fahrt und fing an, den Anfang jedes Themas
durchzudenken, an das man jemals gedacht hat, aber er
kam über den Anfang nie hinaus; er hetzte sich ab; er
eilte mit wahnsinniger Geschwindigkeit von Thema zu
Thema. Nach einer Stunde brummte mir der Kopf, und
ich war todmüde, erschöpft.

Die Ermattung war so groß, dass sie schließlich anfing,
gegen die nervöse Erregung anzugehen; während ich mir
einbildete, hellwach zu sein, glitt ich in Wirklichkeit immer wieder vorübergehend in Bewusstlosigkeit hinüber
und fuhr dann jedes Mal mit einem körperlichen Ruck
auf, der mir fast die Gelenke ausrenkte, wobei ich wähn-
te, rücklings einen Abgrund hinabzustürzen. Nachdem

ich acht oder neun Abgründe hinabgestürzt war und dadurch gewahr wurde, dass eine Hälfte meines Geistes acht- oder neunmal geschlafen hatte, ohne dass es die hellwache, schwer arbeitende andere Hälfte geahnt hatte, begann die immer wiederkehrende Bewusstseinslücke, ihren Bann allmählich auf immer größere Teile meines geistigen Territoriums auszudehnen, und endlich verfiel ich in einen immer tieferen Schlummer, der zweifellos gerade zu einer festen, beglückenden, traumlosen Betäubung werden wollte, als – was war das?

Meine eingeschläferten Sinne rappelten sich teilweise wieder auf und hielten sich aufnahmebereit. Nun kam aus einer ungeheuren, einer grenzenlosen Ferne etwas, das wuchs und wuchs und näher kam und schließlich als Geräusch zu erkennen war – vorher hatte es eher einer Empfindung geglichen. Jetzt war dieses Geräusch eine Meile weit entfernt – vielleicht war es das Sausen eines Sturmes; und nun war es näher –, keine Viertelmeile weit entfernt; war es das gedämpfte Scharren und Schleifen ferner Maschinen? Nein, es kam noch näher; war es das gleichmäßige Stampfen einer marschierenden Truppe? Aber es kam immer näher und noch näher – und schließlich war es direkt im Zimmer: Es war nur eine Maus, die am Holz knabberte. Ich hatte also wegen einer solchen Nichtigkeit die ganze Zeit hindurch den Atem angehalten.

Nun, das war nicht mehr zu ändern; ich würde sogleich wieder einschlafen und die verlorene Zeit nachholen. Das war ein gedankenloser Gedanke. Ohne es zu wollen – beinahe ohne es zu merken –, fing ich an, gespannt auf dieses Geräusch zu horchen und sogar unbewusst die Raspelgeräusche dieser Maus zu zählen. Bald bereitete mir diese Beschäftigung höllische Pein, aber vielleicht hätte ich sie ertragen, wenn die Maus ihre Tätigkeit regelmäßig ausgeführt hätte, doch das tat sie nicht; sie pausierte immer wieder einmal, und während ich darauf wartete und lauschte, dass sie wieder anfangen würde, litt ich mehr, als während sie knabberte. Zu Anfang setzte ich im Geiste ein Kopfgeld von fünf – sechs – sieben – zehn Dollar für diese Maus aus; aber schließlich bot ich Belohnungen, die meine Mittel gänzlich überstiegen. Ich reffte die Ohren – das heißt, ich bog die Ohrmuscheln um, rollte sie fünf- oder sechsfach zusammen und drückte sie gegen den Gehörgang – aber es half nichts: Mein Gehörsinn war durch nervöse Erregung so geschärft, dass er zum Mikrofon geworden war und mühelos durch die Abdeckung hören konnte.

Mein Zorn steigerte sich zur Raserei. Ich tat schließlich, was alle Menschen vor mir bis zu Adam zurückgetan haben – ich beschloss, etwas zu werfen. Ich griff nach unten und holte meine Wanderschuhe, setzte mich dann im Bett auf und lauschte, um das Geräusch genau zu lokalisieren. Aber ich konnte es nicht; es ließ sich ebenso wenig lokalisieren wie das Zirpen einer Grille; und wo man es vermutet, gerade da ist es nicht. Also schleuderte ich einen Schuh aufs Geratewohl und mit bösartigem Nachdruck. Er traf die Wand über Harris' Kopf und fiel auf ihn herab; ich hatte nicht geahnt, dass ich so weit werfen könnte. Harris wachte davon auf, und ich freute mich darüber, bis ich bemerkte, dass er nicht wütend war; da tat es mir leid. Er schlief bald wieder ein, was mich freute; aber sogleich fing die Maus wieder an, was erneut meinen Zorn erregte. Ich wollte Harris nicht ein zweites Mal wecken, aber das Nagen ging weiter, bis es mich dazu trieb, den anderen Schuh zu werfen. Diesmal zerbrach ich einen Spiegel – es waren zwei im Zimmer, natürlich erwischte ich den größeren. Harris wachte wieder auf, beschwerte sich aber nicht, und es tat mir schrecklich leid. Ich beschloss, alle nur erdenklichen Martern zu ertragen, bevor ich ihn ein drittes Mal störte.

Schließlich zog sich die Maus zurück, und ich sank gerade langsam in Schlaf, als eine Uhr zu schlagen begann; ich zählte, bis sie fertig war, und war gerade wieder am Einschlummern, als eine andere Uhr anfing; ich zählte; dann fingen die beiden großen Engel der Rathausuhr an, ihren langen Trompeten sanfte, volle, melodische Töne zu entlocken. Ich hatte noch nie etwas so Liebliches, Sonderbares, Geheimnisvolles gehört – aber als sie auch noch die Viertelstunden bliesen, kam es mir doch vor, als übertrieben sie die Sache etwas. Jedes Mal, wenn ich einen Augenblick einnickte, weckte mich ein neues Geräusch. Jedes Mal, wenn ich aufwachte, vermisste ich meine Bettdecke und musste zum Boden hinablangen und sie wieder aufheben.

Schließlich verließ mich alle Schläfrigkeit. Ich erkannte die Tatsache an, dass ich hoffnungslos und anhaltend hellwach war. Hellwach, fiebrig und durstig. Nachdem ich dagelegen und mich hin und her geworfen hatte, solange ich es nur aushielt, fiel mir ein, es wäre ein guter Gedanke, wenn ich mich anzöge, auf den Platz hinausginge, mich an dem Brunnen erfrischte und dort rauchte und nachdächte, bis der Rest der Nacht verstrichen wäre.

Ich glaubte, mich im Dunkeln anziehen zu können, ohne Harris zu wecken. Meine Schuhe hatte ich nach der Maus ausgeschickt, aber meine Pantoffeln würden in einer Sommernacht genügen. Also erhob ich mich leise und zog allmählich alles an – bis auf eine Socke.

Ich konnte dieser Socke nicht auf die Spur kommen, wie ich es auch versuchte. Aber ich musste sie haben; so ließ ich mich mit einem Pantoffel am Fuß und dem anderen in der Hand auf Hände und Knie nieder und fing an, vorsichtig herumzutappen und den Fußboden abzugrasen, aber ohne Erfolg. Ich erweiterte den Kreis und tappte und graste weiter. Wie der Boden bei jedem Druck meines Knies knarrte! Und jedes Mal, wenn ich zufällig an einen Gegenstand stieß, schien er fünf- oder sechsunddreißigmal mehr Lärm von sich zu geben, als er es tagsüber getan hätte. In solchen Fällen blieb ich immer stehen und hielt die Luft an, bis ich mich überzeugt hatte, dass Harris nicht aufgewacht war – dann kroch ich weiter. Ich bewegte mich ständig vorwärts, aber die Socke konnte ich nicht finden; anscheinend konnte ich nur Möbel finden. Ich konnte mich nicht erinnern, dass in dem Zimmer viele Möbel gestanden hatten, als ich zu Bett gegangen war, aber jetzt wimmelte der Raum von ihnen, besonders von Stühlen – überall Stühle –, waren etwa inzwischen ein paar Familien eingezogen? Und ich konnte anscheinend nie einen dieser Stühle streifen, sondern prallte immer voll und genau mit dem Kopf darauf. Langsam, aber sicher wuchs mein Zorn, und während ich immer weiter tappte, fing ich an, mit unterdrückter Stimme bösartige Bemerkungen auszustoßen.

Schließlich sagte ich mir, mit einem giftigen Ausbruch von Gereiztheit, ich würde ohne die Socke gehen; also erhob ich mich und ging geradenwegs auf die Tür zu – wie ich annahm – und stand plötzlich meinem schwachen, geisterhaften Bild in dem unzerbrochenen Spiegel gegenüber. Einen Augenblick lang verschlug es mir vor Schreck den Atem; auch zeigte es mir, dass ich mich verirrt hatte und überhaupt nicht ahnte, wo ich war. Als mir das klar wurde, war ich so wütend, dass ich mich auf den Boden setzen und etwas festhalten musste, um nicht durch eine Meinungsäußerung das Dach in die Luft zu jagen. Wenn nur ein Spiegel da gewesen wäre, hätte er mir möglicherweise geholfen, mich zu orientieren; aber es waren zwei da, und zwei waren genauso schlimm wie tausend; außerdem standen sie an entgegengesetzten Seiten des Zimmers. Ich konnte matt und verschwommen die Fenster ausmachen, aber in meinem verdrehten Zustand befanden sie sich gerade dort, wo sie nicht hätten sein sollen, und deshalb verwirrten sie mich nur, statt mir zu helfen.

Ich wollte aufstehen und riss einen Regenschirm um; als er auf den harten, glatten, teppichlosen Boden schlug, machte er einen Lärm wie ein Pistolenschuss; ich knirschte mit den Zähnen und hielt die Luft an – Harris rührte sich nicht. Ich stellte den Schirm langsam und vorsichtig aufrecht gegen die Wand, aber sobald ich die Hand wegzog, rutschte er weg und fiel mit einem weiteren Knall wieder um. Ich schreckte zusammen und horchte einen Augenblick in stiller Wut – es war nichts geschehen, alles war ruhig. Mit unendlicher Sorgfalt und Genauigkeit stellte ich den Schirm noch einmal auf, nahm die Hand weg, und sogleich fiel er wieder um.

Ich bin streng erzogen worden, aber wenn es dort in dem einsamen, riesigen Zimmer nicht so dunkel und feierlich und unheimlich gewesen wäre, glaube ich doch, dass ich in diesem Augenblick etwas gesagt hätte, das man nicht in ein Sonntagsschulbuch aufnehmen könnte, ohne dessen Absatz zu schädigen. Hätten meine Leiden nicht schon meine Verstandeskräfte ausgedörrt, so hätte ich mich gehütet, zu versuchen, im Dunkeln einen Schirm aufrecht auf einen dieser glasglatten deutschen Fußböden zu stellen; schon bei Tage schafft man es nicht ohne vier Fehlschläge. Einen Trost hatte ich jedoch – Harris war immer noch still und ruhig –, er hatte sich nicht gerührt.

Nach dem Schirm konnte ich mich nicht orientieren – es standen vier Stück im Zimmer herum, und alle waren sich gleich. Ich dachte, ich würde mich an der Wand entlangtasten und auf diese Weise die Tür finden. Ich stand auf und begann mit diesem Vorhaben, fegte aber ein Bild herunter. Es war nicht groß, aber es machte Lärm genug für ein ganzes Panorama. Harris gab keinen Laut von sich, aber ich spürte, dass ich ihn bestimmt wecken würde, wenn ich mich noch weiter an den Bildern versuchte. Lieber den Versuch, herauszukommen, aufgeben. Ja, ich wollte König Artus' runden Tisch noch einmal finden – ich hatte ihn bereits ein paarmal gefunden – und ihn als Ausgangspunkt einer Erkundungsreise nach meinem Bett benutzen; wenn ich mein Bett finden könnte, dann könnte ich meinen Wasserkrug finden; ich würde meinen verzehrenden Durst stillen und schlafen gehen. Also zog ich auf Händen und Knien los, weil ich auf diese Weise schneller und auch zuversichtlicher vorwärtskam und keine Sachen herunterstieß. Nach einer Weile fand ich den Tisch – mit dem Kopfe –, rieb die Beule ein bisschen, stand dann auf und fing an, mich mit ausgestreckten Händen und gespreizten Fingern zurechtzutasten. Ich fand einen Stuhl; dann die Wand; dann wieder einen Stuhl; dann ein Sofa; dann einen Bergstock; dann noch ein Sofa; das verwirrte mich, denn ich hatte gedacht, es wäre nur ein Sofa da. Wieder stöberte ich den Tisch auf und fing von vorn an; fand noch ein paar Stühle.

Nun fiel mir ein, was schon früher hätte geschehen müssen, dass der Tisch als Ausgangspunkt keinen Wert hatte, weil er rund war; also ging ich wieder los und aufs Geratewohl in den Dschungel von Stühlen und Sofas hinein – wanderte hinaus in unbekannte Regionen und stieß plötzlich einen Leuchter von einem Kaminsims herunter, haschte nach dem Leuchter und stieß eine Lampe herunter, haschte nach der Lampe und riss mit Rasseln und Krachen einen Wasserkrug herab und dachte: »Endlich habe ich dich gefunden – ich dachte mir schon, dass ich dir dicht auf den Fersen war.«

Harris schrie: »Mörder« und »Diebe« und schloss mit: »Ich ertrinke!«

Der Krach hatte das ganze Haus geweckt. Mr. X. stolzierte in seinem langen Nachtgewand mit einer Kerze daher, der junge Z. hinter ihm mit noch einer Kerze; zu einer anderen Tür stürzte mit Kerzen und Leuchtern eine Prozession herein, der Wirt und zwei deutsche Gäste in Nachthemden und ein Zimmermädchen in dem ihren.

Ich sah mich um; ich stand bei Harris' Bett, eine Tagereise von meinem eigenen entfernt. Es war nur ein Sofa da, das stand an der Wand; es war nur ein einziger Stuhl da, wo ein Mensch ihn hätte erreichen können – ich hatte ihn wie ein Planet umkreist und war die halbe Nacht wie ein Planet mit ihm zusammengestoßen.

Ich erklärte, wie ich mich beschäftigt hatte und warum. Dann ging die Gruppe des Wirtes wieder, und wir Übrigen machten uns an die Vorbereitungen für das Frühstück, denn der Tag wollte gerade anbrechen. Ich schaute heimlich auf mein Pedometer und stellte fest, dass ich siebenundvierzig Meilen zurückgelegt hatte. Aber das machte mir nichts aus, denn ich hatte ja ohnehin eine Fußwanderung vorgehabt.

14. Kapitel

Als der Wirt erfuhr, dass ich und mein Agent Künstler
wären, stieg unsere Gesellschaft sichtlich in seiner Wertschätzung; wir stiegen noch höher, als er erfuhr, dass wir
eine Fußwanderung durch Europa machten.

Er teilte uns alles über die Straße nach Heidelberg
mit, und welche Orte man möglichst meiden und an
welchen man möglichst verweilen sollte; er stellte mir
die Sachen, die ich in der Nacht zerbrochen hatte, zum
Einkaufspreis in Rechnung; er setzte uns ein feines
Frühstück vor und fügte eine Menge wunderbarer, hell-
grüner Pflaumen bei, in Deutschland die wohlschme-
ckendste Frucht. Er war so eifrig darauf bedacht, uns
Ehren zu erweisen, dass er uns nicht gestatten wollte, zu
Fuß aus Heilbronn hinauszuziehen, sondern Götz von
Berlichingens Pferd und Wagen rief und uns fahren ließ.

Ich habe eine Skizze von der Ausfahrt angefertigt. Es
ist kein Werk, es ist nur das, was Künstler eine »Studie«
nennen – etwas, aus dem man ein vollendetes Bild her-
stellt. Diese Skizze weist mehrere Schönheitsfehler auf;
zum Beispiel kommt der Wagen nicht so schnell vorwärts wie das Pferd. Das ist falsch. Weiter ist die Person,
die sich aus dem Wege zu gehen bemüht, zu klein; sie
fällt aus der Perspektive heraus, wie wir sagen. Die zwei
oberen Linien stellen nicht den Rücken des Pferdes dar,
es sind die Zügel; ein Rad scheint zu fehlen – das würde natürlich in einem vollendeten Gemälde berichtigt
werden. Das Ding, das hinten herausweht, ist keine Fahne, es ist ein Vorhang. Das andere Ding da oben ist die
Sonne, aber ich habe die Entfernung nicht richtig hin-
gekriegt. Ich kann mich nicht mehr daran erinnern, was
das Ding vor dem laufenden Mann ist, aber ich glaube,

es ist ein Heuhaufen oder eine Frau. Diese Studie wurde in der Pariser Kunstausstellung von 1879 ausgestellt, bekam aber keine Medaille; für Studien werden keine Medaillen vergeben.

An der Brücke entließen wir den Wagen. Der Fluss war voller Stämme – langer, schlanker, rindenloser Fichtenstämme –, und wir stützten uns auf das Brückengeländer und sahen zu, wie die Leute sie zu Flößen zusammenfügten. Diese Flöße hatten eine Form und Bauart, die dem gewundenen Lauf und der außerordentlichen Schmalheit des Neckars angepasst waren. Sie waren fünfzig bis hundert Yard lang und verjüngten sich allmählich von neun Stämmen Breite am Heck zu drei Stämmen Breite am Bug. Das Steuern geschieht hauptsächlich vom Bug aus mit einer Stange; die dortige Breite von drei Stämmen gibt nur dem Steuermann Platz, denn diese kleinen Stämme haben keinen größeren Umfang als die durchschnittliche Taille einer jungen Dame. Die Verbindungen zwischen den verschiedenen Abschnitten des Floßes sind schlaff und nachgiebig, sodass man das Floß leicht zu jeder Art Krümmung zurechtbiegen kann, welche die Gestalt des Flusses erfordert.

An vielen Stellen ist der Neckar so schmal, dass man einen Hund hinüberwerfen kann, wenn man einen hat; wenn er an solchen Stellen auch noch stark gekrümmt ist, muss der Flößer eine ziemlich saubere Steuermannsarbeit leisten, damit er um die Ecken kommt. Nicht immer darf sich der Fluss in seinem ganzen Bett ausdehnen – das bis zu dreißig und manchmal vierzig Yard breit ist –, sondern Steindämme teilen ihn in drei gleiche Wasserläufe und leiten die größte Wassermenge und -strömung in den mittleren Lauf. Bei Niedrigwasser ragen diese gut gehaltenen, schmalen Dämme vier oder fünf Zoll über den

Wasserspiegel hinaus wie der First eines versunkenen Daches, aber bei Hochwasser sind sie überflutet. Eine Mütze voll Regen verursacht im Neckar Hochwasser, und ein Korb voll führt eine Überschwemmung herbei.

Vor dem Schlosshotel verlaufen Dämme, und die Strömung ist an dieser Stelle sehr reißend. Oft saß ich stundenlang in meinem Glaskäfig, schaute zu, wie die langen, schmalen Flöße durch den mittleren Kanal glitten, wobei sie den rechten Damm streiften und sorgfältig auf den mittleren Bogen der Steinbrücke zuhielten; so beobachtete ich sie und opferte diese ganze Zeit in der Hoffnung, irgendwann einmal eines davon gegen den Brückenpfeiler prallen und kentern zu sehen, wurde aber immer enttäuscht. Eines Morgens zerschmetterte dort eines, aber ich war gerade einen Augenblick in mein Zimmer gegangen, um die Pfeife anzuzünden, und so verpasste ich das.

Wie ich an jenem Morgen in Heilbronn so auf die Flöße hinunterblickte, überkam mich plötzlich tollkühne Abenteuerlust, und ich sprach zu meinen Kameraden:

»*Ich* fahre auf einem Floß nach Heidelberg. Traut ihr euch auch?«

Ihre Gesichter erbleichten etwas, aber sie stimmten so bereitwillig zu, wie sie nur konnten. Harris wollte seiner Mutter kabeln – hielt das für seine Pflicht, da er alles war, was sie auf der Welt noch besaß –, und während er das erledigte, ging ich zu dem längsten und schönsten Floß hinab und rief den Kapitän mit einem herzlichen »Ahoi, Seemann!« an, was uns sofort auf freundschaftlichen Fuß stellte, und wir fingen an zu verhandeln. Ich sagte, wir wären auf einer Wanderung nach Heidelberg und würden uns gern bei ihm einschiffen. Ich sagte dies teils durch den jungen Z., der sehr gut Deutsch sprach, und teils durch Mr. X., der es eigenartig sprach. Ich *verstehe* Deutsch genauso gut wie der Irre, der es erfunden hat, *spreche* es aber am besten durch einen Dolmetscher.

Der Kapitän rückte sich die Hosen hoch, dann schob er nachdenklich seinen Priem in die andere Backe. Schließlich sagte er genau das, was ich erwartete, nämlich dass er keine Erlaubnis habe, Passagiere zu befördern, und daher befürchtete, das Gesetz könnte ihn zur Verantwortung ziehen, wenn die Sache ruchbar würde oder ein Unfall geschähe. Also *charterte* ich Floß und Mannschaft und nahm die ganze Verantwortung auf mich.

Mit einem munteren Lied ging die Steuerbordwache an die Arbeit, hievte das Ankertau auf, holte den Anker ein, und unser Fahrzeug setzte sich mit prächtigem Schwung in Bewegung und trudelte bald mit etwa zwei Knoten Stundengeschwindigkeit dahin.

Unsere Gesellschaft hatte sich mittschiffs gruppiert. Zuerst war das Gespräch ein bisschen düster und drehte sich hauptsächlich um die Kürze des Lebens, seine Unsicherheit, die Gefahren, die es bedrohten, und wie notwendig und weise es wäre, immer auf das Schlimmste gefasst zu sein; das leitete zu leisen Anspielungen auf die Gefahren der Tiefe und ähnliche Dinge über; aber als der graue Osten sich allmählich rot färbte und die geheimnisvolle Feierlichkeit und Stille der Morgendämmerung den Freudengesängen der Vögel zu weichen begann, nahm die Unterhaltung einen fröhlicheren Ton an und begannen unsere Lebensgeister stetig zu steigen.

Deutschland ist im Sommer der Gipfel der Schönheit, aber niemand hat das höchste Ausmaß dieser sanften und friedvollen Schönheit begriffen, wirklich wahrgenommmen und genossen, der nicht auf einem Floß den Neckar hinabgefahren ist. Die Bewegung eines Floßes ist gerade die richtige; sie ist ruhig, gleitend, sanft und geräuschlos; sie beruhigt alle fiebrige Betriebsamkeit, schläfert alle nervöse Hast und Ungeduld ein; unter ihrem beruhigenden Einfluss schwindet jeglicher Ärger, Verdruss und Kummer, der den Geist quält, und das Leben wird ein Traum, ein Zauber, eine tiefe und stille Verzückung. Welchen Gegensatz bildet es zu dem heißen und schweißtreibenden Wandern und der staubigen, betäubenden Eisenbahnraserei und dem langweiligen Holpern über grellweiße Straßen hinter müden Pferden!

Wir glitten still zwischen den grünen, duftenden Ufern dahin, mit einem Gefühl der Freude und Zufriedenheit, das immerzu wuchs. Manchmal hingen über die Ufer dichte Weidenmassen herab, die das dahinterliegende Land völlig verdeckten; manchmal hatten wir auf der einen Seite prächtige Berge, bis zum Gipfel dicht mit Laub bekleidet, und auf der anderen Seite offene Ebenen, flammend von Mohn oder vom satten Blau der Kornblume bedeckt; manchmal trieben wir im Schatten der Wälder und manchmal am Rande langer Strecken samtigen Grases dahin, frischen, grünen und leuchtenden Grases, einem ewig jungen Zauber für das Auge. Und die Vögel! – sie waren überall; sie strichen ständig über den Fluss hin und her, und nie schwieg ihr jubelnder Gesang.

Es war eine tiefe und beglückende Freude, zu sehen, wie die Sonne den neuen Morgen schuf, und wie sie ihn allmählich, geduldig, liebevoll mit einer Herrlichkeit nach der anderen und einem Glorienschein nach dem anderen bekleidete, bis das Wunder vollkommen war. Wie anders ist es, dieses Wunder von einem Floß aus zu beobachten als durch die schmutzigen Fenster einer Bahnstation in irgendeinem elenden Dorf, wo man eine versteinerte Brotschnitte kaut und auf den Zug wartet.

15. Kapitel
Flussabwärts

Inzwischen waren auf den betauten Feldern Männer und Frauen und Vieh an der Arbeit. Oft betraten die Leute das Floß, wenn wir an den grasigen Ufern dahinglitten, und schwatzten etwa hundert Yard weit mit uns und mit der Mannschaft, dann traten sie, durch die Fahrt erfrischt, auf das Ufer zurück.

Das taten nur die Männer, die Frauen waren zu stark beschäftigt. Auf dem Kontinent führen die Frauen Arbeiten aller Art aus. Sie graben, sie hacken, sie ernten, sie säen, sie tragen ungeheure Lasten auf dem Rücken, sie schieben ebensolche über lange Strecken mit Schubkarren, sie ziehen den Wagen, wenn kein Hund oder keine dürre Kuh zum Ziehen da ist, und wenn ja, helfen sie dem Hund oder der Kuh. Das Alter spielt keine Rolle; offenbar ist die Frau stärker, je älter sie ist. Auf dem Lande sind die Pflichten einer Frau nicht abgegrenzt, sie tut von jedem ein bisschen; aber in den Städten ist es anders, da tut sie nur bestimmte Dinge, das Übrige tun die Männer. Zum Beispiel hat das Zimmermädchen in einem Hotel weiter nichts zu tun, als in fünfzig oder sechzig Zimmern die Betten zu richten und Feuer zu machen, Handtücher und Kerzen zu bringen und mehrere Tonnen Wasser mehrere Treppen hinaufzuschleppen, jedes Mal hundert Pfund in gewaltigen Metallkannen. Sie muss nicht länger als achtzehn oder zwanzig Stunden am Tag arbeiten und kann allemal hinknien und die Fußböden der Flure und Zimmer scheuern, wenn sie müde ist und ausruhen muss.

Als es später am Vormittag heiß wurde, legten wir unsere äußere Bekleidung ab, setzten uns in einer Reihe auf den Rand des Floßes und genossen die Landschaft, die Sonnenschirme über dem Kopf und die Beine ins Wasser hängend. Ab und zu sprangen wir hinein und schwammen ein bisschen. Jede vorspringende, grasbewachsene Landzunge trug eine fröhliche Gruppe nackter Kinder, die Jungen für sich und die Mädchen für sich, wobei die Letzteren gewöhnlich unter der Obhut einer mütterlichen Frau standen, die mit ihrem Strickzeug im Schatten eines Baumes saß. Manchmal schwammen die kleinen Jungen zu uns heraus, aber die kleinen Mädchen standen knietief im Wasser und unterbrachen ihr Planschen und Toben, um mit ihren unschuldigen Augen das vorübertreibende Floß zu betrachten. Einmal bogen wir plötzlich um eine Ecke und überraschten ein schlankes Mädchen von zwölf Jahren oder mehr, wie es gerade ins Wasser schritt. Zum Fortlaufen hatte sie keine Zeit, aber sie tat etwas, das genau so zweckmäßig war: Rasch zog sie mit einer Hand einen biegsamen jungen Weidenzweig vor ihren weißen Leib und betrachtete uns dann mit schlichtem und unbekümmertem Interesse. So stand sie, während wir vorüberglitten. Es war ein hübsches Geschöpf, und sie und ihr Weidenzweig gaben ein sehr hübsches Bild ab, das nicht einmal das Schamgefühl des penibelsten Beschauers verletzt hätte. Ihrer weißen Haut diente eine niedrige Gruppe frischgrüner Weiden als Hintergrund und wirksamer Kontrast – denn sie stand vor ihnen –, und über und zwischen diesen ragten die lebhaften Gesichter und weißen Schultern zweier kleinerer Mädchen heraus.

Gegen Mittag hörten wir den begeisternden Ruf: »Schiff ahoi!«

»Wo?«, rief der Kapitän.

»Drei Strich luvwärts voraus!«

Wir rannten nach vorn, um das Fahrzeug zu sehen. Es war ein Dampfer – denn im Mai hatte man begonnen, einen Dampfer neckaraufwärts verkehren zu lassen. Es war ein Schlepper, und zwar einer von sehr merkwürdigem Bau und Aussehen. Ich hatte ihn oft vom Hotel aus beobachtet und mich gefragt, wie er wohl angetrieben werde, denn offenbar besaß er keine Schraube oder Schaufeln. Jetzt kam er dahergeschäumt, machte eine Menge Lärm verschiedener Art und steigerte ihn ab und zu noch dadurch, dass er eine heisere Pfeife ertönen ließ. Er hatte hinten neun Kähne angehängt, die ihm in langer, schmaler Reihe folgten. Wir begegneten ihm an einer engen Stelle zwischen Dämmen, und in dem schmalen Durchgang war kaum Platz für uns beide. Während er schnaufend und stöhnend vorüberfuhr, entdeckten wir das Geheimnis seines Antriebs. Er fuhr nicht mit Radschaufeln oder Schraube flussaufwärts, er schob sich dadurch hinauf, dass er sich an einer großen Kette vorwärtszog. Diese Kette ist im Flussbett verlegt und nur an den zwei Enden befestigt. Sie ist siebzig Meilen lang. Sie tritt durch den Bug des Schiffes ein, dreht sich um eine Trommel und wird achtern wieder ausgesteckt. Der Dampfer zieht an dieser Kette und schleppt sich dadurch flussaufwärts oder -abwärts. Genau genommen hat er weder Bug noch Heck, denn er hat an jedem Ende ein Steuerruder mit langem Blatt und wendet niemals. Er gebraucht dauernd beide Ruder, und sie sind so stark, dass er trotz des starken Widerstandes der Kette nach rechts oder links abbiegen und um Krümmungen herumsteuern kann. Ich hätte nicht geglaubt, dass man diese unmögliche Sache ausführen könnte; aber ich habe sie ausgeführt gesehen, und daher weiß ich, dass es ein unmögliches Ding gibt, das man vollbringen kann. An welchem Wunder wird sich der Mensch als nächstem versuchen?

Wir begegneten vielen großen Kähnen auf ihrem Weg flussaufwärts, die Segel, Maultierkraft und Flüche als Antrieb benutzten – eine langwierige und mühsame Angelegenheit. Von der Fockmarsstange führte ein Drahtseil zu der Reihe Maultiere, die etwa hundert Yard voraus auf dem Treidelpfad lief, und durch vieles Knallen und Fluchen und Drängen schaffte es die Gruppe Treiber, gegen die steife Strömung aus den Maultieren eine Geschwindigkeit von zwei oder drei Meilen in der Stunde herauszuholen. Der Neckar ist schon immer als Schifffahrtsstraße benutzt worden und hat dadurch einer großen Anzahl von Menschen und Tieren Beschäftigung verschafft; aber jetzt, wo dieser Dampfer in der Lage ist, mit einer zahlenmäßig kleinen Besatzung und etwa einem Scheffel Kohle in einer Stunde neun Kähne weiter den Fluss hinaufzubringen, als dreißig Männer und dreißig Maultiere in zweien, glaubt man, dass das altmodische Treidlergewerbe auf dem Sterbebett liegt. Drei Monate, nachdem der erste Dampfer eingesetzt worden war, begann ein zweiter auf dem Neckar zu arbeiten.

Mittags gingen wir an Land, kauften ein paar Flaschen Bier und ließen uns ein paar Hühner kochen, während das Floß wartete; dann stachen wir sofort wieder in See und aßen, solange das Bier kalt und die Hühner heiß waren. Es gibt keinen angenehmeren Ort für eine solche Mahlzeit als ein Floß, das den gewundenen Neckar hinabgleitet, an grünen Wiesen und bewaldeten Hügeln, an schlummernden Dörfern und felsigen, mit verfallenden Türmen und Zinnen geschmückten Höhen vorüber.

An einer Stelle sahen wir einen gut gekleideten deutschen Herrn ohne jede Brille. Er war entkommen, bevor ich vor Anker gehen konnte. Das war sehr bedauerlich. Ich hätte so gern eine Skizze von ihm gemacht. Der Kapitän tröstete mich jedoch über meinen Verlust und sagte, der Mann sei ohne jeden Zweifel ein Betrüger, der eine Brille besäße, sie aber in der Tasche behalte, um aufzufallen.

Hinter Haßmersheim passierten wir Hornberg, Götz von Berlichingens alte Burg. Sie steht auf einer schroffen Erhebung zweihundert Fuß über dem Fluss; sie hat hohe, weinbewachsene Mauern, die Bäume einschließen, und einen etwa fünfundsiebzig Fuß hohen, spitzen Turm. Von der Burg an bis hinunter an den Rand des Wassers ist der steile Berghang terrassiert und dicht mit Weinstöcken besetzt. Das sieht aus, als würde man ein Mansardendach bebauen. Diesen Teil des Flusses entlang sind alle Steilhänge, soweit sie die geeignete Lage aufweisen, der Weinrebe vorbehalten. Diese Gegend ist ein bedeutender Rheinweinproduzent. Die Deutschen mögen Rheinwein außerordentlich gern; man füllt ihn in hohe, schlanke Flaschen und hält ihn für ein angenehmes Getränk. Vom Essig unterscheidet man ihn durch das Etikett.

Der Hornberg soll einen Tunnel erhalten, und die neue Eisenbahnlinie wird unter der Burg hindurchführen.

Die Geisterhöhle

Zwei Meilen unterhalb der Burg Hornberg befindet sich in einem niedrigen Felsen eine Höhle, von der unser Floßkapitän sagte, eine schöne Erbin von Hornberg – das Fräulein Gertrud – habe sie einst in alter Zeit bewohnt.

Das war vor siebenhundert Jahren. Sie besaß mehrere reiche und erlauchte Anbeter und einen armen und unbedeutenden, Herrn Wendel von Lobenfeld. Mit der typischen Dickköpfigkeit einer Romanheldin zog sie den armen und unbedeutenden Verehrer vor. Mit dem typischen gesunden Menschenverstand des Vaters einer Romanheldin sperrte der damalige Berlichingen seine Tochter in seinem Bergfried oder seinem Verlies oder seiner Feldschlange oder so einem Ort ein und beschloss, dass sie dort bleiben solle, bis sie unter ihren reichen und erlauchten Verehrern einen Gatten ausgewählt hätte. Diese besuchten sie und verfolgten sie mit ihren flehenden Bitten, aber ohne Erfolg, denn ihr Herz war ihrem armen, verachteten Kreuzfahrer treu, der im Heiligen Land focht. Schließlich beschloss sie, die Aufmerksamkeiten der reichen Anbeter nicht länger zu ertragen; so flüchtete sie in einer stürmischen Nacht, wandte sich flussabwärts und verbarg sich in der Höhle am anderen Ufer. Ihr Vater durchsuchte das Land, fand aber keine Spur von ihr. Als die Tage verstrichen und noch immer keine Nachricht von ihr kam, begann ihn das Gewissen zu martern, und er ließ ausrufen, dass er, wenn sie noch lebte und zurückkehrte, ihrem Wunsch nicht mehr länger widerstehen würde und sie heiraten dürfe, wen sie wolle. Die Monate schleppten sich dahin, den alten Mann verließ alle Hoffnung, er gab seine gewohnten Geschäfte und Vergnügungen auf, widmete sich frommen Werken und sehnte sich nach Erlösung durch den Tod.

Nun stand aber die verlorene Erbin allnächtlich gerade zur Mitternacht am Eingang ihrer Höhle, in weiße Gewänder gekleidet, und sang eine kleine Liebesballade, die ihr Kreuzfahrer für sie verfasst hatte. Sie dachte, wenn er lebend heimkäme, würden ihm die abergläubischen Landbewohner von dem Geist berichten, der in jener Höhle sänge, und sobald sie die Ballade beschrieben, wüsste er, dass nur sie und er das Lied kannten, deshalb würde er vermuten, dass sie am Leben wäre, und herkommen und sie finden. Wie die Zeit so verstrich, beunruhigte der Geist der Spukhöhle die Leute der Gegend immer stärker. Es hieß, stets beträfe ein Unglück jeden, der das Pech hätte, jenes Lied zu hören. Mit der Zeit schrieb man jedes Unheil, das dort in der Gegend geschah, dieser Musik zu. Als Folge davon wollte kein Schiffer mehr nachts an der Höhle vorbeifahren; die Bauern mieden den Ort sogar tagsüber.

Aber das treue Mädchen sang weiter, Nacht für Nacht, Monat für Monat, und wartete geduldig; schließlich würde sie belohnt werden. Fünf Jahre schlichen dahin, und noch immer schwebten allnächtlich um Mitternacht die klagenden Töne hinaus über das schweigende Land, während die fernen Schiffer und Landleute die Finger in die Ohren steckten und schaudernd ein Gebet hervorstießen.

Und nun kehrte der Kreuzfahrer heim, braun gebrannt und mit Narben gezeichnet, aber im Besitze gewaltigen und glänzenden Ruhmes, den er seiner Braut zu Füßen legen wollte. Der alte Herr von Hornberg empfing ihn wie einen Sohn und wünschte, dass er bei ihm bliebe und der Trost und Segen seiner alten Tage wäre; aber der Bericht von der Liebe des jungen Mädchens zu ihm und von ihren traurigen Folgen machte aus dem Ritter einen anderen Menschen. Er konnte seiner wohlverdienten Ruhe nicht froh werden. Er sagte, das Herz sei ihm gebrochen, er wolle den Rest seines Lebens großen Taten zum Besten der Menschheit widmen und auf diese Weise einen verdienstvollen Tod und eine glückliche Vereinigung mit dem tapferen, treuen Herzen finden, dessen Liebe ihm mehr zur Ehre gereicht habe als all seine Siege im Felde.

Als die Leute von seinem Entschluss hörten, kamen sie und erzählten ihm, in der Spukhöhle wohne ein grausamer Drache in Menschengestalt, ein furchtbares Wesen, dem gegenüberzutreten bisher noch kein Ritter kühn genug gewesen sei, und baten ihn, das Land von dem verheerenden Ungeheuer zu befreien. Er sagte, er würde es tun. Sie erzählten ihm von dem Lied, und als er fragte, was das für ein Lied sei, sagten sie, das habe man vergessen, denn seit mehr als vier Jahren sei niemand so verwegen gewesen hinzuhören.

Gegen Mitternacht kam der Kreuzfahrer in einem Boot den Fluss hinabgeglitten, seine rostige Armbrust in den Händen. Still trieb er durch die undeutlichen Spiegelbilder von Felsen und Bäumen und hatte den aufmerksamen Blick auf die niedrige Klippe geheftet, auf die er zuhielt. Als er näher kam, nahm er die schwarze Öffnung der Höhle wahr. Jetzt – ist das eine weiße Gestalt? Ja. Das traurige Lied begann hervorzuströmen und über Wiese und Fluss zu verschweben – langsam wurde die Armbrust in Anschlag gebracht, sorgfältig Ziel genommen, der Bolzen flog genau ins Mal, die Gestalt sank hin, immer noch singend, der Ritter nahm die Watte aus den Ohren und erkannte die alte Ballade – zu spät! Ach, hätte er sich nur nicht Watte in die Ohren gesteckt!

Der Kreuzfahrer zog wieder in den Krieg und fiel bald in der Schlacht, im Kampf für das Heilige Kreuz. Die Sage berichtet, mehrere Jahrhunderte lang habe der Geist des unglücklichen Mädchens allnächtlich um Mitternacht von der Höhle aus gesungen, die Musik habe aber keinen Fluch mehr geborgen, und obgleich viele nach den geheimnisvollen Tönen horchten, hätten wenige Glück gehabt, denn nur diejenigen könnten sie hören, die niemals einen Treubruch begangen hatten. Man vermutet, der Gesang dauere noch fort, aber es ist bekannt, dass ihn in diesem Jahrhundert noch niemand vernommen hat.

16. Kapitel
Eine alte Sage vom Rhein

Diese letzte Sage erinnert an die »Loreley« – eine Sage vom Rhein. Es gibt ein Lied, das »Die Loreley« heißt.

In Deutschland gibt es eine Fülle von Volksliedern, und die Worte und Weisen einiger von ihnen sind besonders schön – aber »Die Loreley« ist dem Volke das liebste Lied. Zuerst konnte ich die Weise nicht leiden, aber allmählich fing sie an, mich zu packen, und jetzt gefällt sie mir besser als jede andere.

In Amerika kann sie nicht sehr bekannt sein, sonst hätte ich sie dort gehört. Die Tatsache, dass ich sie nie gehört habe, ist ein Beweis dafür, dass es in meiner Heimat noch mehr Leute gibt, denen es ebenso gegangen ist; deshalb will ich ihretwegen in diesem Kapitel den Text und die Melodie veröffentlichen. Und ich will das Gedächtnis des Lesers auffrischen, indem ich auch die Sage von der Loreley veröffentliche. Ich habe sie in den »Sagen vom Rhein« gefunden, ins Englische übertragen von dem unmäßig begabten Garnham, Bachelor of Arts[33]. Ich drucke die Sage teils auch deshalb ab, um mein eigenes Gedächtnis aufzufrischen, denn ich habe sie noch nie zuvor gelesen.

Die Sage

Lore war eine Wasserjungfrau, die am Rhein auf einem hohen Felsen namens Ley oder Lei saß und Schiffer zu ihrem Untergang in einen wilden Strudel lockte, der an jener Stelle den Wasserweg behinderte. Sie bezauberte jene mit ihren traurigen Liedern und ihrer wunderbaren Schönheit so sehr, dass sie alles andere vergaßen, um zu ihr emporzustarren, und so trieben sie alsbald zwischen die zerklüfteten Riffe und waren verloren.

In jener alten, alten Zeit wohnte in einem großen Schloss dort in der Nähe der Graf Bruno mit seinem Sohn, dem Grafen Hermann, einem zwanzigjährigen Jüngling. Hermann hatte sehr viel von der schönen Lore gehört und hatte sich schließlich sehr innig in sie verliebt, ohne sie noch gesehen zu haben. So streifte er abends mit seiner Zither in der Nähe des Lei umher und »gab seinem Sehnen durch leisen Gesang Ausdruck«, wie Garnham sagt. Bei einer solchen Gelegenheit »schwebte plötzlich um die Spitze des Felsens ein Leuchten von unerreichter Klarheit und Farbe, das, zu immer kleineren Kreisen verdichtet, die bezaubernde Gestalt der schönen Lore war«.

»Ein ungewollter Freudenschrei entschlüpfte dem Jüngling, er ließ seine Zither fallen, und mit ausgestreckten Armen rief er den Namen des rätselhaften Wesens aus, das sich liebend zu ihm zu neigen und ihm in freundlicher Weise zu winken schien; in der Tat, wenn ihn sein Ohr nicht täuschte, rief sie seinen Namen in dem unsagbar süßen Flüstern, das der Liebe eigen ist. Außer sich vor Entzücken, verlor der Jüngling das Bewusstsein und sank bewusstlos zur Erde.«

Danach war er ein anderer Mensch. Er ging träumend umher und dachte nur an seine Fee und kümmerte sich um nichts anderes auf der Welt. »Der alte Graf nahm mit Kummer diese Änderung in seinem Sohn wahr«, deren Grund er nicht erraten konnte, und versuchte, ihn mit heiteren Dingen abzulenken, aber ohne Erfolg. Dann übte der alte Graf seine Autorität aus. Er befahl dem Jüngling, sich ins Heerlager zu verfügen. Ihm wurde Gehorsam zugesichert. Garnham schreibt:

»Es war am Abend vor seiner Abreise, als er noch einmal den Lei besuchen und der Nymphe des Rheins seine Seufzer, die Töne seiner Zither und seine Lieder darbringen wollte. Er fuhr in seinem Boot, diesmal von einem treuen Knappen begleitet, stromabwärts. Der Mond goss sein silbernes Licht über das ganze Land aus; die steilen Uferberge erschienen in überaus fantastischer Gestalt, und die hohen Eichen auf beiden Ufern neigten ihre Zweige, wenn Hermann vorüberkam. Sobald er sich dem Lei näherte und die Brandungswellen bemerkte, wurde sein Begleiter von unbeschreiblicher Furcht ergriffen, und er bat um Erlaubnis zu landen; aber der Ritter schlug die Saiten seiner Gitarre und sang:

›Einst sah ich dich in dunkler Nacht
in überirdischer Schönheit Pracht;
Aus Licht die Gestalt gewoben war,
Genauso wollt strahlen das Lockenhaar.

Wellenfarben dein Gewand,
Das Liebeszeichen deiner Hand,
Deiner Augen süße Beglückung
Strahlt mir zu, o Verzückung.

O wärest du mein Liebchen fein,
Wie gern teilte ich die Liebe dein!
Wie würde ich fahren wonnetrunken
In dein Felsenhaus tief dort unten!«

Dass Hermann überhaupt an diesen Ort gekommen
war, das war nicht klug; dass er mit einem derartigen
Lied auf den Lippen gekommen war, das war ein
schwerwiegender Fehler. Diesmal rief die Loreley nicht
»seinen Namen mit unsagbar süßem Flüstern«. Nein,
dieses Lied bewirkte natürlich eine sofortige und
gründliche »Änderung« in ihr; und nicht nur das, sondern es wühlte auch die Eingeweide der ganzen betrof-
fenen Umgebung auf, denn

»Kaum waren diese Töne erklungen, begann überall
Getümmel und Lärm, wie von Stimmen über und unter
dem Wasser. Auf dem Lei schlugen Flammen empor, die
Fee stand oben, wie damals, und winkte mit der rechten
Hand deutlich und nachdrücklich dem betörten Ritter
zu, während sie mit einem Stab in der Linken die Wellen
zu ihrem Dienst rief. Sie begannen himmelwärts zu steigen; das Boot wurde umgestürzt, jeder Anstrengung
spottend; die Wellen stiegen bis zum Dollbord, und auf
den harten Steinen zersplitternd, brach das Boot in Stücke. Der Jüngling sank in die Tiefe, aber der Knappe
wurde von einer mächtigen Woge an Land geworfen.«

Viele Jahrhunderte lang hat man die bittersten Dinge
über die Loreley gesagt, aber ganz gewiss verdient das
Verhalten, das sie bei dieser Gelegenheit gezeigt hat, unsere Hochachtung. Man fühlt sich zärtlich zu ihr hingezogen und ist geneigt, ihre vielen Verbrechen zu vergessen und sich nur der guten Tat zu erinnern, die ihre
Laufbahn krönte und abschloss.

»Die Fee wurde nie mehr gesehen; aber ihre bezaubernden Töne sind oft gehört worden. In den schönen, frischen, stillen Frühlingsnächten, wenn der Mond sein Silber über das Land gießt, hört der lauschende Schiffer aus dem Rauschen der Wellen den hallenden Klang einer wunderbar bezaubernden Stimme, die aus dem Kristallschloss ein Lied singt, und mit Kummer und Furcht gedenkt er des jungen Grafen Hermann, der von der Nymphe verführt wurde.«

Hier folgt der deutsche Text von Heinrich Heine.

Die Loreley

Ich weiß nicht, was soll es bedeuten,
Dass ich so traurig bin;
Ein Märchen aus alten Zeiten,
Das kommt mir nicht aus dem Sinn

Die Luft ist kühl und es dunkelt,
Und ruhig fließt der Rhein;
Der Gipfel des Berges funkelt
Im Abendsonnenschein.

Die schönste Jungfrau sitzet
Dort oben wunderbar,
Ihr goldnes Geschmeide blitzet,
Sie kämmt ihr goldenes Haar.

Sie kämmt es mit goldenem Kamme,
Und singt ein Lied dabei;
Das hat eine wundersame,
Gewaltige Melodei.

Den Schiffer im kleinen Schiffe
Ergreift es mit wildem Weh;
Er schaut nicht die Felsenriffe,
Er schaut nur hinauf in die Höh'.

Ich glaube, die Wellen verschlingen
Am Ende Schiffer und Kahn;
Und das hat mit ihrem Singen
Die Loreley getan.

Seit vierzig Jahren liebt man in Deutschland das Lied, und man wird es vielleicht immer lieben.

Ich habe etwas gegen Leute, die Sachen in einer fremden Sprache veröffentlichen und keine Übersetzungen beifügen. Wenn ich der Leser bin und der Autor mich für fähig hält, das Übersetzen selbst zu besorgen, macht er mir ein ganz nettes Kompliment – aber wenn er das Übersetzen für mich besorgte, würde ich versuchen, ohne das Kompliment auszukommen.

Wenn ich zu Hause wäre, könnte ich zweifellos eine Übertragung dieses Gedichtes beschaffen, aber ich bin im Ausland und kann es nicht; deswegen will ich selbst eine Übersetzung vornehmen.[34] Sie ist vielleicht nicht gut, denn Poesie schlägt nicht in mein Fach, aber sie wird meiner Absicht dienen – nämlich, dem nichtdeutschen jungen Mädchen ein Wortgeklingel zur Verfügung zu stellen, an das sie die Melodie hängen kann, bis sie eine gute Fassung erwischt, angefertigt von jemandem, der ein Dichter ist und es versteht, einen poetischen Gedanken aus einer Sprache in die andere zu übertragen.

In den »Sagen vom Rhein« besitze ich eine Übersetzung von Garnham, Bachelor of Arts, aber sie würde dem oben erwähnten Zweck nicht entsprechen, denn das Versmaß ist von allzu erhabener Unregelmäßigkeit; es liegt der Melodie nicht eng genug an; stellenweise hängt es an den Enden zu weit über, und an anderen Stellen hat man die Worte verbraucht, bevor man das Ende eines Taktes erreicht. Dennoch weist Garnhams Übersetzung besondere Vorzüge auf, und ich denke nicht im Traum daran, sie aus meinem Buche herauszuhalten. Ich glaube, dieser Dichter ist in Amerika und England ganz unbekannt; es ist mir eine besondere Freude, ihn herauszustellen, denn ich habe ihn, denke ich, entdeckt:

Die Loreley

ins Amerikanische übertragen
von L. W. Garnham, B. A.

Ich weiß nicht, was es bedeuten soll,
Dass ich so traurig bin.
Ein altes Märchen so schreckenvoll
Macht so nachdenklich meinen Sinn.

Die Luft ist kühl und es wird Nacht,
Und ruhig fließt der Rhein;
Der Gipfel des Berges wacht
Im Abendsonnenlicht fein.

Das allerschönste Mädchen entzücket
Dort oben wunderbar,
Ihr schöner Goldschmuck berücket.
Sie kämmt ihr goldenes Haar.

Mit goldenem Kamm so prächtig,
Und dabei ein Lied sie singt,
Es hat einen Ton so mächtig,
Die gewaltige Melodie klingt.

Der Schiffer in dem kleinen Schiff,
Ihn beeindruckt ein wunderliches Weh,
Er sieht nicht das felsige Riff,
Er beachtet nur furchtbare Höh'.

Ich glaube, die tobenden Wogen
Verschlucken schließlich Schiffer und Schiff;
Sie hat alle mit ihrem Singen bewogen
Zu besuchen ihr verzaubertes Riff.

Keine Übersetzung könnte genauer sein. Er hat alle Tatsachen drin und auch in der richtigen Reihenfolge. Es
fehlt keine Angabe. Es ist so bündig wie eine Faktura. So
sollte eine Übersetzung sein: Sie sollte haargenau den Gedanken des Originals widerspiegeln. Man kann *einige Zeilen* nicht *singen,* weil sie einfach nicht mit der Melodie
aufgehen, ohne dem Sänger Schaden zuzufügen; aber es
ist eine überaus hauteng genaue Übersetzung, sie passt
wie die Faust aufs Auge. Die Fassung Mr. Garnhams hat
noch weitere Vorzüge – hundert –, aber man muss nicht
unbedingt darauf hinweisen. Sie werden entdeckt werden.
    Niemand, der eine Eigenart besitzt, kann damit rech-
nen, ein Monopol darauf zu haben. Selbst Garnham hat
einen Rivalen. Mr. X. trug eine kleine Schrift bei sich, die
er bei einem Besuch in München gekauft hatte. Es war
ein Katalog der Bilder in der Alten Pinakothek, in einem
eigentümlichen Englisch abgefasst. Hier folgen ein paar
Auszüge:

»Es ist nicht gestattet das fragliche Werk zu verwenden für eine Veröffentlichung desselben Inhalts wie auch für die heimlich nachgedruckte Ausgabe davon.«

»Eine Abendlandschaft. Im Vordergrund nahe einem Teich und einer Gruppe weißer Buchen führt ein Fußpfad, von Reisenden aufgemuntert.«

»Ein gelehrter Mann in zynischer und zerrissener Kleidung hält ein offenes Buch in der Hand.«

»Der heilige Bartholomäus und der Scharfrichter mit dem Messer, um den Märtyrer zu vollziehen.«

»Porträt eines jungen Mannes. Eine lange Zeit hielt man dieses Bild für das Porträt Bindi Altovitis; jetzt will wieder jemand behaupten, es ist das Selbstbildnis von Raffael.«

»Susanna im Bade, von den beiden alten Männern überrascht. Im Hintergrund die Lapidation der Verurteilten.«

(»Lapidation« ist gut; es ist viel eleganter als »Steinigung«.)

»Der heilige Rochus, in einer Landschaft mit einem Engel sitzend, der seine Pestbeule anblickt, während der Hund, das Brot im Maul, ihn versucht.«

»Frühling. Die Göttin Flora, sitzend. Hinter ihr ein fruchtbares Tal, von einem Fluss durchtränkt.«

»Ein schöner Strauß, belebt von Maikäfern etc.«

»Ein Krieger in Rüstung mit einer zigeunerartigen Pfeife in der Hand lehnt sich gegen den Tisch und bläst den Rauch weit fort von sich.«

»Eine holländische Landschaft entlang einem schiffbaren Fluss, der sie bis dahin zu dem Hintergrund durchtränkt.«

»Einige Bauern singen in einer Hütte. Eine Frau lässt ein Kind aus einer Tasse heraus trinken.«

»Der Kopf des heiligen Johannes als Knabe – al fresco auf einen Ziegelstein gemalt.« (Das soll Kachel heißen.)

»Ein junger Mann der Familie Riccio, sein Haar genau am Ende abgeschnitten, in Schwarz gekleidet mit derselben Mütze. Raffael[35] zugeschrieben, aber die Unterzeichnung ist falsch.«

»Die Heilige Jungfrau hält das Kind. Ist sehr gemalt in der Art von Sassoferrato.«[36]

»Eine Speisekammer mit Gemüse und totem Wild, angeregt von einem Küchenmädchen und zwei Küchenjungen.«

Jedoch ist das Englisch dieses Katalogs mindestens so gelungen wie das, welches eine Inschrift auf einem gewissen Gemälde in Rom auszeichnet, nämlich: »Ausblick der Offenbarung. Der heilige Johannes auf Pattersons Eiland.«[37]

Aber inzwischen glitt das Floß weiter.

17. Kapitel

Eine oder zwei Meilen vor Eberbach sahen wir eine eigenartige Ruine über das Laub hinausragen, das den Gipfel eines hohen und sehr steilen Berges krönte. Diese Ruine bestand nur aus einigen zerbröckelnden Massen von Mauerwerk, die eine grobe Ähnlichkeit mit menschlichen Gesichtern aufwiesen; sie neigten sich vor und berührten sich an den Stirnen und sahen aus, als wären sie ins Gespräch vertieft. Die Ruine hatte nichts sehr Eindrucksvolles oder Malerisches an sich, und es war nicht viel von ihr vorhanden, doch hieß sie die »Brillante Ruine«.

Sage von der »Brillanten Ruine«

Der Kapitän des Floßes, der so voller Geschichten steckte, wie er nur fassen konnte, sagte, im Mittelalter hätte in
jener Gegend ein ganz ungeheurer, Feuer speiender Drache gelebt und mehr Ärger als ein Steuereinnehmer gemacht. Er war so lang wie ein Eisenbahnzug und völlig
von den üblichen undurchdringlichen grünen Schuppen
bedeckt. Sein Atem zeugte Pestilenz und Brand, und sein
Appetit zeugte Hungersnot. Er fraß Menschen und Vieh
gleichermaßen und war außerordentlich unbeliebt. Der
damalige deutsche Kaiser machte das übliche Anerbieten;
er würde dem, der den Drachen vernichte, einen beliebi-
gen Wunsch gewähren; denn er hatte einen Überschuss
an Töchtern, und es war der Brauch, dass Drachentöter
als Bezahlung eine Tochter nahmen.

So kamen die berühmtesten Ritter aus allen Him-
melsrichtungen und zogen sich nacheinander in den
Schlund des Drachen zurück. Eine Panik entstand und
breitete sich aus. Die Helden wurden vorsichtig. Die
Prozession riss ab. Der Drache wütete verheerender
denn je. Die Leute verloren jede Hoffnung auf Rettung
und flohen Schutz suchend in die Berge.

Schließlich langte aus einem fernen Land Herr von
Wissenschaft an, ein armer und unbekannter Ritter, um
mit dem Ungeheuer zu kämpfen. Einen erbärmlichen
Anblick bot er, mit der in Fetzen an ihm herunterhän-
genden Rüstung und seinem eigenartig geformten, auf
den Rücken geschnallten Rucksack. Alle rümpften über
ihn die Nase, und manche verhöhnten ihn offen. Aber
er blieb gelassen. Er fragte bloß, ob das Angebot des
Kaisers noch in Kraft wäre. Der Kaiser sagte ja – riet
ihm aber mitleidig, lieber Hasen jagen zu gehen und

nicht ein so kostbares Leben wie das seine in einem Unternehmen zu gefährden, das so viele der berühmtesten Helden der Welt dem Tode geweiht hatte.

Aber dieser Stromer fragte nur: »Waren unter diesen Helden Männer der Wissenschaft?« Das löste natürlich eine Lachsalve aus, denn in jenen Tagen verachtete man die Wissenschaft. Aber der Stromer verlor keineswegs die Ruhe. Er sagte, möglicherweise sei er seinem Zeitalter ein wenig voraus, aber das mache nichts – irgendwann einmal würde man schließlich der Wissenschaft noch Ehre erweisen. Er sagte, er würde am Morgen gegen den Drachen vorgehen. Darauf bot man ihm aus Mitleid einen anständigen Speer an, aber er lehnte ab und sagte, Speere seien für Männer der Wissenschaft nutzlos. Man ließ ihn im Dienstbotensaal Abendbrot essen und gab ihm ein Lager in den Ställen.

Als er am Morgen loszog, waren Tausende versammelt, um zuzuschauen. Der Kaiser sagte: »Seid nicht unvorsichtig; nehmt einen Speer und lasst Euren Rucksack zurück.«

Aber der Stromer sagte: »Es ist kein Rucksack«, und ging stracks weiter.

Der Drache wartete schon und war bereit. Er schnaubte ungeheure Mengen schwefligen Rauches und fahle Flammenzungen hervor. Der zerlumpte Ritter schlich sich behutsam in eine günstige Position, dann löste er seinen zylinderförmigen Rucksack – der einfach der gewöhnliche Feuerlöscher war, den die heutige Zeit kennt –, drehte bei der ersten Gelegenheit den Schlauch auf und schoss dem Drachen genau mitten hinein in seinen höhlenartigen Rachen. Im Nu verlöschte das Feuer, und der Drache krümmte sich zusammen und starb.

Dieser Mann hatte das Gehirn zu Hilfe genommen. Er hatte in seinem Laboratorium Drachen aus dem Ei großgezogen; er hatte wie eine Mutter über ihnen gewacht und sie geduldig studiert und mit ihnen experimentiert, während sie heranwuchsen. Auf diese Weise hatte er herausgefunden, dass Feuer das Lebenselement des Drachen darstellte; löschte man das Feuer des Drachen, konnte er keinen Dampf mehr machen und musste sterben. Mit einem Speer konnte er das Feuer nicht bekämpfen, deshalb erfand er den Feuerlöscher.

Als der Drache tot war, fiel der Kaiser dem Helden um den Hals und sagte: »Retter, nennt Euren Wunsch«, und winkte gleichzeitig mit dem Fuß nach hinten, dass ein Trupp seiner Töchter sich aufstelle und vortrete.

Aber der Stromer schenkte ihnen keine Beachtung. Er sagte einfach: »Mein Wunsch ist, dass man mir das Monopol für die Herstellung und den Verkauf von Brillen in Deutschland erteile.«

Der Kaiser sprang zur Seite und rief: »Das übersteigt jede Frechheit, von der ich je gehört habe! Eine bescheidene Forderung, bei allem, was mir heilig ist! Warum verlangt Ihr nicht gleich nach den kaiserlichen Einkünften und Schluss?«

Aber der Herrscher hatte sein Wort gegeben, und er hielt es. Zu jedermanns Überraschung senkte der selbstlose Monopolist sogleich den Brillenpreis in solchem Maße, dass dem Volke eine große und drückende Last genommen wurde. Zum Gedenken dieser großherzigen Tat und um zu beweisen, wie hoch er sie schätzte, verfügte der Kaiser, dass jedermann diesem Wohltäter eine Brille abkaufen und sie tragen solle, ob er sie benötigte oder nicht.

So entstand in Deutschland der weitverbreitete Brauch, Brillen zu tragen; und da in diesen alten Ländern eine einmal eingeführte Sitte unsterblich ist, bleibt diese bis auf den heutigen Tag im ganzen Reich allgemein im Schwange. So lautet die Sage von des Monopolisten einst prächtiger Burg, die jetzt »Brillante Ruine« heißt.

Zwei oder drei Meilen unterhalb der Brillanten Ruine am rechten Ufer kamen wir an einem stattlichen Komplex burgähnlicher Gebäude vorbei, die vom Gipfel eines hohen Berges aus das Wasser überschauten. Ein zweihundert Yard langes Stück der hohen Frontmauer war dicht mit Efeu behangen, und aus der dahinterliegenden Gebäudemasse erhoben sich drei malerische alte Türme. Der Bau war in gutem Zustand und wurde von einer Familie fürstlichen Ranges bewohnt. Auch dieses Schloss hatte seine Sage, aber ich fühle mich nicht berechtigt, sie wiederzugeben, da ich die Wahrheit einiger kleinerer Einzelheiten bezweifle.

Entlang dieser ganzen Strecke war eine Menge italienischer Arbeiter gerade dabei, die Vorderfronten der Berge wegzusprengen, um für die neue Eisenbahn Platz zu schaffen. Sie befanden sich fünfzig oder hundert Fuß über dem Fluss. Als wir um eine scharfe Ecke bogen, machten sie uns plötzlich Zeichen mit der Hand und riefen warnend, dass wir uns vor den Explosionen vorsehen sollten. Es war ja ganz schön und gut, uns zu warnen, aber was konnten *wir* tun? Man konnte das Floß nicht stromaufwärts zurückhalten, man konnte seine Fahrt stromabwärts nicht beschleunigen, man konnte nicht nach der einen Seite ausrücken, weil kein nennenswerter Raum da war, man wird sich nicht zu den senkrechten Klippen am anderen Ufer wenden, wenn anscheinend auch dort gesprengt wurde. Die Zufluchtsmöglichkeiten waren beschränkt, wie man sieht. Es blieb einfach nichts weiter übrig, als abzuwarten und zu beten.

Seit ein paar Stunden hatten wir dreieinhalb oder vier Meilen in der Stunde gemacht, und die machten wir noch immer. Wir waren geradezu dahingetanzt, bis diese Männer zu rufen angefangen hatten; dann schien es mir für die nächsten zehn Minuten, als hätte ich noch nie ein Floß so langsam treiben sehen. Als die erste Sprengung losging, spannten wir unsere Sonnenschirme auf und harrten der Folgen. Nichts passierte; keiner der Steine fiel ins Wasser. Eine weitere Sprengung folgte und noch eine und noch eine. Etwas von dem Schutt fiel direkt hinter uns ins Wasser.

Wir fuhren die ganze Batterie von neun Sprengungen hintereinander ab, und ganz bestimmt war es eine der aufregendsten und unbehaglichsten Wochen, die ich je erlebt habe, sei es auf See oder an Land. Natürlich standen wir häufig an den Stangen und stakten eine Sekunde lang oder so eifrig drauflos, aber jedes Mal, wenn eine dieser Eruptionen von Staub und Schutt emporschoss, ließ jeder seine Stange fallen und blickte empor, um seinen Anteil davon anzupeilen. Sehr heiß ging es dort eine Weile her. Dass wir umkommen müssten, schien gewiss, aber selbst das war nicht die bitterste Vorstellung; nein, die so abscheulich unheroische Todesart, die war der Stachel — sie und der bizarre Wortlaut des sich daraus ergebenden Nachrufes: »Von einem Stein auf einem Floß erschlagen.« Darüber würde man keine Verse schreiben. Man *könnte* keine darüber schreiben. Beispiel:

Nicht durch Krieges Furcht und Plagen,
nein, von Stein auf Floß erschlagen.

Kein Dichter, der etwas auf seinen Ruf hält, würde ein solches Thema auch nur anrühren. Ich würde als der einzige »hervorragende Tote« hervorragen, der im Jahre 1878 unbedichtet in das Grab hinabsänke.

Aber wir entkamen, und ich habe das nie bedauert. Die letzte Explosion war besonders heftig, und nachdem der kleinere Schutt damit fertig war, um uns herum niederzuprasseln, und wir uns gerade ob unserer Errettung die Hände schütteln wollten, kam ein verspäteter größerer Stein mitten in unserer kleinen Gruppe von Fußgängern herunter und demolierte einen Schirm. Er richtete weiter keinen Schaden an, aber trotzdem gingen wir ins Wasser.

Anscheinend wird die schwere Arbeit in den Steinbrüchen und an den neuen Eisenbahnstrecken hauptsächlich von Italienern geleistet. Das war eine Entdeckung. In unserem Land hegen wir die Vorstellung, dass die Italiener überhaupt niemals schwere Arbeit verrichten, sondern sich auf leichtere Künste beschränken wie Leierkastendrehen, Operngesang und Mord. Wir haben uns schwer geirrt, das steht fest.

Den ganzen Fluss entlang sahen wir bei jedem Dorf kleine Stationsgebäude für die künftige Eisenbahn. Sie standen fertig da und warteten auf die Geleise und auf Arbeit. Sie sahen so schmuck, gemütlich und hübsch aus, wie man es sich nur denken kann. Sie waren stets aus Ziegeln oder Stein gebaut; sie hatten eine hübsche Form; Ranken und Blumen umgaben sie schon, und das Gras um sie herum war hell und grün und bewies, dass man es sorgfältig pflegte. Sie bildeten eine Zierde der schönen Landschaft, keine Beleidigung. Wo man einen Haufen Kies oder einen Haufen Schotter sah, war er stets so sauber und sorgfältig aufgehäufelt wie ein neues

Grab oder ein Stapel Kanonenkugeln; nichts an diesen Stationen oder entlang der Bahnstrecke oder der Landstraße durfte schäbig oder hässlich aussehen. Ein Land in so schöner Ordnung zu halten, wie sie Deutschland aufweist, hat auch eine gescheite und praktische Seite, denn das beschäftigt und ernährt Tausende von Menschen, die sonst untätig wären und nur auf dumme Gedanken kämen.

Als die Nacht hereinbrach, wollte der Kapitän festmachen, aber ich dachte, wir könnten vielleicht Hirschhorn erreichen, also fuhren wir weiter. Bald bezog sich der Himmel, und der Kapitän sah besorgt aus, als er nach hinten kam. Er wandte den Blick aufwärts, schüttelte dann den Kopf und sagte, es käme noch ein Sturm. Meine Gesellschaft wollte sogleich landen, deshalb wollte ich weiterfahren. Der Kapitän sagte, wir sollten jedenfalls zur Vorsicht die Segel reffen. Also erhielt die Backbordwache Befehl, ihre Stange einzuziehen. Es wurde jetzt sehr dunkel, und der Wind erhob sich. Er heulte durch die schwankenden Äste der Bäume und fegte in launischen Stößen über unsere Decks. Die Sache fing an, hässlich auszusehen. Der Kapitän schrie dem Steuermann auf dem Vorderbalken zu:

»Welchen Kurs hält es?«

Von weit voraus kam schwach und heiser die Antwort: »Nordost zu Nord – Ost zu Ost, halb Ost, Herr.«

»Einen Strich abfallen!«

»Jawohl, Käpt'n!«

»Was hast du für Wasser?«

»Flach, Käpt'n. Reichlich zwei Fuß an Steuerbord, knapp zweieinhalb an Backbord!«

»Noch einen Strich abfallen!«

»Jawohl, Käpt'n!«

»Alle Mann vorwärts! Jetzt mal 'n bisschen flott! Klarstehen, damit wir es um die Luvbiegung kriegen!«

»Jawohl, Käpt'n!«

Dann folgte ein wildes Laufen und Trampeln und heiseres Schreien, aber die Gestalten der Männer verloren sich in der Dunkelheit, und das Brausen des Windes in dem Schindelhaufen verzerrte und verwirrte die Töne. Mittlerweile ging die See zollhoch und drohte jeden Augenblick, das zerbrechliche Fahrzeug zu verschlingen. Nun kam der Maat nach achtern gejagt und sagte dicht am Ohr des Kapitäns mit leiser, erregter Stimme:

»Bereiten Sie sich auf das Schlimmste vor, Käpt'n – wir sind leck!«

»Himmel! Wo?«

»Gleich hinter der zweiten Stammreihe.«

»Nur noch ein Wunder kann uns retten. Dass nur die Leute es nicht erfahren, sonst gibt es eine Panik und Meuterei! Dreh auf das Land zu und mach dich klar, mit der Heckleine abzuspringen, sobald es anstößt. Meine Herren, ich muss mich an Sie wenden, dass Sie in dieser Stunde der Gefahr meine Bemühungen unterstützen. Sie haben Hüte – gehen Sie nach vorn und schöpfen Sie ums liebe Leben!«

Wieder fegte ein mächtiger Windstoß herab, in Gischt und dichte Finsternis gehüllt. In einem solchen Augenblick kam von weit vorn der furchtbarste Ruf, der auf See zu hören ist:

»*Mann über Bord!*«

Der Kapitän schrie: »Hart backbord! Kümmert euch nicht um den Mann! Soll er doch an Bord klettern oder an Land waten!«

Ein weiterer Ruf kam mit dem Winde hergeweht: »Brandung voraus!«

»Wo?«

»Keine Stammlänge vom Backbord-Vorderbalken!«

Wir hatten uns den schlüpfrigen Weg nach vorn entlanggetastet und schöpften nun mit der Hast der Verzweiflung, als wir von weit achtern den entsetzten Schrei des Maats hörten:

»Hört mit dem verdammten Schöpfen auf, sonst laufen wir noch auf!«

Aber unmittelbar darauf folgte der frohe Ruf: »Land auf dem Steuerbord-Heckbalken!«

»Gerettet!«, rief der Kapitän. »Springt an Land und geht um einen Baum herum und reicht die Bucht des Taues an Bord!«

Im nächsten Augenblick waren wir alle an Land und weinten und umarmten uns vor Glück, während der Regen in Strömen herabrauschte. Der Kapitän sagte, seit vierzig Jahren sei er auf dem Neckar Seemann und habe in dieser Zeit Stürme erlebt, die die Wangen erbleichen und den Puls stocken lassen konnten, aber noch nie, niemals habe er einen Sturm erlebt, der an diesen auch nur entfernt heranreichte. Wie vertraut das klang! Denn ich bin ziemlich viel zur See gefahren und habe diese Bemerkung entsprechend oft von Kapitänen gehört.

Wir formulierten im Geiste die übliche Huldigungs- und Dankresolution, brachten sie bei erster Gelegenheit zur Abstimmung, legten sie schriftlich nieder und überreichten sie dem Kapitän mit der üblichen Rede.

Volle drei Meilen wanderten wir durch die Dunkelheit und den strömenden Sommerregen und erreichten gerade eine Stunde vor Mitternacht das Gasthaus *Zum Naturalisten* im Dorfe Hirschhorn, fast erschöpft von Mühsal, Strapazen und Entsetzen. Diese Nacht werde ich nie vergessen.

Der Wirt war wohlhabend und konnte es sich deshalb leisten, mürrisch und unhöflich zu sein; er mochte es gar nicht, aus seinem warmen Bett geholt zu werden, um uns sein Haus zu öffnen. Aber egal, sein Personal stand auf und kochte schnell ein Abendessen für uns, und wir selbst brauten uns einen heißen Punsch, um der Schwindsucht vorzubeugen. Nach dem Abendbrot und dem Punsch rauchten wir zur Beruhigung noch eine Stunde lang, wobei wir die Seeschlacht noch einmal durchfochten und über die Entschließungen abstimmten; dann zogen wir uns nach oben in höchst saubere und hübsche Zimmer zurück, wo saubere, bequeme Betten standen mit alt ererbten Bezügen in sehr sorgfältig gearbeiteter und geschmackvoller Handstickerei.

Solche Zimmer, Betten und bestickte Wäsche sind in deutschen Dorfgasthäusern ebenso häufig, wie sie in den unseren selten sind. Unsere Dörfer sind den deutschen in mehr Vorzügen, Vollkommenheiten, Bequemlichkeiten und Vortrefflichkeiten voraus, als ich aufzählen kann, aber die Hotels gehören nicht dazu.

Gasthaus *Zum Naturalisten* war kein bedeutungsloser Name, denn alle Flure und alle Zimmer waren mit großen Glaskästen vollgehängt, in denen sich alle Arten von Vögeln und Tieren mit Glasaugen befanden, die geschickt ausgestopft und in außerordentlich natürlichen, ausdrucksvollen und dramatischen Haltungen aufgestellt waren. Sobald wir im Bett lagen, hörte der Regen auf, und der Mond kam heraus. Ich dämmerte in den Schlaf hinüber, während ich eine große weiße Eule betrachtete, die von einem hohen Sitz aus starr auf mich herabblickte, mit der Miene eines Menschen, der glaubt, mich schon einmal gesehen zu haben, sich dessen aber nicht ganz sicher ist.

Aber der junge Z. kam nicht so leicht davon. Er sagte, als er wohlig in Schlaf sinken wollte, hätte der Mond die Schatten fortgewischt und auf einem Wandbrett eine riesige Katze enthüllt, tot und ausgestopft, aber mit gespannten Muskeln zum Sprung geduckt, wobei ihre glitzernden Augen genau auf ihn gerichtet waren. Z. fühlte sich infolgedessen unbehaglich. Er versuchte, die eigenen Augen zu schließen, aber das half nichts, denn ein natürlicher Instinkt veranlasste ihn immer wieder, sie zu öffnen, um nachzusehen, ob die Katze noch immer im Begriff wäre, ihn anzuspringen, was auch jedes Mal der Fall war. Er versuchte, ihr den Rücken zuzudrehen, aber das schlug fehl; er wusste, dass die unheimlichen Augen immer noch auf ihm lagen. So musste er schließlich nach ein oder zwei Stunden der Unruhe und vergeblicher Versuche aufstehen und die Katze auf den Flur hinaussetzen. Diesmal gewann er.

18. Kapitel

Am Morgen frühstückten wir nach der angenehmen deutschen Sommersitte im Garten unter den Bäumen. Die Luft war erfüllt vom Duft der Blumen und wilden Tiere; rings um uns her befand sich der lebendige Teil des Gasthauses *Zum Naturalisten*. Da waren große Käfige, bevölkert mit flatternden und plappernden fremden Vögeln, und andere große Käfige und noch größere Drahtgehege, bevölkert mit Vierbeinern, einheimischen und fremden. Es gab auch einige frei umherlaufende Geschöpfe, und zwar recht gesellige. Weiße Kaninchen hoppelten daher, kamen gelegentlich heran und be-

schnüffelten unsere Schuhe und Schienbeine; ein Reh-
kitz mit einem roten Band um den Hals kam furchtlos
heran und besichtigte uns; seltene Hühner- und Tau-
benrassen bettelten um Krumen, und ein armer, alter,
schwanzloser Rabe hüpfte mit demütiger, beschämter
Miene herum, die besagte: »Bitte nehmen Sie meine
Blöße nicht zur Kenntnis – stellen Sie sich vor, wie Sie
sich in meiner Lage vorkämen, und seien Sie barmher-
zig.« Wenn man ihn allzu sehr beachtete, zog er sich
hinter irgendetwas zurück und blieb dort, bis er annahm, das Interesse der Gesellschaft hätte sich einem
anderen Gegenstand zugewandt. Ich habe nie eine
stumme Kreatur gesehen, die so krankhaft empfindlich
gewesen wäre. Bayard Taylor[38], der die unklaren Denk-
vorgänge der Tiere deuten konnte und ihre Gemütsart
besser als die meisten Menschen verstand, hätte einen
Weg gefunden, diesen armen Burschen seinen Gram eine Zeit lang vergessen zu lassen, aber wir besaßen diese
liebenswürdige Gabe nicht und mussten deshalb den
Raben seinen Kümmernissen überlassen.

Nach dem Frühstück bestiegen wir den Berg und besuchten die alte Burg Hirschhorn und die verfallene Kirche daneben. An den Innenwänden der Kirche lehnten
ein paar merkwürdige, alte Basreliefs – in Stein gemeißel-
te Edle von Hirschhorn in voller Rüstung und Edelfrau-
en von Hirschhorn in der malerischen Hoftracht des
Mittelalters. Diese Dinge nehmen allmählich Schaden
und verfallen, denn der letzte Hirschhorn ist seit zweihundert Jahren tot, und es gibt niemanden mehr, der
Wert darauf legte, die Andenken der Familie zu erhalten.
Im hohen Chor stand eine gewundene Steinsäule, und
der Kapitän erzählte uns natürlich eine Sage darüber,
denn was Sagen anbetraf, schien er sich nicht beherr-

schen zu können; aber ich gebe seine Erzählung nicht wieder, denn es war nichts Glaubhaftes daran, außer dass der Held diese Säule mit den Händen in ihre jetzige Schraubenform gezwungen habe – und zwar auf einen Ruck. Der ganze Rest der Sage war zweifelhaft.

Aber Hirschhorn sieht von weit flussabwärts her am besten aus. Die zusammengedrängten braunen Türme, die auf der grünen Kuppe thronen, und die alte zinnengekrönte Steinmauer, die zum grasbewachsenen Gipfel hinauf- und über ihn hinwegzieht, um in dem dahinterliegenden Laubmeer zu verschwinden, bieten dann einen Anblick, dessen Anmut und Schönheit das Auge ganz und gar befriedigen.

Von der Kirche aus stiegen wir steile steinerne Stufen hinab, die sich hierhin und dahin durch enge Gässchen zwischen den dicht stehenden und schmutzigen Häusern des Dorfes wanden. Es war ein Viertel, das mit verwachsenen, schielenden, verwahrlosten und ungekämmten Idioten wohl versehen war, die Hände oder Mützen ausstreckten und kläglich bettelten. Die Leute aus dem Viertel waren natürlich nicht alle Idioten, aber alle, die bettelten, schienen es zu sein und waren es auch, wie es hieß.

Ich dachte daran, mit einem Boot zur nächsten Stadt, Neckarsteinach, zu fahren, deshalb lief ich der Gesellschaft voraus an das Flussufer und fragte dort einen Mann, ob er ein Boot zu vermieten habe. Ich nehme an, dass ich Hochdeutsch, höfisches Deutsch, gesprochen habe – jedenfalls hatte ich diese Absicht –, deshalb verstand er mich nicht. Meine Frage drehte und wendete ich hin und her und versuchte, das Niveau dieses Mannes zu treffen, aber ohne Erfolg. Er konnte nicht herauskriegen, was ich wollte.

Nun kam Mr. X., trat vor eben diesen Mann hin, blickte ihm ins Auge und packte folgenden Satz in außerordentlich zungenfertiger und zuversichtlicher Weise vor ihm aus: »Can man boat get here?«

Der Schiffer verstand sofort und antwortete sofort. Ich kann begreifen, warum er imstande war, gerade diesen Satz zu verstehen, denn durch einen bloßen Zufall haben alle darin enthaltenen Wörter außer »get« im Deutschen denselben Klang und dieselbe Bedeutung wie im Englischen; aber wie er es fertigbrachte, Mr. X.s nächste Bemerkung zu verstehen, das war mir ein Rätsel, ich werde sie gleich anführen. X. wandte sich einen Augenblick ab, und ich fragte den Schiffer, ob er nicht ein Brett auftreiben und dadurch einen zusätzlichen Sitz schaffen könnte. Ich sprach reinstes Deutsch; aber ich hätte ebenso gut reinstes Choctaw[39] sprechen können, so viel Zweck hatte es. Der Mann versuchte krampfhaft, mich zu verstehen; er versuchte und versuchte es immer wieder, immer eifriger, bis ich einsah, dass es wirklich keinen Zweck hatte, und sagte:

»Na, strengen Sie sich nicht so an; es hat keinen Sinn.«

Dann wandte sich Mr. X zu ihm und sagte: »Machen Sie a flat board.«

Möge mein Nachruf die Wahrheit über mich aussagen, wenn der Mann nicht sofort reagierte und sagte, er wolle ein Brett borgen gehen, sobald er die Pfeife angezündet habe, die er gerade füllte.

Wir änderten unsere Absicht, ein Boot zu nehmen, also brauchten wir nicht zu gehen. Ich habe Mr. X.s zwei Bemerkungen genau so wiedergegeben, wie er sie gemacht hat. In der ersten waren vier der fünf Wörter englisch, und dass sie auch deutsch waren, war reiner Zufall, keine Absicht; in der zweiten Bemerkung waren drei der fünf Wörter englisch, und nur englisch, und die beiden deutschen bedeuteten in diesem Zusammenhang nichts Wesentliches.

X. sprach mit Deutschen immer Englisch, aber seine Methode war, den Satz von hinten nach vorn und von oben nach unten entsprechend dem deutschen Satzbau umzudrehen und hier und da ein deutsches Wort ohne wesentliche Bedeutung als Würze hineinzustreuen. Und dennoch machte er sich immer verständlich. Manchmal konnte er diese Dialekt sprechenden Flößer dazu bringen, ihn zu verstehen, wenn sogar der junge Z. bei ihnen versagt hatte; und der junge Z. sprach ziemlich gut Deutsch. Vor allem sprach X. immer mit solchem Selbstvertrauen – vielleicht half das. Und möglicherweise war der Dialekt der Flößer das sogenannte Plattdeutsch, und deshalb sein Englisch ihren Ohren vertrauter als das Deutsch eines anderen. Ganz mittelmäßige Kenner des Deutschen können Fritz Reuters[40] bezaubernde plattdeutsche Erzählungen ziemlich leicht lesen, weil viele der Worte englisch sind. Ich nehme an, das ist die Sprache, die unsere sächsischen Vorfahren nach England mitgebracht haben. Gelegentlich werde ich mal einen Philologen befragen.

Inzwischen war jedoch durchgesickert, die Männer, die das Floß kalfatern sollten, hätten festgestellt, das Leck sei überhaupt kein Leck, sondern nur eine Spalte zwischen den Balken – eine Spalte, die dort hingehöre und nicht gefährlich sei, die nur die zerrüttete Fantasie des Maaten zu einem Leck vergrößert hatte. Deshalb stiegen wir ziemlich zuversichtlich wieder an Bord und stachen alsbald ohne Zwischenfall in See. Während wir sanft zwischen den reizvollen Ufern dahinglitten, gingen wir daran, unsere Eindrücke über Sitten und Gebräuche in Deutschland und anderswo auszutauschen.

Jetzt, viele Monate später, beim Schreiben stelle ich fest, dass es jedem von uns gelungen war, durch fleißige tägliche Beobachtung, durch ebensolches Fragen und Kenntnisnehmen ein überaus mannigfaltiges und reichhaltiges Lager falscher Informationen anzulegen. Aber das ist nichts Erstaunliches; in jedem Lande ist es schwer, zutreffendes Tatsachenmaterial zusammenzutragen.

Zum Beispiel hatte ich einmal in Heidelberg den Ehrgeiz, alles über jene fünf Studentenkorps herauszubekommen. Mit dem Korps der Weißen Mützen fing ich an. Ich begann, mich bei diesem und jenem und dem anderen Bürger zu erkundigen, und hier folgt, was ich erfuhr:

1. Es heißt Borussen-Korps, weil nur Preußen darin aufgenommen werden.
2. Es heißt aus keinem besonderen Grund Borussen-Korps. Es hat den einzelnen Korps einfach beliebt, sich nach irgendeinem deutschen Land zu benennen.
3. Es heißt überhaupt nicht Borussen-Korps, sondern nur das Korps der Weißen Mützen.
4. Jeder Student darf ihm angehören, der gebürtiger Deutscher ist.
5. Jeder Student darf ihm angehören, der gebürtiger Europäer ist.
6. Jeder europäische Student darf ihm angehören, ausgenommen ein Franzose.
7. Jeder Student darf ihm angehören, gleichgültig, wo er geboren ist.
8. Kein Student darf ihm angehören, der nicht adlig ist.
9. Kein Student darf ihm angehören, der nicht drei volle Generationen adliger Abstammung vorweisen kann.

10. Der Adelstitel ist keine notwendige Vorbedingung.
11. Kein mittelloser Student darf ihm angehören.
12. Vermögen als Vorbedingung ist Unsinn – an so etwas hat man niemals gedacht.

Einige dieser Auskünfte habe ich von Studenten selbst erhalten – Studenten, die nicht dem Korps angehörten. Schließlich ging ich zum Hauptquartier – zu den Weißen Mützen –, wohin ich gleich zu Anfang gegangen wäre, wenn ich dort bekannt gewesen wäre. Aber selbst im Hauptquartier traf ich auf Schwierigkeiten; ich stellte fest, dass es beim Korps der Weißen Mützen Dinge gab, von dem ein Mitglied etwas wusste und ein anderes nicht. Das war natürlich, denn sehr wenige Mitglieder einer Organisation wissen *alles,* was man darüber wissen kann. Ich bezweifle, ob es in Heidelberg einen Mann oder eine Frau gibt, die nicht prompt und dreist stets drei von je fünf Fragen über das Korps der Weißen Mützen beantworten würden, die ein Fremder stellen könnte; und doch kann man ganz sicher darauf wetten, dass jedes Mal zwei der drei Antworten falsch wären.

Einen deutschen Brauch gibt es, der allgemein verbreitet ist – sich höflich vor Fremden zu verbeugen, wenn man sich an den Tisch setzt oder von ihm aufsteht. Wenn ein Fremder diese Verbeugung zum ersten Mal erlebt, verblüfft sie ihn so, dass er die Fassung verliert und in seiner Verwirrung leicht über einen Stuhl oder sonst etwas fällt, aber dennoch macht sie ihm Freude. Man lernt bald, diese Verbeugung vorauszusehen und aufzupassen und zur Erwiderung bereit zu sein; aber zu lernen, die Führung zu übernehmen und selbst die einleitende Verbeugung zu machen, das ist für einen schüchternen Menschen eine schwierige Angelegenheit. Man denkt: Wenn ich aufstehe, um zu gehen, und meine Verbeugung anbringe und es diesen Damen und Herren einfällt, ihren Volksbrauch zu ignorieren und sie nicht zu erwidern, was werde ich da empfinden, falls ich am Leben bleibe und überhaupt noch etwas empfinden kann? Deswegen traut man sich nicht. Man bleibt bis zum Ende der Mahlzeit sitzen und lässt die Fremden zuerst aufstehen und mit dem Verbeugen anfangen. Eine Mahlzeit an der Table d'hôte ist für einen Menschen, der nach den ersten drei Gängen kaum noch etwas anrührt, eine langweilige Geschichte; deshalb habe ich wegen meiner Hemmungen manche ziemlich öde Warterei durchgemacht. Ich brauchte Monate, um mich zu überzeugen, dass diese Hemmungen grundlos waren, aber schließlich überzeugte ich mich davon, indem ich über meinen Agenten fleißig Versuche anstellte. Ich ließ Harris aufstehen und sich verbeugen und gehen: Stets wurde seine Verbeugung erwidert; dann stand ich auf, verbeugte mich und zog mich zurück.

So ging meine Fortbildung für mich leicht und bequem vonstatten, aber nicht für Harris. Drei Gänge einer Mahlzeit an der Table d'hôte reichten mir, aber Harris zog dreizehn vor.

Sogar nachdem ich volles Zutrauen gefasst hatte und nicht mehr die Hilfe des Agenten benötigte, stieß ich manchmal auf Schwierigkeiten. Einmal verpasste ich in Baden-Baden fast einen Zug, weil ich nicht sicher war, ob drei mir am Tisch gegenübersitzende junge Damen Deutsche waren, da ich sie nicht hatte sprechen hören. Sie hätten Amerikanerinnen sein können, sie hätten Engländerinnen sein können: Es war riskant, eine Verbeugung zu wagen. Aber gerade als ich in meinem Gedankengang so weit gekommen war, begann eine von ihnen zu meiner großen Erleichterung und Dankbarkeit etwas auf Deutsch zu sagen; und bevor sie das dritte Wort herausgebracht hatte, hatten wir unsere Verbeugung gemacht, wurde sie huldvoll erwidert und waren wir auf und davon.

Der deutsche Charakter hat einen freundlichen Zug, der sehr gewinnend ist. Als Harris und ich eine Wanderung durch den Schwarzwald machten, hielten wir eines Tages bei einem kleinen Landgasthaus an, um zu essen. Zwei junge Damen und ein junger Mann traten ein und setzten sich uns gegenüber. Sie waren auch Wanderer. Wir hatten unsere Rucksäcke auf den Rücken geschnallt, aber sie hatten einen kräftigen jungen Burschen bei sich, der diese für sie trug. Alle Beteiligten hatten Hunger, deshalb unterhielt man sich nicht. Schließlich wurden die üblichen Verbeugungen ausgetauscht, und wir trennten uns.

Während wir am nächsten Morgen bei einem späten Frühstück im Hotel in Allerheiligen saßen, traten diese jungen Leute ein und nahmen in unserer Nähe Platz, ohne uns zu bemerken; aber plötzlich sahen sie uns, und sofort verbeugten sie sich und lächelten, nicht förmlich, sondern mit dem erfreuten Ausdruck von Leuten, die Bekannte gefunden haben, wo sie Fremde erwartet hatten. Dann sprachen sie vom Wetter und von den Wegen. Wir sprachen auch vom Wetter und von den Wegen. Darauf sagten sie, sie hätten trotz des Wetters eine angenehme Wanderung erlebt. Wir sagten, das sei auch bei uns der Fall gewesen. Dann sagten sie, sie seien am Tag zuvor dreißig englische Meilen gewandert, und fragten, wie viele wir gewandert seien. Ich konnte nicht lügen, und so wies ich Harris an, das zu tun. Harris erzählte ih-

nen, wir hätten auch dreißig englische Meilen zurückgelegt. Das stimmte; wir hatten sie »zurückgelegt«, obwohl wir hier und da ein bisschen Hilfe in Anspruch
genommen hatten.

Nach dem Frühstück trafen sie uns dabei an, wie wir
versuchten, aus dem blöden Hotelportier ein paar Auskünfte über Wanderwege herauszubohren, und als sie
bemerkten, dass uns das nicht besonders gut gelang, hol-
ten sie gleich ihre Karten und sonstigen Sachen und
zeigten und beschrieben uns den Weg so genau, dass sogar ein Neuyorker Detektiv ihm hätte folgen können.
Und als wir loszogen, sagten sie uns herzlich Lebewohl
und wünschten uns eine gute Reise. Vielleicht waren sie
uns gegenüber aufmerksamer, als sie es einheimischen
Wanderern gegenüber gewesen wären, weil wir ein ver-
lorenes Häuflein in einem fremden Lande waren; ich
weiß es nicht; ich weiß nur, dass es reizend war, so behandelt zu werden.

Nun gut, eines Abends führte ich eine junge amerikanische Dame in Baden-Baden auf einen vornehmen Ball,
und oben am Eingang hielt uns ein Festordner an – irgendetwas an Miss Jones' Toilette entsprach nicht den
Regeln; ich erinnere mich jetzt nicht mehr daran, was es
war: Etwas fehlte – ihr Chignon oder ein Schal oder ein
Fächer oder eine Schaufel oder sonst was. Der Festordner
war unendlich höflich, und es tat ihm unendlich leid,
aber die Vorschrift sei streng, und er könne uns nicht hi-
neinlassen. Es war sehr peinlich, denn viele Blicke waren
auf uns gerichtet. Aber jetzt trat ein prächtig gekleidetes
Mädchen aus dem Ballsaal, erkundigte sich, was nicht
stimmte, und sagte, sie könnte das im Nu in Ordnung
bringen. Sie nahm Miss Jones mit in die Garderobe und
brachte sie bald in vorschriftsmäßigem Aufzuge zurück,

und dann betraten wir unangefochten mit dieser Wohltäterin den Ballsaal.

Nachdem wir nun in Sicherheit waren, begann ich, mich durch meine aufrichtigen, aber grammatikalisch falschen Danksagungen hindurchzuwürgen, als plötzlich ein gegenseitiges Erkennen stattfand – die Wohltäterin und ich waren uns in Allerheiligen begegnet. Zwei Wochen hatten ihr gütiges Antlitz nicht verändert, und offensichtlich saß auch ihr Herz noch auf dem rechten Fleck, aber es bestand ein solcher Unterschied zwischen dieser Kleidung und jener, in der ich sie vorher gesehen hatte, als sie im Schwarzwald dreißig Meilen täglich gewandert war, dass ich sie natürlich nicht eher erkannt hatte. *Ich* hatte auch meinen anderen Anzug an, aber mein Deutsch hätte mich sowieso jedem Menschen verraten, der es schon einmal gehört hatte. Sie holte ihren Bruder und ihre Schwester herbei, und an diesem Abend räumten sie uns alle Schwierigkeiten aus dem Wege.

Nun, Monate später fuhr ich einmal im Wagen mit einer deutschen Dame durch die Münchener Straßen, als sie sagte: »Da, dort drüben geht Prinz Ludwig mit seiner Gemahlin.«

Jedermann verneigte sich vor ihnen – Kutscher, kleine Kinder und alle anderen –, und sie erwiderten alle Verneigungen und übersahen niemanden, als ihnen plötzlich eine junge Dame begegnete und einen tiefen Knicks machte.

»Das ist wahrscheinlich eine der Hofdamen«, sagte meine deutsche Freundin.

Ich sagte: »Dann ist sie eine Zierde des Hofes. Ich kenne sie. Ich kenne ihren Namen nicht, aber ich kenne *sie*. Ich habe sie in Allerheiligen und in Baden-Baden kennengelernt. Sie sollte Kaiserin sein, aber vielleicht ist sie nur Herzogin; so geht es zu in dieser Welt.«

Wenn man einem Deutschen eine höfliche Frage stellt, kann man ganz sicher sein, eine höfliche Antwort zu bekommen. Wenn man auf der Straße einen Deutschen anhält und ihn bittet, einem den Weg zu einem bestimmten Ort zu erklären, zeigt er sich nicht beleidigt. Wenn der Ort schwierig zu finden sein sollte, wette ich zehn zu eins, dass der Mann seine eigenen Angelegenheiten im Stich lässt, mitgeht und einen führt. Auch in London sind oft Leute mehrere Straßenblocks weit mitgegangen, um mir den Weg zu zeigen. An dieser Art Höflichkeit ist etwas sehr Handgreifliches. Sehr oft haben mir in Deutschland Ladenbesitzer, die den gewünschten Artikel nicht hatten, einen ihrer Angestellten mitgegeben, um mir ein Geschäft zu zeigen, wo ich ihn bekommen konnte.

19. Kapitel

Aber ich komme vom Floß ab. Wir erreichten pünktlich den Hafen Neckarsteinach, gingen zum Hotel und bestellten eine Forellenmahlzeit, die bereitstehen sollte, wenn wir von einer zweistündigen Wanderung zu Dorf und Burg Dilsberg zurückkämen, welche eine Meile entfernt am anderen Ufer des Flusses liegen. Ich meine damit nicht, dass wir für zwei Meilen zwei Stunden brauchen wollten – nein, die meiste Zeit wollten wir dazu verwenden, Dilsberg zu besichtigen.

Denn Dilsberg ist ein wunderlicher Ort. Er ist auch höchst wunderlich und malerisch gelegen. Man stelle sich vor, der schöne Fluss liege vor einem; dann ein paar Dutzend Yard leuchtend grünen Rasens auf dem gegen- überliegenden Ufer; dann ein schroffer Berg – keine vor- bereitenden, sanft ansteigenden Hänge, sondern sozusa- gen ein sich unverzüglich erhebender Berg – ein Berg, der zweihundertfünfzig oder dreihundert Fuß hoch ist, rund wie eine Schüssel, mit derselben Verjüngung nach oben wie eine umgestülpte Schüssel, mit etwa demselben Verhältnis der Höhe zum Durchmesser, wie es eine rich- tig tiefe Schüssel aufweist – ein Berg, der dicht mit grü- nem Gebüsch bedeckt ist, ein hübscher, wohlgestalteter Berg, der jäh aus der Eintönigkeit der umgebenden grü- nen Ebenen emporragt, aus großer Entfernung von den Windungen des Flusses her sichtbar ist und oben auf dem Scheitel gerade genug Platz hat für sein mit Türmen, Spitzen und dicht gedrängten Dächern geschmücktes Käppchen aus Gebäuden, die zusammengedrängt und zusammengepresst innerhalb des vollkommen runden Reifens der alten Stadtmauer liegen.

Auf dem ganzen Berg gibt es außerhalb der Mauer kein Haus und auch nicht die Spur eines ehemaligen Hauses; alle Häuser stehen innerhalb der Mauer, aber für eines mehr ist kein Platz. Es besteht kein Zwischenraum zwischen der Mauer und dem ersten Häuserring; nein, die Stadtmauer selbst ist die Rückwand des ersten Häu- serringes, und die Dächer ragen ein Stückchen über die Mauer hinaus und versehen diese dadurch mit Traufen. Die einheitliche Höhe der dicht gedrängten Dächer wird von den herausragenden Türmen der zerstörten Burg und den hohen Glockentürmen mehrerer Kirchen an- mutig unterbrochen und aufgelockert; daher bietet Dils- berg aus der Ferne eher den Anblick einer Königskrone als den einer Kappe. Diese hohe grüne Erhebung und ihre wunderliche Krone geben im Schein der Abendsonne ein sehr eindrucksvolles Bild ab, das kann man glauben.

Wir setzten in einem Boot über und begannen den Aufstieg auf einem engen, steilen Pfad, der uns sogleich in den laubreichen Tiefen des Buschwerks untertauchen ließ. Aber es waren keineswegs kühle Tiefen, denn die Sonne brannte heiß, und es ging wenig oder kein Wind, um die Hitze zu mildern. Während wir die steile Steigung hinaufkeuchten, begegneten wir gelegentlich braunen, bloßköpfigen und barfüßigen Jungen und Mädchen und manchmal Männern; sie prallten unvermittelt auf uns, grüßten uns, verschwanden in den Büschen und waren so plötzlich und geheimnisvoll weg, wie sie gekommen waren. Sie gingen zur Arbeit auf das andere Ufer des Flusses. Viele Generationen dieser Leute haben den Pfad beschritten. Stets sind sie in das Tal hinuntergezogen, um ihr Brot zu verdienen, aber stets haben sie wieder ihren Berg bestiegen, um es zu essen und in ihrer gemütlichen Stadt zu schlafen.

Es heißt, dass nicht viele Dilsberger auswandern; sie finden, dort oben über der Welt, in ihrem friedlichen Nest zu wohnen, sei angenehmer als unten in der unruhigen Welt. Die siebenhundert Einwohner sind auch alle miteinander blutsverwandt; sie sind seit fünfzehnhundert Jahren immer miteinander blutsverwandt gewesen; sie sind einfach eine große Familie, und sie mögen Einheimische lieber als Fremde; deswegen bleiben sie beharrlich zu Hause. Man hat behauptet, dass Dilsberg seit vielen Menschenaltern nur noch eine blühende, betriebsame Idiotenfabrik sei. Ich habe dort keine Idioten gesehen, aber der Kapitän sagte: »Weil in den letzten Jahren die Regierung dazu übergegangen ist, sie in Heilanstalten und anderswohin zu verschleppen; und die Regierung will auch die Fabrik lahmlegen und versucht, diese Dilsberger dazu zu bewegen, dass sie außerhalb der Familie heiraten, aber das mögen sie nicht.«

Wahrscheinlich hat sich der Kapitän das alles ausgedacht, denn die moderne Wissenschaft bestreitet, dass Verwandtenehen ein Geschlecht verdürben.

Innerhalb der Stadtmauer angelangt, fanden wir die üblichen Dorfbilder und das übliche Dorfleben vor. Wir gingen eine enge, krumme Gasse entlang, die im Mittelalter gepflastert worden war. Ein stämmiges, rotbackiges Mädchen klopfte gerade in einem kleinen, schuhschachtelgroßen Schuppen Flachs oder irgend so ein Zeug, und sie schwang mit Begeisterung ihren Dreschflegel – wenn es ein Dreschflegel war; ich bin nicht Landmann genug, um zu wissen, was sie vorhatte. Ein schlampiges, barfüßiges Mädchen hütete mit einem Stock ein halbes Dutzend Gänse – trieb sie die Gasse entlang und hielt sie aus den Wohnungen heraus. Ein Böttcher arbeitete in einer Werkstatt, in der er nichts so Großes wie ein Oxhoft herstellte, das weiß ich, denn es war kein Platz dafür. Mädchen und Frauen kochten oder spannen in den Vorderzimmern der Wohnungen, und Enten und Hühner watschelten über die Schwelle hinein oder heraus, wobei sie zufällig daliegende Krumen aufpickten und sich angenehm unterhielten. Ein sehr alter, runzliger Mann saß vor seiner Tür und schlief, das Kinn auf der Brust und die erloschene Pfeife auf dem Schoß. Überall die Gasse entlang spielten schmutzige Kinder im Dreck und ließen sich nicht von der Sonne stören.

Mit Ausnahme des schlafenden alten Mannes waren alle an der Arbeit, aber dennoch war der Ort still und friedlich; so still, dass das ferne Gackern der erfolgreichen Henne an unser Ohr drang, ohne durch dazwischentönende Laute erheblich gedämpft zu werden. Das verbreitetste aller Dorfbilder fehlte hier; die öffentliche Pumpe mit ihrem großen Steinbecken oder -trog voll klaren Wassers und die dazugehörige Gruppe tratschender Wasserträger mit ihren Krügen; denn auf diesem hohen Berge gibt es keinen Brunnen, keine Quelle; man benutzt Zisternen mit Regenwasser.

Unsere Bergstöcke und Musselinschwänze erregten Aufmerksamkeit, und während wir durch den Ort schritten, sammelten wir eine beträchtliche Prozession kleiner Jungen und Mädchen auf, sodass wir mit ziemlichem Pomp zur Burg zogen. Sie erwies sich als umfangreicher Komplex zerbröckelnder Mauern, Gewölbe und Türme, massig, zu malerischer Wirkung gruppiert, voller Unkraut, grasbewachsen und durchaus zufriedenstellend. Die Kinder dienten uns als Fremdenführer; sie führten uns auf der Krone der höchsten Mauern entlang, nahmen uns dann mit in einen hohen Turm und zeigten uns eine weite, schöne Landschaft, die auf der einen Seite wogende Weiten bewaldeter Berge und eine nähere Aussicht auf wellige Striche grünen Tieflands, auf der anderen Seite mit Burgen geschmückte Felsen und Bergketten umfasste, während der Neckar in leuchtenden Schleifen dazwischen hinfloss. Aber das wichtigste Schaustück, der größte Stolz der Kinder, war der alte und leere Brunnen im grasbewachsenen Schlosshof. Seine massive, steinerne Einfassung erhebt sich drei oder vier Fuß über den Boden und ist heil und unbeschädigt. Die Kinder sagten, im Mittelalter sei dieser Brunnen vierhundert Fuß tief gewesen und habe in Krieg und Frieden das ganze Städtchen reichlich mit Wasser versorgt. Sie sagten, in jener alten Zeit habe sein Grund unter dem Neckarspiegel gelegen, daher sei die Wasserzufuhr unerschöpflich gewesen.

Aber einige meinten, er sei überhaupt gar kein Brunnen und niemals tiefer als jetzt gewesen, nämlich achtzig Fuß; in dieser Tiefe zweige ein unterirdischer Gang ab und führe allmählich abwärts zu einer entfernten Stelle im Tal, wo er in einen Keller oder einen anderen verborgenen Winkel münde, und das Geheimnis dieses Ortes sei jetzt verloren gegangen. Diejenigen, die zu dieser Annahme neigen, sagen, das würde erklären, warum Dilsberg, das Tilly und mancher andere Feldherr vor ihm belagert habe, niemals eingenommen worden ist: Nach den längsten und härtesten Belagerungen bemerkten die Belagerer immer erstaunt, dass die Belagerten so fett und heiter wie nur je waren und auch gut mit Munition versehen – also müsse es so gewesen sein, dass die Dilsberger die ganze Zeit hindurch diese Dinge durch den unterirdischen Gang herangeschafft hätten.

Die Kinder sagten, es gäbe da unten tatsächlich einen unterirdischen Ausgang, und sie wollten es beweisen. Sie setzten also ein großes Strohbündel in Brand und warfen es in den Brunnen hinein, während wir uns über die Einfassung beugten und beobachteten, wie die glühende Masse hinabsank. Sie fiel auf den Grund und brannte allmählich aus. Es kam kein Rauch herauf. Die Kinder klatschten in die Hände und sagten: »Sehen Sie wohl! Nichts raucht so sehr wie brennendes Stroh – also wohin ist der Rauch gezogen, wenn kein unterirdischer Ausgang da wäre?«

Es war also ganz augenscheinlich, dass es den unterirdischen Gang wirklich gab. Aber das Schönste im Bereich der Ruine war eine prachtvolle Linde, von der die Kinder sagten, sie wäre vierhundert Jahre alt, und so alt war sie zweifellos. Sie hatte einen mächtigen Stamm, und Äste und Laub besaßen eine mächtige

Spannweite. Die Äste in der Nähe des Bodens waren beinahe fassdick.

Dieser Baum hatte die Angriffe gepanzerter Männer miterlebt – wie fern scheint eine solche Zeit zu liegen, und wie unbegreiflich ist die Tatsache, dass wirkliche Menschen jemals in wirklichen Rüstungen gekämpft haben! –, und er hatte die Zeit erlebt, als diese zerstörten Gewölbe und zerbröckelnden Zinnen eine schmucke, starke und stattliche Festung bildeten, die ihre bunten Banner in der Sonne wehen ließ und mit tätigen Menschen bevölkert war – wie unglaublich lange scheint das her zu sein! –, und hier steht er noch und wird möglicherweise immer noch hier stehen, sich sonnen und seine Träume aus geschichtlicher Vergangenheit träumen, wenn sich das Heute den Tagen hinzugesellt haben wird, die man »die alte Zeit« nennt.

Na schön, wir setzten uns zum Rauchen unter den Baum, und der Kapitän entledigte sich seiner Sage.

Die Sage der Burg Dilsberg

Das war so. In alter Zeit war im Schloss einmal eine große Gesellschaft versammelt, und die Festfreude schlug hohe Wellen. Natürlich gab es ein Spukzimmer im Schloss, und eines Tages war davon die Rede. Es hieß, dass jeder, der darin schliefe, erst fünfzig Jahre später wieder erwachte. Als das aber ein junger Ritter namens Konrad von Geisberg hörte, sagte er, wenn das Schloss ihm gehörte, würde er jenes Zimmer zerstören, damit kein Tor die Möglichkeit hätte, ein so furchtbares Unglück über sich zu bringen und diejenigen, die ihn liebten, durch die Erinnerung daran zu quälen. Prompt steckte die Gesellschaft heimlich die Köpfe zusammen, um einen Weg auszuhecken, wie man diesen abergläubischen jungen Mann dazu bekäme, in jener Kammer zu schlafen. Und es gelang ihnen – wie folgt. Sie überredeten seine Braut, ein liebliches, mutwilliges junges Geschöpf, Nichte des Schlossherrn, ihnen bei ihrem Komplott zu helfen. Sie nahm ihn sogleich beiseite und sprach mit ihm. Sie wandte alle Überredungskünste an, konnte ihn aber nicht erschüttern; er sagte, er glaube fest daran, dass er fünfzig Jahre lang nicht mehr erwachen würde, wenn er dort schliefe, und es schaudere ihn, daran zu denken. Katharina fing an zu weinen. Das war ein besseres Argument; Konrad konnte ihm nicht standhalten. Er gab nach und sagte, sie solle ihren Willen haben, wenn sie nur wieder lächeln und froh sein wollte. Sie schlang die Arme um seinen Hals, und die Küsse, die sie ihm gab, bewiesen, dass ihre Dankbarkeit und ihre Freude sehr echt waren. Dann eilte sie, der Gesellschaft von ihrem Erfolg zu berichten, und der Beifall, den sie erhielt, machte sie froh und stolz, ihren Auftrag übernommen zu haben, denn sie hatte ganz allein geschafft, was der Menge misslungen war.

An jenem Abend wurde Konrad nach dem üblichen Festmahl um Mitternacht zum Spukzimmer gebracht, und dort ließ man ihn. Er schlief allmählich ein.

Als er wieder erwachte und um sich blickte, stockte ihm vor Entsetzen das Herz! Die Kammer sah ganz anders aus. Die Wände waren moderig und hingen voll alter Spinnweben; die Vorhänge und das Bettzeug waren verrottet; die Einrichtung war wackelig und drohte auseinanderzufallen. Er sprang aus dem Bett, aber die zitternden Knie gaben unter ihm nach, und er fiel zu Boden.

»Das ist die Altersschwäche«, sagte er.

Er stand auf und suchte seine Kleidung. Es war keine Kleidung mehr. Die Farben waren dahin, die Gewänder rissen an vielen Stellen ein, während er sie anzog. Schaudernd floh er auf den Gang hinaus und ihn entlang bis zum großen Saal. Hier begegnete er einem Fremden mittleren Alters mit freundlichem Gesicht, der stehen blieb und ihn überrascht anblickte. Konrad sagte: »Guter Herr, möchtet Ihr Herrn Ulrich herschicken?«

Der Fremde schaute einen Augenblick lang verwirrt drein, dann sagte er: »Herrn Ulrich?«

»Ja – wenn Ihr so gut sein wollt.«

Der Fremde rief: »Wilhelm!«

Ein junger Diener kam, und der Fremde sagte zu ihm: »Befindet sich unter den Gästen ein Herr Ulrich?«

»Ich kenne niemanden dieses Namens, so es Euer Gnaden gefällt.«

Konrad sagte zögernd: »Ich meinte keinen Gast, sondern den Schlossherrn.«

Der Fremde und der Diener wechselten verwunderte Blicke. Dann sagte Ersterer: »Ich bin der Schlossherr.«

»Seit wann?«

»Seit dem Tode meines Vaters, des guten Herrn Ulrich, vor mehr als vierzig Jahren.«

Konrad sank auf eine Bank nieder und bedeckte das Gesicht mit den Händen, wiegte sich hin und her und stöhnte. Der Fremde sagte mit leiser Stimme zum Diener: »Ich fürchte, dieses arme Wesen ist verrückt. Rufe jemanden.«

Sogleich kamen mehrere Leute und stellten sich flüsternd ringsherum auf. Konrad blickte auf und prüfte eindringlich die Gesichter um sich her. Dann schüttelte er den Kopf und sagte mit kummervoller Stimme:

»Nein, es ist keiner unter euch, den ich kenne. Ich bin alt und allein auf der Welt. Alle, die mich gern hatten, sind tot und seit vielen Jahren dahin. Aber sicher können einige dieser Alten, die ich um mich herum sehe, mir etwas über sie sagen.«

Mehrere gebeugte und zitternde Männer und Frauen kamen heran und beantworteten seine Fragen über jeden früheren Freund, sowie er die Namen nannte. Dieser, so sagten sie, sei schon zehn Jahre tot, jener schon zwanzig, ein anderer schon dreißig. Jeder neue Schlag traf schwerer und schwerer.

Schließlich sagte der Gequälte: »Da ist noch jemand, aber ich habe nicht den Mut zu – oh, meine verlorene Katharina!«

Eine der alten Frauen sagte: »Ach, ich kenne sie gut, arme Seele! Ihren Liebsten traf ein Unglück, und aus Kummer starb sie vor fast fünfzig Jahren. Sie liegt unter der Linde draußen im Hof.«

Konrad senkte den Kopf und sagte: »Ach, warum bin ich nur aufgewacht! Sie starb also aus Kummer um mich, das arme Kind! So jung, so süß, so gut. Sie hat im ganzen kurzen Sommer ihres Lebens nie wissentlich etwas Böses getan. Ihre Liebesschuld soll beglichen werden – denn ich will vor Kummer um sie sterben.«

Sein Kopf sank ihm auf die Brust. Plötzlich gab es einen tollen Ausbruch lustigen Gelächters, ein paar runde, junge Arme flogen Konrad um den Hals, und eine süße Stimme rief: »Hier, mein Konrad, deine lieben Worte bringen mich um – die Posse soll nicht weitergehen! Kopf hoch und lache mit – es war alles nur ein Scherz!«

Und er schaute auf und starrte sie betäubt vor Verwunderung an – denn die Verkleidungen fielen, und die alten Männer und Frauen waren wieder frisch und jung und lustig.

Katharinas fröhliches Mundwerk lief weiter: »Es war ein fabelhafter Spaß und großartig gemacht. Sie haben dir ein starkes Schlafmittel gegeben, bevor du zu Bett gingst, und in der Nacht haben sie dich in eine verfallene Kammer gebracht, wo alles vom Alter verwittert ist, und diese Kleiderfetzen neben dich gelegt. Und als du ausgeschlafen hattest und herauskamst, waren hier zwei Fremde, die ihre Rollen gut beherrschten, um dich zu empfangen; und wir alle, deine Freunde, standen verkleidet in der Nähe, um zuzusehen und zuzuhören, darauf kannst du dich verlassen. Oh, das war ein großartiger Spaß! Nun komm, bereite dich auf die Freuden des Tages vor. Wie echt war dein Jammer in dem Augenblick, armer Kerl! Kopf hoch und lache!«

Er blickte auf, forschte geistesabwesend in den fröhlichen Gesichtern um sich herum, seufzte dann und sagte: »Ich bin müde, gute Freunde; ich bitte euch, führt mich zu ihrem Grab.«

Jedes Lächeln schwand, alle Wangen erbleichten. Katharina sank ohnmächtig zu Boden.

Den ganzen Tag über gingen die Leute mit bekümmerten Mienen im Schloss umher und verständigten sich halblaut miteinander. Ein quälendes Schweigen herrschte an dem Ort, der vor Kurzem so voll fröhlichen Lebens gewesen war. Alle versuchten nacheinander, Konrad seinem Wahne zu entreißen und ihn zu sich zu bringen; aber die einzige Antwort, die jeder erhielt, waren ein demütiger, verwirrter Blick und die Worte: »Guter Fremder, ich habe keine Freunde, alle sind vor vielen Jahren zur Ruhe gegangen. Ihr sprecht freundlich zu mir, Ihr meint es gut mit mir, aber ich kenne Euch nicht; ich bin allein und verlassen auf der Welt – bitte, führt mich zu ihrem Grab.«

Zwei Jahre lang verbrachte Konrad seine Tage vom frühen Morgen bis in die Nacht hinein unter der Linde und trauerte über dem imaginären Grab seiner Katharina. Katharina war die einzige Gesellschafterin des harmlosen Irren. Er war sehr freundlich zu ihr, denn er sagte, in mancher Hinsicht erinnere sie ihn an seine Katharina, die er »vor fünfzig Jahren« verloren hätte. Oft sagte er: »Sie war so fröhlich, so übermütig – aber Ihr lächelt niemals; und immer, wenn Ihr denkt, ich sehe es nicht, weint Ihr.«

Als Konrad starb, begrub man ihn nach seiner Weisung unter der Linde, damit er »bei seiner armen Katharina« ruhen könne. Dann saß Katharina allein unter der Linde, jeden Tag von Morgen bis Abend, viele Jahre lang, sprach mit niemandem und lächelte nie; und schließlich wurde ihre lange Reue mit dem Tod belohnt, und sie wurde an Konrads Seite beerdigt.

Harris machte dem Kapitän eine Freude, indem er sagte, es sei eine gute Geschichte; und er machte ihm noch mehr Freude, als er zufügte: »Nachdem ich jetzt diesen mächtigen Baum gesehen habe, der mit seinen vierhundert Jahren so viel Lebenskraft besitzt, fühle ich den Wunsch, um *seinetwillen* die Sage zu glauben; ich werde also dem Wunsche nachgeben und glauben, dass der Baum tatsächlich über diesen armen Herzen wacht und eine Art menschlicher Zärtlichkeit für sie empfindet.«

Wir kehrten nach Neckarsteinach zurück, tauchten die heißen Köpfe in den Trog an der Stadtpumpe, gingen dann ins Hotel und aßen im Garten in aller Behaglichkeit und Muße unsere Forellen; dabei floss der schöne Neckar zu unseren Füßen dahin, der seltsame Dilsberg ragte gegenüber auf, und die anmutigen Türme und Zinnen zweier mittelalterlicher Burgen (»Schwalbennest« und »Die Brüder«) betonten das zerklüftete Landschaftsbild einer Flussbiegung zu unserer Rechten. Wir stachen rechtzeitig in See, um vor Einbruch der Dunkelheit die acht Meilen lange Strecke bis Heidelberg zurückzulegen. In der milden Glut des Sonnenuntergangs fuhren wir am Hotel vorüber und schossen mit der reißenden Strömung in die enge Durchfahrt zwischen den Dämmen hinein. Ich glaubte, selbst unter der Brücke hindurchsteuern zu können, und so ging ich zu den drei Stämmen an der Spitze und nahm dem Steuermann die Stange und die Verantwortung ab.

Wir rasten in ungeheuer aufregendem Stil dahin, und ich erfüllte die heiklen Pflichten meines Amtes für einen ersten Versuch wirklich sehr gut, aber da ich plötzlich bemerkte, dass ich tatsächlich dabei war, die Brücke selbst anzusteuern statt des Gewölbes unter ihr, trat ich verständig genug an Land. Im nächsten Augenblick war mein lang gehegter Wunsch erfüllt: Ich sah ein Floß zerschellen. Es traf den Pfeiler genau in der Mitte und zersplitterte und zerfetzte wie eine vom Blitz getroffene Schachtel Streichhölzer.

Ich war der Einzige aus unserer Gesellschaft, der diesen großartigen Anblick erlebte; die anderen posierten gerade vor einer langen Reihe junger Damen, die am Ufer promenierten, und versäumten ihn deshalb. Aber ich half dabei, sie unterhalb der Brücke aus dem Fluss zu fischen, und beschrieb es ihnen dann, so gut ich konnte. Sie waren jedoch nicht daran interessiert. Sie sagten, sie wären nass und kämen sich lächerlich vor und machten sich überhaupt nichts aus Szenenbeschreibungen. Die jungen Damen und andere Leute drängten sich um uns und zeigten sehr viel Mitgefühl, aber das half nichts, denn meine Freunde sagten, sie wünschten kein Mitgefühl, sie wünschten sich nur ein Seitengässchen und Abgeschiedenheit.

20. Kapitel

Der nächste Morgen brachte gute Nachrichten – endlich war unser großes Gepäck aus Hamburg eingetroffen. Der Leser sei hiermit gewarnt. Die Deutschen sind sehr gewissenhaft, und dieser Charakterzug macht sie sehr eigen. Deshalb nimmt ein Deutscher, wenn man ihm sagt, man wolle etwas sofort getan haben, einen beim Wort; er denkt, man meine auch, was man sage; also tut er die Sache sofort – entsprechend seiner Vorstellung von sofort –, was etwa eine Woche bedeutet; das soll heißen, es bedeutet eine Woche, wenn es sich auf die Anfertigung eines Kleidungsstückes bezieht, oder es bedeutet anderthalb Stunden, wenn es sich auf das Zubereiten einer Forelle bezieht. Nun gut, wenn man einem Deutschen sagt, er solle einem den Reisekoffer »nicht als Eilgut« zuschicken, nimmt er einen beim Wort; er schickt ihn »nicht als Eilgut«, und Sie können sich nicht vorstellen, wie lange Sie in immer größere Bewunderung vor der Kraft dieses Ausdrucks in der deutschen Sprache geraten, bis sie den Koffer bekommen. Als ich meinen Überseekoffer in Hamburg zum Versand fertig machte, war das Fell auf ihm weich und dicht und ganz brauchbar; er war kahl, als er in Heidelberg eintraf. Er war jedoch noch ganz, das war ein Trost, er war überhaupt nicht verbeult; die Gepäckleute in Deutschland schienen mit dem Gepäck, das ihren Händen anvertraut war, peinlich vorsichtig umzugehen. Nun stand unserer Abreise nichts mehr im Wege, und so gingen wir an unsere Vorbereitungen.

Natürlich galt meine Hauptsorge meiner Sammlung von Keramiken. Natürlich konnte ich sie nicht mitnehmen; das wäre unzweckmäßig und außerdem gefährlich gewesen. Ich holte Rat ein, aber die besten Nippeskenner waren geteilter Meinung, welches der klügste Weg wäre. Einige sagten, ich solle die Sammlung zusammenpacken und auf einem Speicher lagern; andere sagten, ich solle versuchen, dass sie das Großherzogliche Museum in Mannheim zur sicheren Aufbewahrung nehme. Also teilte ich die Sammlung und folgte dem Rat beider Parteien. Dem Museum behielt ich diejenigen Stücke vor, die am zerbrechlichsten und kostbarsten waren.

Unter diesen befand sich mein etruskischer[41] Tränenkrug. Ich habe hier eine kleine Skizze davon angefertigt. Das Ding, das an der Seite hochkriecht, ist keine Wanze, es ist ein Loch. Diesen Krug habe ich bei einem Antiquitätenhändler für vierhundertfünfzig Dollar gekauft. Er ist etwas sehr Seltenes. Der Mann sagte, die Etrusker hätten gewöhnlich Tränen oder so etwas in diesen Dingern aufbewahrt, und es sei jetzt sehr schwer, auch nur einen zerbrochenen zu erwischen. Ich zweigte auch meinen Teller im Stil Heinrichs II. ab. Siehe die Skizze aus meiner Hand; im Ganzen stimmt sie, obwohl ich glaube, dass ich vielleicht die eine Seite ein bisschen zu stark verkürzt habe. Er ist sehr hübsch und selten; die Form ist äußerst elegant und ungewöhnlich. Er trägt ein wundervolles Dekor, aber ich kann es nicht wiedergeben. Er hat noch mehr als der Tränenkrug gekostet, denn der Händler sagte, es gäbe auf der ganzen Welt keinen Teller, der ihm genau gliche. Er sagte, es sei viel gefälschtes Heinrich II.[42] in Umlauf, aber die Echtheit dieses Stückes sei nicht zu bezweifeln. Er zeigte mir seinen Stammbaum oder seinen Lebenslauf, wenn man so will; das war ein Dokument, das die Stationen dieses Tellers von seiner Geburt an verfolgte – aufzeigte, wer ihn gekauft hatte, von wem, und was er dafür bezahlt hatte –, vom ersten Käufer an bis herunter zu mir, wobei ich feststellte, dass er ständig im Preis gestiegen war, von fünfunddreißig Cent bis auf siebenhundert Dollar. Er sagte, die ganze Keramikwelt würde erfahren, dass er nun in meinem Besitz sei, und würde sich das notieren, einschließlich des Kaufpreises.

Ich zweigte auch mein erlesenes Exemplar von altem blauem Chinaporzellan ab. Man hält es für das schönste noch vorhandene Stück chinesischer Kunst. Ich spreche nicht von der verfälschten chinesischen Kunst der heutigen Zeit, sondern von jener edlen, reinen und echten Kunst, die unter der fördernden und verständnisvollen Obhut der Tschung-a-Lung-Fung-Dynastie in Blüte stand.

Damals gab es noch Meister, aber ach!, das ist nicht mehr. Natürlich liegt die Kostbarkeit dieses Stückes vor allem in seiner Farbe; es ist das alte sinnliche, durchdringende, sich verzweigende, interpolierende, transboreale Blau, das die moderne Kunst zur Verzweiflung bringt. Die kleine Skizze, die ich von diesem Juwel angefertigt habe, kann ihm nicht gerecht werden und tut es auch nicht, da ich die Farbe weglassen musste. Aber den Ausdruck habe ich doch eingefangen.

Ich darf aber die Zeit des Lesers nicht mit diesen Einzelheiten verplempern. Anfangs wollte ich überhaupt nicht ins Einzelne gehen, aber diese Schwäche hat jeder echte Keramiker oder echte Anhänger irgendeines Zweiges der Nippeserei, dass er, sobald seine Zunge oder seine Feder einmal das Lieblingsthema aufgreift, nicht wieder aufhören kann, bis er vor Erschöpfung umfällt. Er spürt das Dahinschwinden der Zeit nicht mehr als jeder andere Liebende, der von seinem Schatz erzählt. Schon die bloßen »Zeichen« auf dem Boden eines seltenen Geschirrstückes bringen es fertig, mich in plappernde Ekstase zu versetzen; und ich könnte einen ertrinkenden Verwandten im Stich lassen, um mitzudiskutieren, ob der Stöpsel eines verloren gegangenen Buen-Retiro-Riechfläschchens echt oder gefälscht ist.

Viele Leute sagen, die Jagd auf Nippes stelle für eine männliche Person eine ebenso robuste Beschäftigung dar, wie etwa Puppenkleider zu nähen oder Japantöpfe mit Abziehbildern von Schmetterlingen zu dekorieren, und diese Leute bewerfen den Geschmack besitzenden Engländer Byng mit Schmutz, der ein Buch »Der Nippesjäger« geschrieben hat, und machen sich über ihn lustig, weil er nach »seinen jämmerlichen Kinkerlitzchen«, wie sie es ausdrücken, umherjagt und weil er für diese Kinkerlitzchen »schwärmt« und weil er sein »höchstes, kindisches Entzücken« an dem zur Schau stellt, was sie eine »billige Sammlung armseligen Schundes« nennen, und weil er sein Buch mit einem Bilde von sich selbst einleitet, wie er in »alberner, selbstzufriedener Haltung inmitten seines armen, kleinen, lächerlichen Nippes-Trödelladens« sitzt.

Es ist leicht, so etwas zu sagen; es ist leicht, uns zu schmähen, leicht, uns zu verachten; mögen also diese Leute weiterschimpfen; sie können nicht so empfinden, wie Byng und ich empfinden – das ist ihr Schaden, nicht der unsere. Ich für mein Teil bin froh, Nippesist und Keramiker zu sein – ja mehr, ich bin stolz, so zu heißen. Ich bin stolz zu wissen, dass ich in Gegenwart eines seltenen Kruges, der ein berühmtes Zeichen auf der Rückseite trägt, so unmittelbar den Verstand verliere, als hätte ich diesen Krug gerade geleert. Schön; ich packte einen Teil meiner Sammlung ein und brachte ihn auf das Lager, und den Rest durfte ich der Obhut des Großherzoglichen Museums in Mannheim anvertrauen. Meine Katze aus altem blauem Chinaporzellan ist noch dort. Ich habe sie dieser hervorragenden Institution zum Geschenk gemacht.

Nur ein einziges Missgeschick hatte ich mit meinen Sachen. Beim Packen zerbrach ein Ei, das ich am selben Morgen vom Frühstück zurückbehalten hatte. Das war sehr schade. Ich hatte es den besten Kennern in Heidelberg gezeigt, und sie sagten alle, es wäre ein antikes Stück. Einen oder zwei Tage verbrachten wir mit Abschiedsbesuchen und brachen dann nach Baden-Baden auf. Es war eine angenehme Reise, denn das Rheintal ist immer reizend. Nur schade, dass sie so kurz war. Wenn ich mich recht erinnere, dauerte sie nur ein paar Stunden; ich schließe daraus, dass die Entfernung sehr wenig mehr als fünfzig Meilen, wenn überhaupt so viel, betrug. In Oos verließen wir den Zug und wanderten das ganze restliche Stück bis Baden-Baden, mit Ausnahme einer Strecke von weniger als einer Stunde, die wir auf einem vorüberkommenden Wagen mitfahren durften, da es ermüdend heiß war. In die Stadt gelangten wir zu Fuß.

Als wir die Straße entlanggingen, trafen wir Hochwürden Mr. –, einen alten Freund aus Amerika, als einen der ersten Menschen, die uns begegneten – das war wirklich eine glückliche Begegnung, denn er besitzt ein sehr freundliches, gebildetes und feinfühlendes Wesen, und der Umgang mit ihm und seine Gesellschaft sind eine wahre Erquickung. Wir wussten, dass er seit einiger Zeit in Europa weilte, hatten aber keineswegs erwartet, ihm über den Weg zu laufen.

Beide Seiten brachen in liebevolle Begeisterungsrufe aus, und Hochwürden Mr. – sagte: »Ich habe einen randvollen Sack mit Gesprächsstoff über euch auszuschütten, und ein leerer steht bereit und erwartet gierig, was ihr zu bieten habt; wir werden bis Mitternacht aufbleiben und uns gründlich, ausführlich unterhalten, denn ich fahre morgen früh ab.« Natürlich stimmten wir zu.

Seit einer Weile war ich undeutlich einer Person bewusst geworden, die auf der Straße neben uns herging. Ein- oder zweimal hatte ich heimlich zu ihr hingeschaut und bemerkt, dass es ein schmucker, großer, kräftiger junger Bursche war mit einem offenen, selbstbewussten Gesicht, das von einem blassen, ja, fast unsichtbaren frühen Flaum leicht überschattet war, und dass er von Kopf bis Fuß in kühles und beneidenswert schneeweißes Leinen gekleidet war. Ich glaubte auch bemerkt zu haben, dass er den Kopf gewissermaßen lauschend geneigt hielt.

Ewa um diese Zeit sagte Hochwürden Mr.–: »Der Gehsteig ist für drei kaum breit genug, deshalb werde ich hinterhergehen; aber sprecht nur weiter, sprecht nur weiter, es ist keine Zeit zu verlieren, und ihr könnt euch darauf verlassen, dass ich meinen Teil beitragen werde.« Er fiel hinter uns zurück, und stracks rückte der stattliche, schneeweiße junge Mann auf dem Bürgersteig neben ihm auf, versetzte ihm mit seiner breiten Pranke einen freundschaftlichen Schlag auf die Schulter und rief mit aufrichtiger Freude:

»*Amerikaner,* zweieinhalb zu eins und das Geld auf den Tisch! *He?*«

Der Geistliche fuhr zusammen, sagte aber sanft: »Ja, wir sind Amerikaner.«

»Gottes Segen über Sie, das bin ich auch, worauf Sie sich verlassen können! Geben Sie her!«

Er streckte seine saharagroße Handfläche aus, und der Geistliche legte seine winzige Hand hinein und empfing einen so herzlichen Druck, dass wir seinen Handschuh davon platzen hörten.

»Na, habe ich Sie nicht richtig taxiert?«

»O ja.«

»Na, gewiss doch! Sowie ich Ihr Gerede gehört habe, habe ich gemerkt, dass Sie zu *meiner* Sorte gehören. Schon lange hier drüben?«

»Etwa vier Monate. Sind Sie schon lange hier drüben?«

»*Lange?* Na, das kann man wohl sagen! Herrjemine, an die zwei *Jahre*! Sagen Sie, haben Sie Heimweh?«

»Nein, das könnte ich nicht behaupten. Haben Sie welches?«

»Oh, *zum Teufel,* ja!« Das kam mit ungeheurer Leidenschaftlichkeit heraus.

Der Geistliche schrumpfte ein bisschen in seiner Kleidung zusammen, und wir bemerkten, eher instinktiv als anderswie, dass er uns Notsignale schickte; aber wir mischten uns nicht ein und versuchten nicht, ihm zu Hilfe zu kommen, denn wir waren so ganz zufrieden. Jetzt hängte sich der junge Bursche beim Geistlichen ein, mit der zutraulichen und dankbaren Miene eines Verstoßenen, der sich nach einem Freund, einem teilnehmenden Ohr und einer Gelegenheit gesehnt hat, wieder einmal die süßen Laute der Muttersprache zu stammeln – und dann protzte er seine Sprechmuskeln ab und legte los – mit solchem Genuss! Einige seiner Ausdrücke waren nicht gerade Sonntagsschulausdrücke, deshalb bin ich gezwungen, da, wo sie vorkommen, Striche einzusetzen.

»Jawollja! Wenn *ich* kein Amerikaner bin, dann gibt's *überhaupt* keine Amerikaner, so ist das! Und als ich euch Kerls in der guten, alten amerikanischen Sprache daherschwatzen hörte, will ich – – – sein, wenn ich mich nicht mühsam zurückgehalten habe, euch um den Hals zu fallen! Meine Zunge ist schon ganz davon verzogen, dass sie sich um diese – – – verlassenen, wurmstichigen, neungliedrigen deutschen Wörter hier herumschlängeln muss; na, ich *kann* Ihnen aber flüstern, es tut verflixt gut, sie wieder mal über ein christliches Wort zu legen und sozusagen den ollen Geschmack einziehen zu lassen. Ich bin aus dem Westen von New York. Heiße Cholley Adams. Ich bin Student, wissen Sie. An die zwei Jahre schon hier. Ich lerne Tierarzt. *Den* Teil davon habe ich gern, wissen Sie, aber diese – – – Leute hier, die wollen einem nichts in der eigenen Sprache lernen, sie lassen einen auf Deutsch lernen; deshalb musste ich mir diese elende Sprache vorknöpfen, ehe ich mir die Tiermedizin vorknöpfen konnte.

Zuerst dachte ich, die Sprache gibt mir ganz bestimmt den Rest, aber jetzt macht's mir nichts mehr aus. Ich glaube, ich hab's gefressen: Und wissen Sie, sie haben mich auch Latein lernen lassen. Na, unter uns, ich würde keinen – – – um das ganze Latein geben, das man je gequatscht hat; und das Erste, was *ich* mache, wenn ich es geschafft habe, ist, mich hinzusetzen und es vergessen. Ich brauche nicht lange dazu, und die Zeit tut mir auch nicht leid. Und ich will Ihnen mal was sagen, der Unterschied zwischen dem Unterricht drüben und dem

Unterricht hier – puh! *Wir* verstehen überhaupt nichts davon! Hier muss man büffeln und büffeln, und es nimmt überhaupt kein Ende – und wissen Sie, was man hier lernt, das muss man *können*, sonst hat man einen von diesen – – –, lahmen, bebrillten, verkalkten, x-beinigen alten Professoren auf dem Halse. Ich bin lange genug hier gewesen, und es hängt mir ganz schön zum Halse heraus, das *kann* ich Ihnen sagen. Mein alter Herr hat mir geschrieben, dass er im Juni herüberkommt, und im August wollte er mich mit nach Hause nehmen, ob ich mit meiner Ausbildung fertig wäre oder nicht, aber hol ihn der Kuckuck, er ist nicht gekommen; hat überhaupt nicht gesagt, warum; hat mir bloß einen Frühstückskorb voll Sonntagsschulbücher geschickt und gesagt, ich soll brav sein und noch eine Weile aushalten. Ich bin nicht für Sonntagsschulbücher, wissen Sie – da ist mir was anderes lieber –, aber ich *lese* sie jedenfalls, denn was der alte Herr mir sagt, das *tue* ich auch, ohne Rücksicht auf Verluste. Ich habe mich rangemacht und diese ganzen Bücher gelesen, weil er es wollte; aber so was lässt *mich* kalt; ich mag lieber was *Herzhaftes.* Aber ich habe scheußliches Heimweh. Ich habe Heimweh vom Ohr bis zur Kruppe und von der Kruppe bis zum Huf; aber es hilft nichts, ich muss hierbleiben, bis der alte Herr das Handtuch wirft[43] und das Kommando gibt – jawoll, ich muss genau hier in diesem – – – Land rumtrödeln, bis der alte Herr sagt ›Komm!‹ – und Sie können Ihren letzten Dollar verwetten, Johnny, es ist *wirklich* nicht so leicht, wie eine Katze zu Zwillingen kommt!«

Nach diesem lästerlichen und herzhaften Ausbruch pustete er ein ungeheures Uff, um Luft zu holen und sich in der Hitze zu erleichtern, und dann tauchte er zu »Johnnys« Erbauung sofort wieder kopfüber in seinen

Bericht, indem er anfing: »Na, – – –, da kann man nichts gegen sagen, ein paar alte amerikanische Wörter haben doch einen prima Schwung; man kann sich damit *ausquetschen* – wissen Sie, man trifft das, was man *sagen* will.«

Als wir an unserem Hotel ankamen und es so aussah, als würde er den Geistlichen gleich verlieren, war er so traurig und bat so sehr und so dringend, dass das Herz des Geistlichen nicht hart genug war, den Bitten zu widerstehen – also ging er wie ein echter Christ mit dem elternfürchtigen Studenten fort und aß mit ihm in dessen Quartier Abendbrot und saß fast bis Mitternacht in der Brandung seines Slangs und seiner Lästerungen und verließ ihn dann – ließ ihn ziemlich leergeredet zurück, aber dankbar »bis herunter zum Hufnagel«, wie er sich ausdrückte. Der Geistliche sagte, es habe sich während des Interviews herausgestellt, dass »Cholley« Adams' Vater ein großer Pferdehändler im Neuyorker Westen sei; das erklärte Cholleys Berufswahl. Der Geistliche nahm eine recht gute Meinung von Cholley mit als einem tapferen jungen Burschen, der das Zeug zu einem nützlichen Bürger in sich trage; er hielt ihn für einen ziemlich ungeschliffenen Edelstein, aber immerhin einen Edelstein.

21. Kapitel

Baden-Baden liegt im Schoße der Berge, und die natürlichen und die künstlich geschaffenen Schönheiten der Umgebung bilden eine wirkungsvolle und bezaubernde Einheit. In dem ebenen Grund, der sich durch die Stadt hindurch und über die Stadt hinaus erstreckt, hat man schöne Parks angelegt, die von prächtigen Bäumen beschattet und in Abständen mit hohen, glitzernden Springbrunnen geschmückt sind. Dreimal am Tag spielt auf der Promenade vor dem Kurhaus eine gute Musikkapelle, und nachmittags und abends wimmelt dieser Ort von elegant gekleideten Leuten beiderlei Geschlechts, die an dem großen Musikpodium vorbei auf und ab wandeln und sehr gelangweilt aussehen, obwohl sie so tun, als wären sie es nicht. Das sieht nach einem ziemlich ziellosen und stumpfsinnigen Dasein aus. Jedoch ist ein großer Teil dieser Leute aus einem triftigen Grunde da: Sie werden von Rheumatismus geplagt und sind hier, um ihn in den heißen Bädern auszuschwitzen. Diese Invaliden sahen recht melancholisch aus, wie sie auf ihren Stöcken und Krücken umherhinkten und offenbar über traurige Dinge aller Art grübelten. Es heißt, Deutschland mit seinen feuchten Steinhäusern sei die Heimat des Rheumatismus. Wenn das so ist, muss die Vorsehung das vorausgesehen und deswegen das Land mit diesen Heilbädern ausgestattet haben. Wohl kein anderes Land ist mit Heilquellen so reich versehen wie Deutschland. Einige dieser Bäder sind für das eine Leiden gut, andere für ein anderes; besondere Leiden wiederum werden bezwungen, indem man die individuellen Eigenschaften verschiedener Bäder miteinander kombiniert. Zum Beispiel trinkt der Patient gegen einige Krankheiten das einheimische heiße Wasser von Baden-Baden, in dem ein Löffel Salz aus den Karlsbader Quellen aufgelöst ist. Das ist eine Dosis, die man nicht gleich vergisst.

Dieses heiße Wasser wird nicht *verkauft;* nein, man geht in die große Trinkhalle und steht herum, erst auf einem Bein und dann auf dem anderen, während zwei oder drei junge Mädchen in der Nähe sitzen, an einer damenhaften Handarbeit pusseln und einen anscheinend nicht wahrnehmen – höflich wie die Hilfsschreiber auf einer Behörde.

Schließlich steht eine von ihnen mühselig auf und »streckt sich« – dehnt Fäuste und Leib gen Himmel, bis sich die Fersen vom Boden lösen, und erfrischt sich gleichzeitig durch ein so umfassendes Gähnen, dass der größte Teil ihres Gesichts hinter der Oberlippe verschwindet und man sehen kann, wie sie inwendig gebaut ist – dann schließt sie langsam ihre Höhle, senkt Fäuste und Fersen, kommt träge nach vorn, betrachtet einen verächtlich, zapft einem ein Glas heißen Wassers ab und stellt es da hin, wo man es erreichen kann, wenn man sich danach ausstreckt.

Man nimmt es und sagt: »Kostet?« – und sie gibt mit vollendeter Gleichgültigkeit die Antwort eines Bettlers zurück: »Nach Belieben.«

Dass sie den üblichen Trick und die übliche Formel der Bettler anwendet, einen der eigenen Freigebigkeit zu überlassen, wenn man einen einfachen, ehrlichen, geschäftlichen Vorgang erwartet hat, erhöht noch ein wenig das wachsende Gefühl der Verärgerung.

Man ignoriert ihre Antwort und fragt wieder: »Kostet?«

Und sie antwortet gelassen, gleichgültig: »Nach Belieben.«

Allmählich wird man wütend, versucht aber, es nicht zu zeigen; man beschließt, so lange weiterzufragen, bis sie ihre Antwort oder wenigstens ihre aufreizend gleichgültige Art ändert. Wenn der Fall so liegt wie meiner, stehen also die beiden Narren da, blicken einander ohne merkliche Erregung irgendwelcher Art oder Betonung irgendeiner Silbe sanft in die Augen und führen die folgende idiotische Unterhaltung:

»Kostet?«

»Nach Belieben.«

»Kostet?«

»Nach Belieben.«

»Kostet?«

»Nach Belieben.«

»Kostet?«

»Nach Belieben.«

»Kostet?«

»Nach Belieben.«

»Kostet?«

»Nach Belieben.«

Ich weiß nicht, was jemand anders getan hätte, aber an dieser Stelle gab ich es auf; diese gusseiserne Gleichgültigkeit, diese gelassene Verachtung besiegten mich, und ich strich die Flagge. Nun wusste ich zwar, dass sie von tapferen Leuten, die sich nicht um die Meinung von Küchenmädchen kümmern, gewöhnlich etwa einen Penny erhielt und etwa zwei Pennies von moralischen Feiglingen; ich aber legte ein silbernes Fünfundzwanzigcentstück in ihre Reichweite und versuchte, sie durch folgende sarkastische Ansprache kleinzukriegen:

»Wenn es nicht reichen sollte, würden Sie sich bitte so weit von Ihrem Thron herablassen, mir das zu sagen?«

Sie wurde nicht klein. Ohne mich überhaupt eines Blickes zu würdigen, ergriff sie träge die Münze und biss hinein! – um zu sehen, ob sie echt wäre. Dann wandte sie mir den Rücken zu, watschelte geruhsam zu ihrem früheren Platz zurück und warf im Vorbeigehen das Geld in eine offene Kasse. Wie man sieht, blieb sie bis zuletzt Siegerin.

Ich habe mich über das Verhalten dieses Mädchens ausführlich ausgelassen, weil es typisch ist; ihr Benehmen ist das Benehmen eines großen Teils der Baden-Badener Geschäftsleute. Der dortige Geschäftsmann betrügt einen, wenn er kann, und beleidigt einen, ob es ihm nun gelingt, einen zu betrügen, oder nicht. Die Pächter der Bäder geben sich ebenfalls große und beharrliche Mühe, einen zu beleidigen. Die schlampige Frau, die am Pult im Vorraum des großen Friedrichsbades saß und Badekarten verkaufte, beleidigte mich nicht nur zweimal täglich in unbeugsamer Treue ihrem wichtigen Amt gegenüber, sondern sie gab sich auch eines Tages so viel Mühe, mich um einen Schilling zu betrügen, dass sie von Rechts wegen zehn hätte bekommen müssen. Die glänzenden Spieler von Baden-Baden sind dahin, nur seine mikroskopisch kleinen Schurken sind geblieben.

Ein englischer Herr, der seit mehreren Jahren dort wohnte, sagte: »Wenn Sie Ihre Nationalität verbergen könnten, würden Sie hier keinerlei Unverschämtheiten zu spüren bekommen. Diese Geschäftsleute verabscheuen die Engländer und verachten die Amerikaner; sie sind zu beiden grob, besonders aber gegenüber Damen Ihrer und meiner Nationalität. Wenn Damen ohne Begleitung eines Herrn oder eines männlichen Bediensteten einkaufen gehen, sind sie ziemlich sicher kleinen Unverschämtheiten ausgesetzt – Unverschämtheiten, die eher im Betragen und im Ton liegen als in den Worten, obwohl es nicht immer an schwer erträglichen Worten fehlt. Ich kenne einen Fall, wo ein Geschäftsmann einer amerikanischen Dame mit der bissig vorgebrachten Bemerkung eine Münze zurückwarf: ›Wir nehmen hier kein französisches Geld.‹ – Und ich kenne einen Fall, wo eine englische Dame einem dieser Geschäftsleute sagte: ›Glauben Sie nicht, dass Sie für diese Ware zu viel verlangen?‹ und dieser mit der Frage antwortete: ›Glauben Sie, dass Sie gezwungen sind, sie zu kaufen?‹ Jedoch sind diese Leute Russen oder Deutschen gegenüber nicht unhöflich. Und was Rang und Würden anbetrifft, so beten sie diese an, denn sie sind an Generäle und Adlige seit Langem gewöhnt. Wenn Sie sehen wollen, in welche Abgründe die Unterwürfigkeit herabsinken kann, dann stellen Sie sich mal einem Baden-Badener Geschäftsmann als russischer Fürst vor.«

Es ist ein fades Städtchen, überall trifft man auf leeren Schein, kleinlichen Betrug und Aufgeblasenheit, aber die Bäder sind gut. Ich habe mit vielen Leuten gesprochen, und sie waren sich alle darin einig. Drei Jahre lang hatte ich dauernd rheumatische Schmerzanfälle, aber der letzte verschwand, nachdem ich vierzehn Tage dort gebadet hatte, und ich habe seither nie wieder welche durchgemacht. Ich glaube fest daran, dass ich meinen Rheumatismus in Baden-Baden gelassen habe. Er steht Baden-Baden gern zur Verfügung. Es war wenig, aber mehr hatte ich nicht zu geben. Ich hätte gern etwas Ansteckendes zurückgelassen, aber das lag nicht in meiner Macht.

Es gibt dort mehrere heiße Quellen, und seit zweitausend Jahren sprudeln sie das heilende Wasser in nie versiegendem Überfluss hervor. Dieses Wasser wird durch Röhren in die zahlreichen Badehäuser geleitet und durch Zugießen von kaltem Wasser auf eine erträgliche Temperatur gebracht. Das neue Friedrichsbad ist ein sehr großes und schönes Gebäude, und man kann darin jede Art von Bad bekommen, die man sich jemals ausgedacht hat, mit allen Zusätzen von Kräutern und Drogen, die das Leiden des Einzelnen erfordert oder die ins Wasser zu geben der Arzt des Etablissements für nützlich erachten mag. Man geht hin, tritt durch die große Tür, bekommt von dem prächtigen Portier eine

Verneigung, die einem genau nach Auftreten und Kleidung zugemessen wird, und von dem schlampigen Weib
für einen Vierteldollar eine Badekarte und eine Beleidigung, sie läutet eine Glocke, ein Bedienter führt den
Gast einen langen Gang entlang und sperrt ihn in ein
geräumiges Zimmer, das einen Waschtisch, Spiegel, Stie-
felknecht und ein Sofa enthält, und dort zieht man sich
in aller Ruhe aus.

Ein großer Vorhang teilt das Zimmer. Man zieht diesen Vorhang zurück und findet eine geräumige, weiße
Marmorwanne vor, deren Rand auf gleicher Höhe mit
dem Fußboden liegt und in die drei weiße Marmorstufen hinabführen. Diese Wanne ist voll Wasser, das klar wie
Kristall ist und eine Temperatur von 28 Grad Reaumur
(etwa 34 Grad Celsius) aufweist. Neben der Wanne ist ein
bedeckter kupferner Behälter eingelassen, der einige war-
me Handtücher und ein Laken enthält. Man sieht ganz so
weiß wie ein Engel aus, wenn man in diesem klaren Wasser ausgestreckt liegt. Beim ersten Mal bleibt man zehn
Minuten lang darin und verlängert dann die Dauer von
Tag zu Tag, bis man fünfundzwanzig oder dreißig Minuten erreicht hat. Dabei bleibt man. Die Ausstattung dieses
Bades ist so verschwenderisch, der Nutzen so merklich,
der Preis so mäßig, und die Beleidigungen sind so gewiss,
dass man sehr bald leidenschaftlich am Friedrichsbad
hängt und es dauernd unsicher macht.

Wir hatten in Baden-Baden ein schlichtes, einfaches,
bescheidenes, gutes Hotel, das Hôtel de France, und neben meinem Zimmer wohnte eine kichernde, gackern-
de, schnatternde Familie, die immer genau zwei Stunden
nach mir zu Bett ging und immer genau zwei Stunden
vor mir aufstand. Aber das ist in deutschen Hotels üblich; die Leute gehen allgemein lange nach elf zu Bett

und stehen lange vor acht auf. Die Trennwände leiten den Schall wie ein Trommelfell weiter, und jedermann weiß das; aber dennoch macht eine deutsche Familie, die bei Tage ganz Freundlichkeit und Rücksichtnahme ist, nachts offenbar keinen Versuch, dir zuliebe ihre Geräusche zu dämpfen. Sie singen, lachen und sprechen laut und bumsen in ganz herzloser Weise die Möbel herum. Wenn man flehend an die Wand klopft, werden sie einen Augenblick ruhiger und besprechen den Fall leise untereinander – dann fangen sie wie die Mäuse wieder an, einen zu drangsalieren, und zwar so energisch wie vorher. Dafür, dass es so geräuschvolle Leute sind, sind sie grausam spät und früh auf den Beinen.

Wenn man anfängt, die Gewohnheiten von Ausländern zu bemäkeln, wird man natürlich, bevor man noch weit damit gekommen ist, gemahnt werden, vor der eigenen Tür zu kehren. Ich schlage mein Notizbuch auf, um nachzusehen, ob ich noch weitere verwendbare Informationen über Baden-Baden finden kann, und als Erstes fällt mein Blick auf Folgendes:

»*Baden-Baden* (ohne Datum). Heute Morgen beim Frühstück eine Menge lärmender Amerikaner. Redeten zu *jedermann,* während sie vorgaben, miteinander zu reden. Offensichtlich auf ihrer ersten Reise. Gaben an. Die üblichen Merkmale – leichte, lässige Hinweise auf weite Entfernungen und ausländische Orte. ›Na, mach's gut, alter Knabe, und wenn ich dich in Italien nicht treffe, stöberst du mich in London auf, bevor du abfährst.‹«

Die nächste Eintragung, die ich in meinem Notizbuch finde, ist diese: »Die Tatsache, dass eine Bande von sechstausend Indianern gerade dabei ist, ganz frech bei passender Gelegenheit Grenzbewohner von uns zu ermorden, und dass wir ihnen nur zwölfhundert Soldaten entgegenstellen können, wird hier benutzt, um von der Auswanderung nach Amerika abzuschrecken. Die gewöhnlichen Leute glauben, die Indianer säßen in New Jersey[44].«

Das ist ein neues und eigenartiges Argument dagegen, dass wir unser Heer auf eine lächerlich geringe Stärke beschränken. Es ist auch ein ziemlich schlagendes Argument. Ich habe die Wahrheit nicht verzerrt, als ich sagte, dass die Tatsachen in der oben erwähnten Notiz über die Armee und die Indianer dazu benutzt werden, vor der Auswanderung nach Amerika abzuschrecken. Dass die einfachen Leute ziemlich nebelhafte Vorstellungen von Geografie und nebelhafte Vorstellungen über den Aufenthaltsort der Indianer haben, ist vielleicht ein Grund zur Belustigung, aber nicht zum Staunen.

In Baden-Baden gibt es einen interessanten alten Friedhof, und wir verbrachten mehrere angenehme Stunden damit, ihn zu durchwandern und die Inschriften auf den alten Grabsteinen zu entziffern. Wenn jemand ein oder zwei Jahrhunderte lang dort gelegen hat und eine ganze Anzahl Leute über ihm bestattet worden sind, denkt man offenbar, dass er seinen Grabstein nicht mehr brauche. Ich schließe das aus der Tatsache, dass man Hunderte von alten Grabsteinen von den Gräbern entfernt und gegen die Innenmauern des Friedhofs gelehnt hat. Was gab es in den alten Zeiten doch für Künstler! Sie meißelten Engel, Cherubim, Teufel und Gerippe höchst verschwenderisch und großzügig auf die Grabsteine – was die Menge anbetrifft –, aber eigentümlich grotesk und fremdartig, was die Form anbetrifft. Es ist nicht immer leicht zu sagen, welche Figuren zu den Seligen gehören und welche zur Gegenpartei. Aber auf einem dieser alten Steine stand eine französische Inschrift, wunderlich und hübsch, die offensichtlich nur das Werk eines Dichters sein konnte. Sie lautete etwa:

HIER
RUHT IN GOTT
CAROLINE DE CLERY
EINE NONNE VON ST. DENIS
83 JAHRE ALT – UND BLIND
DAS LICHT WURDE IHR WIEDERGEGEBEN
IN BADEN 1839 AM 5. JANUAR

Wir machten verschiedene Wanderungen nach benachbarten Dörfern, über gewundene und schöne Straßen und durch eine bezaubernde Waldlandschaft. Die Wälder und Straßen ähnelten denen bei Heidelberg, waren aber nicht so berückend. Ich nehme an, dass es selten auf der Welt Straßen und Wälder gibt, die denen um Heidelberg ebenbürtig sind.

Einmal wanderten wir bis hinaus zum Schloss »La Favorita«, das mehrere Meilen von Baden-Baden entfernt liegt. Schöne Anlagen befanden sich um das Schloss herum. Das Schloss stellte eine Kuriosität dar. Eine Markgräfin hat es im Jahre 1725 erbaut, und es ist so geblieben, wie sie es bei ihrem Tode hinterlassen hat. Wir sind durch sehr viele Zimmer gegangen, und sie alle wiesen in ihrer Dekoration ins Auge springende Merkwürdigkeiten auf. Zum Beispiel waren die Wände eines Zimmers fast vollständig mit kleinen Bildnissen der Markgräfin bedeckt; sie trug darauf fantasievolle Kostüme aller erdenklichen Art, auf einigen Manneskleider.

Die Wände eines anderen Zimmers waren mit reich und grotesk bebilderten, handgearbeiteten Teppichen behangen. In den Kammern standen noch die muffigen al-

ten Betten, und ihre Decken und Vorhänge und Balda-
chine waren mit merkwürdigen Handarbeiten verziert,
die Wände und Decken in schreienden Farben mit Fres-
ken von historischen und mythologischen Szenen be-
malt. In dem Bauwerk befand sich so viel verrückter und
verrotteter Schund, dass ein echter Nippesist vor Neid
hätte grün werden können. Ein Gemälde im Speisesaal
grenzte hart ans Unanständige – aber schließlich war ja
die Markgräfin selbst ein bisschen unanständig.

Das Haus ist in jeder Hinsicht ein ausschweifend und
malerisch geschmücktes und als Spiegelbild des Charak-
ters und des Geschmacks jener ungesitteten, vergangenen Zeit ungemein interessant.

Ein paar Dutzend Yard vom Schloss entfernt steht im
Park die Kapelle der Markgräfin, gerade so, wie diese sie
hinterlassen hat – ein rohes hölzernes Bauwerk ohne jede Verzierung. Es heißt, die Markgräfin habe sich immer
mehrere Monate hintereinander der Ausschweifung
und einem äußerst lockeren Lebenswandel ergeben, sich
dann in diese elende Holzhütte zurückgezogen und ein
paar Monate damit verbracht, zu bereuen und sich auf
die nächste Vergnügungszeit vorzubereiten. Sie war eine
fromme Katholikin und vielleicht eine ganz musterhaf-
te Christin, so wie damals in den oberen Schichten die
Christen beschaffen waren.

Wie die Überlieferung sagt, hat sie die letzten zwei
Jahre ihres Lebens in der seltsamen Höhle verbracht, von
der ich eben sprach, und zwar, nachdem sie sich eine abschließende, triumphale und gründliche Orgie gegönnt
hatte. Sie schloss sich dort ohne Gesellschaft und sogar
ohne Dienerin ein, und so entsagte sie der Welt und gab
sie auf. Sie kochte selbst in der winzigen Küche; sie trug
ein härenes Hemd direkt auf der Haut und geißelte sich

mit Peitschen – diese Hilfsmittel zur Erlangung der göttlichen Gnade sind noch heute dort ausgestellt. In einem anderen kleinen Raum betete sie und zählte ihre Rosenkranzperlen vor einer Heiligen Jungfrau aus Wachs, die in einem kleinen Gehäuse in die Mauer eingelassen war; sie bettete sich wie eine Sklavin.

In einem anderen Raum steht ein ungestrichener Holztisch, und dahinter sitzen in halber Lebensgröße Wachsfiguren der Heiligen Familie, die von dem vielleicht schlechtesten Künstler, der jemals lebte, angefertigt und in grellfarbige, dünne Gewänder gekleidet worden sind.* Die Markgräfin pflegte ihre Gerichte an diesen Tisch zu tragen und *mit der Heiligen Familie zu speisen.* Welcher Enfall! Was für ein schauerlicher Anblick muss das gewesen sein!

Stellen Sie sich das vor! Diese toten Gestalten mit Haarschöpfen, mit leichenhafter Gesichtsfarbe und an Fische erinnernden Glasaugen sitzen an einer Seite des Tisches in der gezwungenen Haltung und mit der starren Unbeweglichkeit, die allen wachsgeborenen Menschen eigen ist, und diese runzlige, verschwelende Feuerfresserin sitzt an der anderen Seite, murmelt in der geisterhaften Stille und dem undeutlichen Dunkel einer winterlichen Dämmerung ihre Gebete und kaut ihre Wurst. Man spürt ein Gruseln, wenn man nur daran denkt.

An diesem schmutzigen Ort, gekleidet, gebettet und genährt wie eine Bettlerin, lebte und betete diese seltsame Fürstin zwei Jahre lang, und sie starb auch hier. Vor zwei- oder dreihundert Jahren hätte das die armselige Höhle zu heiligem Boden gemacht, und die Kirche hät-

---

* Der Heiland war als etwa fünfzehnjähriger Junge dargestellt: Diese Figur hatte ein Auge verloren.

te dort eine Wunderfabrik aufgemacht und viel Geld herausgeholt. Wenn man die Höhle in manche Gegenden Frankreichs versetzte, könnte man sogar heute noch eine einträgliche Sache daraus machen.

22. Kapitel

Von Baden-Baden aus machten wir den üblichen Abstecher in den Schwarzwald. Die meiste Zeit über waren wir auf den Beinen. Man kann diese edlen Wälder ebenso wenig beschreiben wie die Empfindung, die sie hervorrufen. Ein Zug dieser Empfindung ist jedoch ein Gefühl tiefer Zufriedenheit; ein anderer Zug ist eine heitere, jungenhafte Fröhlichkeit; und ein dritter und deutlich spürbarer Zug ist das Gefühl, dass die Alltagswelt weit entfernt und dass man von ihr und ihren Angelegenheiten vollkommen befreit sei.

Diese Wälder erstrecken sich ohne Unterbrechung über ein riesiges Gebiet; und überall sind sie sehr dicht, sehr still, sehr harzig und duftend. Die Baumstämme sind stark und gerade gewachsen, und an vielen Stellen ist der Boden meilenweit unter einem dichten Moospolster von leuchtend grüner Farbe verborgen, dessen Oberfläche keine welken oder rissigen Stellen aufweist und dessen makellose Sauberkeit kein herabgefallenes Ästchen oder Blatt befleckt. Das satte Dämmerlicht einer Kathedrale durchdringt die Säulengänge; die vereinzelten Sonnenflecke, die hier auf einen Stamm und dort auf einen Ast treffen, treten deshalb stark hervor, und wenn sie auf das Moos treffen, so scheint das beinahe zu brennen. Aber die sonderbarste und zauberhafteste Wirkung bringt das zerstreute Licht der tief stehenden Nachmittagssonne hervor; da vermag kein einzelner Strahl in die Tiefe zu dringen, doch das zerstreute Licht nimmt von Moos und Laubwerk Farbe an und durchflutet den Wald wie ein schwacher, grüngetönter Dunst, das Bühnenfeuer des Feenreiches. Der Hauch des Geheimnisvollen und des Übernatürlichen, der zu allen Zeiten im Walde spukt, wird durch dieses unirdische Glühen noch verstärkt.

Wir fanden die Bauernhäuser und Dörfer im Schwarzwald genau so, wie die Schwarzwaldgeschichten sie schildern. Das erste echte Exemplar, auf das wir stießen, war der Wohnsitz eines reichen Bauern und Gemeinderatsmitglieds. Er stellte in der Gegend eine wichtige Persönlichkeit dar, und seine Frau natürlich auch. Seine Tochter war die »gute Partie« der ganzen Umgebung, und ich könnte mir denken, dass sie inzwischen bereits als Heldin eines der Romane von Auerbach[45] der Unsterblichkeit entgegengeht. Wir werden es ja sehen, denn wenn er sie darin aufnimmt, erkenne ich sie an der Schwarzwaldtracht und an ihrer Sonnenbräune, an der rundlichen Gestalt, den fetten Händen, dem stumpfen Gesichtsausdruck, dem freundlichen Wesen, den großen Füßen, dem haubenlosen Kopf und den geflochtenen Zöpfen aus flachsblondem Haar, die ihr den Rücken hinabhängen.

Das Haus war groß genug für ein Hotel; es war hundert Fuß lang, fünfzig breit und vom Boden bis zur Dachrinne zehn Fuß hoch; aber von der Dachrinne bis zum First waren es mindestens vierzig Fuß, vielleicht sogar mehr. Dieses Dach bestand aus einer alten, lehmfarbigen, ein Fuß dicken Strohschicht und war, ausgenommen ein paar unbedeutende Stellen, über und über mit üppig wucherndem grünem Pflanzenwuchs, hauptsächlich Moos, bedeckt. Die moosfreien Flecken waren Stellen, wo man durch Einfügen neuer, heller Lagen von gelbem Stroh das Dach ausgebessert hatte. Die Traufen reichten weit herab wie Schutz bietende, einladende Fittiche. Quer über die Giebelwand, die auf die Straße blickte, zog sich etwa zehn Fuß hoch über dem Boden eine schmale Veranda mit hölzernem Geländer hin; eine Reihe kleiner Fenster mit sehr kleinen Scheiben sah auf die Veranda hinaus. Darüber befanden sich zwei oder drei weitere kleine Fenster, eines ganz oben unter dem spitzen Dachfirst. Vor der Tür im Erdgeschoss lag ein gewaltiger Misthaufen. Die Tür eines Zimmers im ersten Stock an der Längsseite des Hauses stand offen und wurde vom Hinterteil einer Kuh eingenommen. War das etwa das Gesellschaftszimmer?

Die ganze vordere Hälfte des Hauses schien von unten bis oben mit Menschen, Kühen und Hühnern angefüllt zu sein, und die ganze hintere Hälfte mit Zugvieh und Heu. Aber das charakteristische Merkmal dieses ganzen Hauses bildeten die großen Misthaufen, die draußen herumlagen.

Im Schwarzwald wurden wir mit diesem Düngemittel sehr vertraut. Unbewusst gewöhnten wir uns an, die gesellschaftliche Stellung eines Mannes nach diesem ins Auge fallenden, aufschlussreichen Kennzeichen zu beurteilen. Manchmal sagten wir: »Das ist offensichtlich ein armer Teufel.« Wenn wir eine stattliche Anhäufung sahen, sagten wir: »Das ist ein Bankier.« Wenn wir zu einem Landsitz kamen, der von einer alpenähnlichen Dungpracht umgeben war, sagten wir: »Zweifellos wohnt hier ein Herzog.«

Die Bedeutung dieses Kennzeichens hat man in den Schwarzwaldgeschichten nicht genügend hervorgehoben. Der Mist ist offensichtlich der größte Reichtum des Schwarzwälders – seine Währung, sein Schatz, sein Stolz, sein »alter Meister«, seine Keramiksammlung, sein Nippes, seine Herzenssache, sein Anspruch auf allgemeine Wertschätzung, Neid, Verehrung, und seine erste Sorge, wenn er sich anschickt, sein Testament zu machen. Der echte Schwarzwaldroman wird, wenn er jemals geschrieben werden sollte, etwa nach folgendem Gerippe geschaffen werden:

Gerippe des Schwarzwaldromans

Reicher alter Bauer namens Huß. Großes Vermögen in Mist geerbt und durch Fleiß vergrößert. Es hat im Baedeker[46] zwei Sterne.* Der Schwarzwaldkünstler malt es – sein Meisterwerk. Der König kommt, es zu besichtigen. Gretchen Huß, Tochter und Erbin. Paul Hoch, junger Nachbar, Bewerber um Gretchens Hand – angeblich; in Wirklichkeit will er den Mist. Hoch besitzt selbst eine ganze Anzahl Wagenladungen der Schwarzwaldwährung und ist deshalb eine gute Partie; aber er ist habgierig, niederträchtig und bar aller Empfindsamkeit, während Gretchen ganz Gefühl und Poesie ist. Hans Schmidt, junger Nachbar, voll Gefühl, voll Poesie, liebt Gretchen; Gretchen liebt ihn. Aber er hat keinen Mist. Der alte Huß verbietet ihm das Haus. Sein Herz bricht, er geht fort, um in den Wäldern zu sterben, fern der grausamen Welt – denn er sagt bitter: »Was ist der Mensch ohne Mist?«

---

* Wenn Baedekers Reiseführer etwas erwähnen und zwei Sterne dahintersetzen, bedeutet das »vorzugsweise beachtenswert«.

(Es verstreichen sechs Monate.)

Paul Hoch kommt zum alten Huß und sagt: »Endlich bin ich so reich, wie Ihr es verlangt habt – kommt und schaut Euch den Haufen an.« Der alte Huß besichtigt ihn und sagt: »Es reicht – nimm sie und sei glücklich«, womit er Gretchen meint.

(Es verstreichen zwei Wochen.)

Hochzeitsgesellschaft im Salon des alten Huß; Hoch ist ruhig und zufrieden, Gretchen weint über ihr hartes Los. Der Oberbuchhalter des alten Huß tritt auf. Huß sagt grimmig: »Ich gab dir drei Wochen Zeit, um herauszufinden, warum deine Bücher nicht stimmen, und um zu beweisen, dass du kein Betrüger bist; die Zeit ist um – bringe mir das fehlende Vermögen, oder du wanderst als Dieb ins Gefängnis.« Buchhalter: »Ich habe es gefunden.« – »Wo?« Buchhalter (streng – pathetisch): »Im Haufen des Bräutigams! – Seht den Dieb – seht ihn erbleichen und zittern!« (Sensation.) Paul Hoch: »Verloren, ve loren!« – fällt ohnmächtig über die Kuh und wird mit Handschellen gefesselt. Gretchen: »Gerettet!« – fällt vor Freude ohnmächtig über das Kalb, wird aber in Hans Schmidts Armen aufgefangen, der in diesem Augenblick hereinspringt. Der alte Huß: »Was, du hier, Schurke? Lass das Mädchen los und scher dich aus dem Haus.« Hans (stützt noch immer das bewusstlose Mädchen): »Niemals! Grausamer alter Mann, wisset, dass ich mit Ansprüchen komme, die selbst Ihr nicht verachten könnt!«

Huß: »Was, *du?* Nenne sie.«

Hans: »So höret. Die Welt hatte mich aufgegeben, ich gab die Welt auf. Ich irrte in der Einsamkeit des Waldes umher, sehnte mich nach dem Tode und fand ihn nicht. Ich nährte mich von Wurzeln, und in meiner Verbitterung grub ich nach den bittersten und verachtete die süßeren Sorten. Vor drei Tagen stieß ich beim Graben auf eine Dungader! – eine Golconda[47], eine unendliche Bonanza[48] reinen Dunges! Ich kann euch *alle* aufkaufen und habe noch Bergketten von Dung übrig! Haha! *Nun* lachet!« (Ungeheure Erregung.) Proben aus der Mine werden vorgezeigt. Der alte Huß, begeistert: »Weckt sie auf, schüttelt sie wach, edler junger Mann, sie ist Euer!« Hochzeit findet auf der Stelle statt; Buchhalter wird wieder in Amt und Bezüge eingesetzt; Paul Hoch wird in den Kerker abgeführt. Der Grubenkönig des Schwarzwalds erreicht ein gesegnetes hohes Alter, beglückt von der Liebe seines Weibes und seiner siebenundzwanzig Kinder und dem noch süßeren Neid der ganzen Umgebung.

Eines Tages aßen wir in einem sehr hübschen Dorf (Ottenhöfen) im Gasthof *Zum Pflug* gebackene Forelle zu Mittag und gingen dann in die Gaststube, um uns auszuruhen und zu rauchen. Dort fanden wir neun oder zehn Schwarzwaldhonoratioren um einen Tisch versammelt vor. Es war der Gemeinderat. Sie hatten sich an diesem Morgen um acht Uhr versammelt, um ein neues Mitglied zu wählen, und nun tranken sie schon seit vier Stunden auf Kosten des neuen Mitglieds Bier. Es waren Männer im Alter von fünfzig, sechzig Jahren mit ernsten, gutmütigen Gesichtern, alle in der Tracht gekleidet, die uns durch die Schwarzwaldgeschichten vertraut geworden ist: breiter, schwarzer Filzhut mit rundem Kopf und ringsum hochgeschlagenem Rand; lange rote Weste mit großen Metallknöpfen, schwarzer Alpakarock[49] mit Gürtelknöpfen zwischen den Schultern. Es wurden keine Reden gehalten, es wurde nur wenig gesprochen, es wurde nicht leichtfertig geschwatzt; der

Gemeinderat ließ sich langsam, aber sicher mit Bier volllaufen und benahm sich mit gesetzter Würde, wie es sich für Männer von Stand, Männer mit Einfluss, Männer mit Mist gehörte.

Am Nachmittag wanderten wir in der Hitze am grasbewachsenen Ufer eines rauschenden, klaren Wasserlaufes talaufwärts, an Bauernhäusern, Wassermühlen und unendlich vielen am Wege aufgestellten Kruzifixen, Heiligen- und Marienbildern vorbei. Diese Kruzifixe und so weiter haben Überlebende zur Erinnerung an verstorbene Freunde hingestellt, und sie sind fast so häufig wie in anderen Ländern Telegrafenmasten.

Wir folgten der Landstraße und hatten unser übliches Pech; wir wanderten unter der sengenden Sonne dahin und sahen immer den Schatten von den schattigen Stellen zurückweichen, bevor wir dort ankamen. Bei allen unseren Wanderungen gelang es uns selten, ein Stück Landstraße um die Zeit zu erwischen, wenn es im Schatten lag. An diesem Nachmittag war uns ganz besonders heiß, und uns blieb nur der Trost, den wir aus der Tatsache ziehen konnten, dass die arbeitenden Bauern weit oben an den steilen Berghängen über unseren Köpfen noch schlechter dran waren als wir. Schließlich wurde es unmöglich, das unerträglich grelle Licht und die Hitze länger auszuhalten; also durchquerten wir die Schlucht und traten in das tiefe, kühle Dämmer des Waldes ein, um das zu suchen, was das Reisehandbuch die »alte Straße« nannte.

Wir fanden eine alte Straße, und es stellte sich schließlich heraus, dass es die richtige war, obwohl wir ihr zunächst in der Überzeugung folgten, dass es die falsche wäre. Wenn es die falsche gewesen wäre, dann hätte es keinen Zweck gehabt, sich zu beeilen, also beeilten wir uns nicht, sondern setzten uns oft in das weiche Moos und genossen die friedliche Stille und den Schatten der Waldeinsamkeit. Auf der Landstraße hatte es Zerstreuungen gegeben – Schulkinder, Landleute, Wagen, Gruppen wandernder Studenten aus ganz Deutschland – aber die alte Straße hatten wir ganz für uns.

Während wir rasteten, beobachteten wir gelegentlich die fleißige Ameise bei ihrer Arbeit. Ich fand nichts Neues an ihr – ganz gewiss nichts, was meine Meinung von ihr hätte ändern können. Mir scheint, hinsichtlich ihrer Intelligenz muss die Ameise ein merkwürdig überschätzter Vogel sein. Ich habe sie nun viele Sommer hindurch beobachtet, während ich mich mit nützlicheren Dingen hätte beschäftigen sollen, und ich bin noch keiner lebenden Ameise begegnet, die mehr Verstand zu haben schien als eine tote. Ich spreche natürlich von der gewöhnlichen Ameise; ich habe keine Erfahrungen mit den erstaunlichen schweizerischen und afrikanischen Arten gesammelt, die wählen, stehende Heere besitzen, Sklaven halten und über religiöse Fragen disputieren. Diese besonderen Ameisen mögen ja durchaus so sein, wie sie der Naturforscher schildert, aber ich bin davon überzeugt, dass die Durchschnittsameise ein Schwindel ist. Ihren Fleiß gestehe ich natürlich ein – aber nur ihre Hohlköpfigkeit mache ich ihr zum Vorwurf. Sie geht fouragieren, sie fängt etwas, und was tut sie dann? Nach Hause gehen? Nein; sie geht sonst wohin, nur nicht nach Hause. Sie weiß nicht, wo zu Hause ist. Ihr Zuhause ist vielleicht nur drei Fuß entfernt; egal, sie kann es nicht finden. Wie gesagt, sie fängt etwas; gewöhnlich ist es etwas, das weder für sie noch für jemand anderen von Nutzen sein kann; meistens ist es siebenmal größer, als es sein dürfte; sie sucht sich die ungeschickteste Stelle aus, um es anzupacken; sie hebt es tatsächlich mit voller Kraft hoch und zieht los – nicht nach Hause, sondern in die entgegengesetzte Richtung; nicht ruhig und vernünftig, sondern mit wahnsinniger Hast, die ihre Kraft vergeudet; sie stößt auf ein Steinchen, und statt es zu umgehen, erklettert sie es rückwärts, wobei sie ihre Beute hinter sich her zerrt, purzelt auf der anderen Seite herunter, springt wutentbrannt auf, klopft sich den Staub von den Kleidern, spuckt in die Hände, schnappt sich zornig ihren Besitz, reißt ihn hierhin, dann dahin, schiebt ihn einen Augenblick vor sich her, dreht sich um und schleppt ihn noch einen Augenblick hinter sich her, wird immer wilder, dann stemmt sie ihn plötzlich hoch empor und rast in einer völlig neuen Richtung davon; stößt auf ein Unkrautpflänzchen; es fällt ihr überhaupt nicht ein, einen Bogen darum zu machen. Nein, sie muss hinaufklettern, und sie klettert hinauf, schleppt ihren wertlosen Besitz bis zur Spitze – was genau so schlau ist, als würde ich einen Mehlsack von Heidelberg nach Paris über den Turm des Straßburger Münsters tragen. Wenn sie dort oben ankommt, stellt sie fest, dass das nicht der richtige Ort ist; wirft einen flüchtigen Blick auf die Landschaft, klettert oder aber purzelt wieder herunter und zieht wieder los – wie gewöhnlich in einer neuen Richtung. Nach einer halben Stunde kommt sie auf sechs Zoll an die Stelle heran, von der sie ausgegangen ist, und setzt ihre Last ab. Inzwischen hat sie den ganzen Boden auf zwei Yard im Umkreis abgelaufen und alle Steinchen und Pflanzen erklettert, auf die sie gestoßen ist. Jetzt wischt sie sich den Schweiß von der Stirn, streicht sich die Glieder und läuft dann ziellos davon, in ebenso wahnsinnigem Tempo wie zuvor. Sie durchquert im Zickzack ein ziemlich großes

Gebiet und stolpert schließlich wieder über ihre alte Beute. Sie erinnert sich nicht, diese jemals zuvor gesehen zuhaben; sie hält Ausschau, um zu sehen, wo der Heimweg nicht ist, schnappt ihr Bündel und zieht los. Sie macht dieselben Abenteuer durch wie vorhin; hält endlich an, um auszuruhen, und nun kommt eine Freundin daher. Offensichtlich macht die Freundin die Bemerkung, ein Grashüpferbein vom vorigen Jahr sei eine ganz vortreffliche Errungenschaft, und erkundigt sich, wo sie es herhabe. Offensichtlich erinnert sich die Besitzerin nicht genau daran, wo sie es herhat, glaubt aber, es »irgendwo hier herum« herzuhaben. Offensichtlich verpflichtet sich die Freundin, ihr dabei zu helfen, es nach Hause zu befördern. Daraufhin ergreifen sie mit besonders emsigem (Wortspiel unbeabsichtigt) Scharfsinn die entgegengesetzten Enden dieses Grashüpferbeines und fangen an, mit aller Kraft in entgegengesetzte Richtungen zu zerren. Schließlich machen sie Rast und beraten miteinander. Sie kommen zu dem Schluss, dass etwas nicht stimme, sie können aber nicht herauskriegen, was. Dann legen sie wieder los, genau wie vorher. Mit dem gleichen Ergebnis. Es folgen gegenseitige Anschuldigungen. Offensichtlich klagt jede die andere an, der Saboteur zu sein. Sie erhitzen sich, und der Streit endet mit einer Schlägerei. Sie umklammern einander und kauen sich gegenseitig eine Zeit lang auf dem Kiefer herum; dann rollen und purzeln sie auf der Erde umher, bis eine von ihnen einen Fühler oder ein Bein verliert und zwecks Wiederherstellung abdrehen muss. Sie versöhnen sich und fangen wieder in der gleichen alten, verrückten Weise an zu arbeiten, aber die verstümmelte Ameise ist im Nachteil; sie mag zerren, wie sie will, die andere schleppt die Beute davon und sie am anderen

Ende gleich noch mit. Statt aufzugeben, hält sie sich fest und schlägt mit den Schienbeinen gegen jedes Hindernis, das in den Weg kommt. Wenn dann das Grashüpferbein wieder über die ganze alte Strecke hinweggezottelt worden ist, wird es schließlich etwa an der Stelle fallen gelassen, wo es ursprünglich gelegen hatte. Die beiden schwitzenden Ameisen betrachten es nachdenklich und kommen zu dem Schluss, dass vertrocknete Grashüpferbeine ja doch ein armseliger Besitz seien, und dann ziehen sie in verschiedener Richtung ab, um zu sehen, ob sich nicht ein alter Nagel oder etwas anderes auftreiben lässt, das schwer genug ist, um dem Zeitvertreib zu dienen, und gleichzeitig wertlos genug, um in einer Ameise den Wunsch zu erwecken, es zu besitzen.

Dort am Berghang im Schwarzwald habe ich zugesehen, wie eine Ameise mit einer toten Spinne, die mindestens zehnmal schwerer war als sie selbst, ein solches Theater veranstaltete. Die Spinne war nicht ganz tot, aber zu weit hinüber, um noch Widerstand zu leisten. Sie hatte einen runden, erbsengroßen Leib. Die kleine Ameise – die bemerkte, dass ich zusah – drehte sie auf den Rücken, schlug ihr die Zähne in die Kehle, hob sie hoch und zog energisch mit ihr los, stolperte dabei über kleine Steine, trat der Spinne auf die Beine und stellte sich dadurch selbst ein Bein, zerrte sie rückwärts, schob sie vor sich her, schleppte sie auf sechs Zoll hohe Steine hinauf, statt diese zu umgehen, erkletterte Pflanzen, die zwanzigmal höher waren als sie selbst, und sprang von deren Spitzen hinab – und ließ sie schließlich mitten auf dem Weg liegen, wo sie jede andere alberne Ameise mit Beschlag belegen konnte, die sie haben wollte. Ich maß die Strecke aus, die von dieser Gans zurückgelegt worden war, und kam zu dem Ergebnis, dass das, was sie binnen zwanzig Minuten geleistet hatte, für einen Menschen – relativ betrachtet – etwa folgende Tätigkeit bedeuten würde: zwei je achthundert Pfund schwere Pferde zusammenzubinden, sie achtzehnhundert Fuß weit zu tragen, größtenteils über Steinblöcke von durchschnittlich sechs Fuß Höhe hinweg (nicht um sie herum), und im Laufe der Strecke eine Steilwand wie den Niagara[50] sowie drei Kirchtürme von je hundertzwanzig Fuß Höhe zu erklettern und von oben herabzuspringen; und dann die Pferde an einem freiliegenden Ort abzusetzen, ohne dass sie jemand bewacht, und davonzueilen, um sich aus bloßer Eitelkeit einer anderen idiotischen Großtat zu widmen.

Die Wissenschaft hat kürzlich entdeckt, dass die Ameise nichts für den Winter zurücklegt. Das wird sie in gewissem Umfang aus der Literatur verbannen. Sie arbeitet nur, wenn Leute zuschauen, und auch dann nur, wenn der Beobachter unerfahren und wie ein Naturfreund aussieht und sich Notizen zu machen scheint. Das läuft auf Betrug hinaus und wird ihr in den Sonntagsschulen schaden. Sie besitzt nicht genug Urteilskraft, um auseinanderzuhalten, was zum Essen gut ist und was nicht. Das läuft auf Unwissenheit hinaus und wird den Respekt, den die Welt für sie hegt, beeinträchtigen. Sie kann nicht um einen Baumstumpf herumschlendern und dann wieder nach Hause finden. Das läuft auf Schwachsinn hinaus, und wenn diese vernichtende Tatsache erst einmal feststeht, werden vernünftige Leute aufhören, zu ihr aufzublicken, und gefühlvolle werden aufhören, sie zu verhätscheln. Ihr viel gerühmter Fleiß ist nur Eitelkeit und hohler Schein, weil sie niemals mit etwas zu Hause ankommt, womit sie loszieht. Das erledigt den letzten Rest ihres

Rufes und vernichtet gänzlich ihren Hauptnutzen als moralische Kraft, da der Faulenzer infolgedessen zögern wird, ihr weiterhin nachzueifern. Es ist unbegreiflich merkwürdig, dass ein so offensichtlicher Humbug wie die Ameise so viele Völker an der Nase herumführen und das so viele Jahrhunderte durchhalten konnte, ohne entlarvt zu werden.

Die Ameise ist stark, aber wir haben noch etwas Starkes gesehen, wo wir so große Muskelkraft nicht vermutet hätten. Ein Giftpilz – jenes Gewächs, das in einer einzigen Nacht zu voller Größe aufschießt – war hochgegangen, hatte eine verfilzte Masse von Fichtennadeln und Erde emporgehoben, die doppelt so groß war wie er selbst, und hielt sie empor wie eine Säule, die ein Dach trägt. Ich nehme an, zehntausend Giftpilze könnten, richtig angesetzt, einen Menschen hochheben. Aber wozu wäre das gut?

Den ganzen Nachmittag waren wir bergauf gelaufen. Gegen fünf oder halb sechs erreichten wir den Gipfel, und plötzlich teilte sich der dichte Vorhang des Waldes, und wir blickten hinunter in eine tiefe schöne Schlucht und hinaus auf ein weites Panorama bewaldeter Berge, mit sonnenbeschienenen Kuppen und purpurn überschatteten, von Lichtungen durchfurchten Hängen. Die Schlucht zu unseren Füßen – Allerheiligen – bot am oberen Ende ihrer grasbewachsenen Ebene Raum für eine behagliche, entzückende menschliche Bleibe, abgeschlossen von der Welt und ihren Misslichkeiten, und folglich hatten die Mönche in alter Zeit nicht verfehlt, sie auszukundschaften; und hier standen die dunklen und reizvollen Ruinen ihrer Kirche und ihres Klosters, um zu beweisen, dass die Priester vor siebenhundert Jahren einen ebenso feinen Sinn dafür besaßen, in einem Lande die schönsten Winkel und Ecken aufzustöbern, wie noch heute.

Ein großes Hotel steht jetzt ein bisschen sehr dicht neben den Ruinen und betreibt ein blühendes Geschäft mit Sommergästen. Wir stiegen in die Schlucht hinunter und aßen ein Abendbrot, das sehr befriedigend gewesen wäre, wenn man die Forelle nicht gekocht hätte. Wenn man die Deutschen ihren eigenen Neigungen überlässt, werden sie eine Forelle oder sonst etwas mit ziemlicher Gewissheit kochen. Das ist ein recht wertvoller Beweis zur Untermauerung der Theorie, wonach sie die ersten Ansiedler auf den rauen Inseln vor der schottischen Küste gewesen sind. Vor einigen Jahren strandete an einer dieser Inseln ein mit Apfelsinen beladener Schoner, und die zahmen Wilden leisteten dem Kapitän so bereitwillig Hilfe, dass er ihnen so viele Apfelsinen schenkte, wie sie wollten. Am nächsten Tag fragte er sie, wie sie ihnen geschmeckt hätten. Sie schüttelten die Köpfe und sagten: »Gebacken waren sie zäh; und sogar gekocht waren sie nicht so, dass ein Hungriger scharf drauf wäre.«

Nach dem Abendessen gingen wir die Bergschlucht hinab. Sie ist wunderschön – eine Mischung von Waldlieblichkeit und rauer Wildnis. Ein klarer Wasserlauf kommt die Schlucht herabgerauscht, windet sich an ihrem Ende durch einen engen Spalt zwischen hohen Wänden und stürzt über mehrere Stufen nacheinander hinab. Wenn man die letzte hinter sich gelassen hat, gewinnt man zurückschauend einen erfreulichen Blick auf die Wasserfälle – sie erheben sich als siebenstufige Treppe von schaumigen und glitzernden Kaskaden und geben ein Bild ab, das ebenso bezaubernd wie ungewöhnlich ist.

23. Kapitel

Wir waren davon überzeugt, jetzt, da wir Übung besaßen, in einem Tage nach Oppenau wandern zu können, und so brachen wir am nächsten Morgen nach dem Frühstück mit diesem Vorsatz auf. Die ganze Strecke ging es bergab, und wir hatten zum Wandern das schönste Sommerwetter. Also stellten wir das Pedometer ein und zogen dann in bequemem, gleichmäßigem Tempo durch den lichten Wald dahin, sogen in tiefen, erquickenden Zügen den duftenden Hauch des Morgens ein und wünschten uns, niemals etwas anderes tun zu brauchen, als nach Oppenau zu wandern, immerzu und immer wieder.

Nun liegt aber der wahre Zauber des Wanderns nicht im Laufen oder in der Landschaft, sondern im Reden. Das Laufen ist dazu da, für die Bewegungen der Zunge den Takt anzugeben, das Blut in Wallung und den Geist rege zu erhalten; die Landschaft und die Waldesdüfte sind dazu da, auf den Menschen einen unbewussten, unaufdringlichen Zauber auszuüben und ihren Balsam in Auge, Seele und Sinn zu träufeln; aber der größte Genuss kommt aus dem Gespräch. Es ist egal, ob man Weisheiten oder Unsinn daherredet, die Sache bleibt sich gleich; der Hauptgenuss liegt darin, den munteren Unterkiefer tanzen zu lassen und das teilnehmende Ohr zu spitzen.

Und welche bunte Liste von Themen ein paar Leute im Laufe einer Tageswanderung ganz beiläufig durchkämmen! Da alles ganz zwanglos abläuft, ist ein Wechsel des Themas immer richtig, und so wird man nicht auf einem einzigen Gegenstand herumhacken, bis er langweilig wird. An jenem Morgen sprachen wir in den ersten zehn oder zwanzig Minuten alles durch, was wir kannten, und schweiften dann ab in das glückliche, freie, grenzenlose Reich der Dinge, über die wir nicht so sicher Bescheid wussten.

Harris sagte, wenn der beste Schriftsteller der Welt erst einmal die liederliche Angewohnheit angenommen habe, seine »haben« zu verdoppeln, werde er sie nicht mehr los, solange er lebe. Das heißt, wenn jemand sich angewöhnt hat, zu sagen: »Ich hätte es gern, mehr darüber gewusst zu haben«, statt einfach und vernünftig zu sagen: »Ich hätte gern mehr darüber gewusst«, dann ist die Krankheit dieses Menschen unheilbar. Harris sagte, dieser Verstoß sei in jeder Nummer jeder Zeitung zu finden, die man je in englischer Sprache gedruckt habe, und beinahe in allen unseren Büchern. Er sagte, er habe ihn in Kirkhams Grammatik[51] festgestellt und bei Macaulay[52]. Harris war der Meinung, dass im Munde der Leute Milchzähne häufiger vorkämen als diese »verdoppelten ›haben‹«.*

Damit wechselte das Gespräch auf die Zahnmedizin über. Ich sagte, dass ich glaube, der Durchschnittsmensch fürchte sich vor dem Zahnziehen mehr als vor einer Amputation und schreie bei ersterem Eingriff schneller als bei letzterem. Der Philosoph Harris sagte, der Durchschnittsmensch würde in keinem dieser Fälle schreien, wenn er ein Publikum hätte. Dann fuhr er fort:

»Nachdem unsere Brigade das erste Mal am Potomac[53] ihr Lager aufgeschlagen hatte, wurden wir gelegentlich von einem ohrenzerreißenden Notschrei aufgejagt. Das

---

* »Ich wüsste nicht, dass es nicht Momente im Verlaufe der gegenwärtigen Sitzung gegeben hätte, da es mich sehr gefreut hätte, den Vorschlag meines geschätzten Freundes angenommen und an manchem unserer Arbeitsabende die Rollen vertauscht zu haben.« Aus einer Rede des englischen Schatzkanzlers, August 1879.

bedeutete, dass einem Soldaten im Zelt ein Zahn gezogen wurde. Aber bald änderten die Ärzte das ab; sie führten die Zahnbehandlung im Freien ein. Danach gab es nie mehr ein Geheul. Zur täglichen Zahnsprechstunde versammelten sich immer etwa fünfhundert Soldaten in der Nähe des Behandlungsstuhles und warteten darauf, der Vorstellung beizuwohnen – und zu helfen; und in dem Augenblick, da der Arzt den Zahn des Kandidaten packte und zu ziehen anfing, drückte jeder einzelne dieser fünfhundert Kerls die Hand an die Backe und fing an, auf einem Bein umherzuhüpfen und mit aller Lungenkraft zu heulen! Die Haare standen einem zu Berge, wenn man diesen vielstimmigen und überwältigenden, einmütigen Katzenjammer losbrechen hörte! Angesichts eines so großen und spottlustigen Publikums gab ein Leidender keinen Ton von sich, selbst wenn man ihm den Kopf abriss. Die Ärzte sagten, sehr oft hätte ein Patient inmitten seiner Qualen lachen müssen, aber sie hätten nie wieder einen beim Schreien erwischt, nachdem man die Freilichtvorstellung eingeführt hatte.«

Zahnärzte brachten uns auf Ärzte, Ärzte brachten uns auf den Tod, der Tod brachte uns auf Skelette – und so glitt durch einen logischen Vorgang die Unterhaltung von einem Thema zum anderen, bis die Frage der Skelette aus dem tiefen Grab meines Gedächtnisses Nicodemus Dodge auferstehen ließ, wo er seit fünfundzwanzig Jahren begraben und vergessen gelegen hatte.

Als ich in einer Druckerei in Missouri[54] Laufjunge war, kam eines Tages ein schlaksiger, langbeiniger, strubbeliger, in Nietenhosen gekleideter bäuerlicher Bengel von etwa sechzehn Jahren hereingeschlendert und starrte gleichgültig ringsumher, ohne die Hände aus den Tiefen seiner Hosentaschen zu holen oder seine ausgebleichte Ruine von Schlapphut abzunehmen, dessen kaputter Rand ihm schlaff und zerfranst wie ein Raupen zerfressendes Kohlblatt um Augen und Ohren hing, dann lehnte er die Hüfte gegen den Tisch des Chefredakteurs, kreuzte seine ungeheuren Latschen, zielte durch eine Zahnlücke im Oberkiefer auf eine ferne Fliege, legte sie um und sagte in aller Gemütsruhe:

»Wo is der Chef?«

»Ich bin der Chef«, sagte der Redakteur und maß mit dem Blick staunend dieses merkwürdige Stück Architektur bis hinauf zum Zifferblatt.

»Brauchn wohl kein' zum Lern' vons Geschäft, was?«

»Na, ich weiß nicht. Möchtest du es lernen?«

»Vater is so arm, kann mich nicht mehr satt kriegn, drum will ich woanders was machn, wenn's geht, egal was – bin stark un tüchtich un mach um keine Arbeit 'nen Bogen, schwer oder leicht.«

»Glaubst du, dass du gern Drucker werden möchtest?«

»Na, mir is es wurscht egal, *was* ich lern, wenn ich was werd. Druckn lern ich genau so gern wie was andres.«

»Kannst du lesen?«

»Ja – mittelmäßig.«

»Schreiben?«

»Also, ich hab Leute gesehn, die habn mich da aufs Kreuz gelegt.«

»Rechnen?«

»Nicht genug für Ladn, glaub ich, aber bis zwölf mal zwölf bin ich keine Niete. Bloß was dann kommt, haut mich um.«

»Wo bist du zu Hause?«

»Ausm altn Shelby.«

»Welches ist das Religionsbekenntnis deines Vaters?«

»Der? Ach, der is Schmied.«

»Nein, nein – ich meine nicht seinen Beruf. Welches ist sein *Religions*bekenntnis?«

»*Ach* – ich hab Sie da erst nicht verstandn. Der is Freimaurer.«

»Nein – nein, du hast mich noch nicht verstanden. Was ich meine, ist: Gehört er einer *Kirche* an?«

»*Das* is 'n Wort! Hab gar nicht kapiert, was Sie mich beibringn wolltn. 'ner *Kirche* angehörn! Na, Chef, der is schon vierzich Jahr der verrücktste Freiwillje Baptist. 's gibt kein' verrücktren als *der*. Mächtich guter Mann is Vater. Sagt jeder. Wenn se was andres sagn, dann aber nicht, wo *ich* dabei bin – das würdn se bleibnlassen.«

»Was hast du selbst für ein Bekenntnis?«

»Na, Chef, da habn Sie mich erwischt – und doch noch nicht so richtig erwischt. Ich denk, wenn ein Kerl 'nem andren Kerl hilft, wenn er Ärger hat, un nich flucht und keine gemein' Sachn macht, un nix, was ihn nix angeht, un nicht den Nam' des Heilands mit 'nem klein' i schreibt, kann ihm gar nix passiern – is er grad so sicher, wie wenn er zu 'ner Kirche gehört.«

»Aber angenommen, er schreibt ihn mit einem kleinen g – was dann?«

»Na, wenn er's absichtlich tut, hat er keinerlei Aussicht nicht, denk ich – jedenfalls *dürft* er keinerlei Aussicht nicht habn, da bin ich ganz elende sicher.«

»Wie heißt du?«

»Nicodemus Dodge.«

»Ich denke, du wirst dich vielleict machen, Nicodemus. Jedenfalls wollen wir es mit dir versuchen.«

»In Ordnung.«

»Wann möchtest du anfangen?«

»Jetzt.«

Zehn Minuten, nachdem wir diesen seltsamen Menschen zuerst erblickt hatten, gehörte er also zu uns, hatte die Jacke ausgezogen und saß fest an der Arbeit.

Hinter dem Teil unseres Gebäudes, der am weitesten von der Straße entfernt lag, befand sich ein verlassener, unwegsamer Garten, dicht von dem blühenden und niederträchtigen Stechapfel und seinem üblichen Genossen, der prächtigen Sonnenblume, überwuchert. Inmitten dieses traurigen Ortes stand ein verfallenes, altes kleines Holzhaus mit nur einem Raum, einem Fenster und ohne Decke – es hatte vor einem Menschenalter als Räucherhaus gedient. Nicodemus bekam diese einsame und schaurige Höhle als Schlafkammer.

Die Witzbolde des Dorfes erkannten sogleich, welch ein Schatz Nicodemus darstellte – eine Zielscheibe für dumme Streiche. Man erkannte sofort, dass er unvorstellbar grün und gutgläubig war. George Jones gebührte der Ruhm, ihm den ersten Streich gespielt zu haben; er gab ihm eine Zigarre, die einen Feuerwerkskörper enthielt, und zwinkerte der Meute zu, näher zu kommen; kurz darauf ging das Ding in die Luft und riss den größten Teil von Nicodemus' Augenbrauen und Wimpern mit.

Nicodemus sagte nur: »Die Sorte Sigarrn is wohl gefährlich«, und schien nichts zu vermuten. Am nächsten Abend lauerte Nicodemus George auf und übergoss ihn mit einem Eimer Eiswasser.

Eines Tages, als Nicodemus gerade badete, klemmte ihm Tom McElroy die Kleidung. Als Vergeltung machte Nicodemus mit Toms Kleidung ein Freudenfeuer.

Einen oder zwei Tage später wurde Nicodemus ein dritter Streich gespielt – er schritt am Sonntagabend den Mittelgang der Dorfkirche entlang mit einem auffallenden Zettel zwischen den Schultern. Der Spaßvogel verbrachte nach dem Gottesdienst den Rest des Abends im Keller eines verlassenen Hauses, und Nicodemus saß bis zur Frühstückszeit auf der Kellertür, um sicherzugehen, dass der Gefangene nicht vergäße, dass jeder Lärm eine raue Behandlung zur Folge hätte. Im Keller stand das Wasser zwei Fuß hoch, und auf seinem Grund lagen sechs Zoll weicher Schlamm.

Aber ich schweife vom Thema ab. Das Thema der Skelette hatte mich an diesen Jungen erinnert. Es war noch keine sehr lange Zeit verstrichen, da kam es den Witzbolden des Dorfes allmählich unbehaglich zum Bewusstsein, dass ihren Attentaten auf den Trottel aus dem »altn Shelby« kein glänzender Erfolg beschieden war. Die es versuchen wollten, wurden immer weniger, und sie wurden vorsichtig. Nun kam der junge Arzt zu Hilfe. Es gab Begeisterung und Beifall, als er vorschlug, Nicodemus zu Tode zu erschrecken, und als er erklärte, wie er das anstellen wolle. Er besaß ein fabelhaftes neues Skelett – das Skelett der verstorbenen und einzigen lokalen Berühmtheit, Jimmy Finns, des Dorfsäufers – einen schaurigen Besitz, den er bei einer Versteigerung gegen große Konkurrenz Jimmy Finn selbst für fünfzig Dollar abgekauft hatte, als Jimmy Finn vierzehn Tage vor seinem Tode sehr krank in der Gerberei lag. Die fünfzig Dollar waren prompt für Whisky draufgegangen und hatten den Wechsel des Besitzes an dem Skelett bedeutend beschleunigt. Der Arzt wollte Jimmy Finns Skelett in Nicodemus' Bett legen!

Das geschah gegen halb elf Uhr abends. Um die Stunde, da Nicodemus gewöhnlich zu Bett ging – Mitternacht – kamen die dörflichen Spaßmacher leise durch die Stechäpfel und die Sonnenblumen zu der einsamen Holzhütte gekrochen. Sie schlichen ans Fenster und lugten hinein. Da saß der langbeinige, bettelarme Kerl auf dem Bett, hatte ein sehr kurzes Hemd an und weiter nichts; er baumelte stillvergnügt mit den Beinen und blies auf einem mit Papier bedeckten Kamm, den er gegen den Mund presste, die Melodie von »Camptown Races«; neben ihm lagen eine neue Mundharmonika, ein neuer Kreisel, ein massiver Gummiball, eine Handvoll bunter Murmeln, fünf Pfund Kandiszucker und ein stark ange-knabberter Pfefferkuchen, so groß und so dick wie ein Notenalbum. Er hatte das Skelett für drei Dollar einem reisenden Quacksalber verkauft und war gerade dabei, den Erlös zu genießen!

Gerade als wir das Gespräch über Skelette beendet hatten und in eines über Fossilien hinüberglitten, hör-ten Harris und ich einen Schrei und schauten den stei-len Berghang empor. Weit oben sahen wir erschrocken dreinschauende Männer und Frauen stehen, und ein umfangreicher Gegenstand purzelte und zappelte den steilen Hang herab auf uns zu. Wir gingen aus dem Weg, und als der Gegenstand auf der Straße landete, stellte es sich heraus, dass es ein Junge war. Er war gestolpert und gefallen, und da blieb ihm weiter nichts übrig, als dem Glück zu vertrauen, komme, was da kommen solle.

Wenn man einmal anfängt, an einer solchen Stelle hi-nunterzurollen, gibt es kein Halten, bis man den Grund erreicht hat. Man stelle sich bloß vor, dass Leute auf einer Schräge *Landwirtschaft betreiben,* die so steil ist, dass man im günstigsten Fall davon sagen kann – wenn man pein-lich genau sein will –, sie ist ein bisschen steiler als eine Stehleiter und nicht ganz so steil wie ein Mansardendach. Aber sie tun es wirklich. Einige der kleinen Bauernhöfe an dem Berghang gegenüber Heidelberg waren hochkant gestellt. Den Jungen hatte es ganz wunderbar durcheinandergerüttelt, und der Kopf blutete ihm aus Wunden, die ihm kleine Steine unterwegs zugefügt hatten.

Harris und ich sammelten ihn auf und setzten ihn auf einen Stein, und inzwischen kamen die Männer und Frauen heruntergerast und brachten seine Mütze.

Männer, Frauen und Kinder strömten aus umliegenden Häusern herbei und gesellten sich der Menge zu; der blasse Junge wurde gehätschelt und angestarrt und bedauert, und man brachte Wasser, damit er trinken und seine Wunden damit waschen könne. Und welch ein Stimmengewirr! Alle, die den Unfall gesehen hatten, beschrieben ihn gleichzeitig, und einer versuchte immer lauter zu reden als der andere; und ein Junge, der sie alle an Geist übertraf, rannte ein kleines Stück bergauf, rief herab, sie sollten mal aufpassen, und stolperte dann, fiel, rollte herunter zwischen uns und zeigte auf diese Weise triumphierend ganz genau, wie die Sache vonstattengegangen war.

Harris und ich wurden in alle Schilderungen aufgenommen; wie wir gerade daherkamen; wie Hans Groß schrie; wie wir verblüfft hinaufblickten; wie wir Peter einer Kanonenkugel gleich ankommen sahen; wie verständig wir aus dem Wege gingen und ihn kommen ließen; und mit welcher Geistesgegenwart wir ihn aufhoben und abklopften und auf einen Stein setzten, als die Vorstellung beendet war. Wir waren ebensolche Helden wie alle anderen, außer Peter, und wurden als solche anerkannt; man führte uns mit Peter und dem Volk zum Häuschen von Peters Mutter, und dort aßen wir Brot und Käse, tranken mit jedermann Milch und Bier und hatten viel geselligen Spaß an der Sache; und als wir gingen, schüttelten wir der ganzen Runde die Hände und hörten und riefen Lebewohls, bis uns eine Biegung der Straße für immer von unseren herzlichen und liebenswürdigen neuen Freunden trennte.

Wir brachten unser Unternehmen zum Abschluss. Um halb neun Uhr abends betraten wir Oppenau, genau elfeinhalb Stunden, nachdem wir Allerheiligen verlassen hatten – 146 Meilen. Das ist die Entfernung laut Pedometer; das Reisehandbuch und die Kaiserlichen Generalstabskarten geben nur zehn ein viertel Meilen an – ein erstaunlicher Schnitzer, denn diese zwei Quellen sind gewöhnlich einzigartig genau, was Entfernungen anbetrifft.

24. Kapitel

Das war eine Wanderung, die ganz und gar unseren Wünschen entsprach, und zwar war es die einzige, die wir je machen sollten, bei welcher der Weg ständig bergab führte. Am nächsten Morgen bestiegen wir den Zug und fuhren durch fürchterliche Staubnebel nach Baden-Baden zurück. Außerdem war jeder Platz voll besetzt, denn es war Sonntag, und folglich unternahm jedermann einen »Vergnügungsausflug«. Heiß! Der Himmel war ein Backofen, und zwar ein tadelloser, ohne Risse, durch die etwas frische Luft hätte einströmen können. Zweifellos eine merkwürdige Zeit für einen Vergnügungsausflug.

Sonntag ist in Europa der große Tag – der freie Tag, der glückliche Tag. Man kann auf hunderterlei Weise die Sabbatruhe übertreten, ohne eine Sünde zu begehen.

Wir arbeiten sonntags nicht, weil das Gebot es untersagt; die Deutschen arbeiten sonntags nicht, weil das Gebot es untersagt. Wir ruhen sonntags, weil das Gebot es fordert; die Deutschen ruhen sonntags, weil das Gebot es

fordert. Aber der ganze Unterschied liegt in der Definition des Wortes »ruhen«. Bei uns ist seine Bedeutung für
den Sonntag: Bleibe zu Hause und verhalte dich still; bei
den Deutschen scheint seine Bedeutung für Sonntag und
Wochentag die gleiche zu sein: Ruhe dich davon aus,
wovon du ermüdet bist, und kümmere dich nicht um das
andere; ruhe dich davon aus, wovon du ermüdet bist, und
gebrauche das geeignetste Mittel, dich in dieser bestimmten Hinsicht auszuruhen. Wenn also jemanden seine
Pflichten die ganze Woche hindurch ans Haus gefesselt
haben, wird es ihm Ruhe bedeuten, am Sonntag draußen
zu sein; wenn es seine Pflichten die ganze Woche hindurch notwendig gemacht haben, gewichtige und ernste
Dinge zu lesen, wird es ihm Ruhe bedeuten, am Sonntag
etwas Leichtes zu lesen; wenn einen Menschen der Beruf
die ganze Woche hindurch mit Tod und Beerdigungen
beschäftigt hat, wird es ihm Ruhe bedeuten, am Sonntagabend zwei oder drei Stunden einzuschalten, in denen
er über ein Lustspiel lacht; wenn die Müdigkeit davon
herrührt, dass man eine ganze Woche hindurch Gräben
ausgehoben oder Bäume gefällt hat, wird man Ruhe finden, indem man sonntags still zu Hause liegt; wenn die
Hand, der Arm, der Geist, die Zunge oder ein anderer
Körperteil durch Untätigkeit ermüdet sind, kann man sie
nicht ausruhen lassen, indem man noch einen Tag der
Untätigkeit hinzufügt; aber wenn ein Körperteil von
dauernder Anstrengung ermüdet ist, dann ist Untätigkeit
dafür die richtige Art auszuruhen. In dieser Weise scheinen die Deutschen das Wort »ruhen« aufzufassen, das
heißt, sie lassen einen Körperteil ausruhen, indem sie seine Kräfte auffrischen, wiederherstellen, erneuern. Unsere
Definition aber ist weniger großzügig. Wir ruhen sonntags alle in gleicher Weise aus – indem wir uns zurück-

ziehen und uns still verhalten, ob das nun für die meisten von uns die zuverlässigste Methode darstellt, sich auszuruhen, oder nicht. Die Deutschen lassen die Schauspieler, die Prediger und so weiter sonntags arbeiten. Wir ermutigen die Prediger, die Redakteure, die Drucker und so weiter, sonntags zu arbeiten, und bilden uns ein, dass diese Sünde nicht auf uns falle; aber ich weiß nicht, wie wir um die Tatsache herumkommen sollen, dass, wenn ein Drucker mit der Sonntagsarbeit Unrecht tut, dasselbe nicht auch für den Prediger gilt, da das Gebot keine Ausnahme zu seinen Gunsten gemacht hat. Wir kaufen die Montagmorgenzeitung und lesen sie, und auf diese Weise ermutigen wir dazu, sonntags zu drucken. Aber ich will es nie wieder tun.

Die Deutschen heiligen den Sabbat, indem sie, wie geboten, sich der Arbeit enthalten; wir heiligen ihn, indem wir uns, wie geboten, der Arbeit enthalten, aber auch des Vergnügens, was nicht geboten ist. Folglich *übertreten* wir vielleicht das Gebot zu ruhen, denn unsere Ruhe ist in den meisten Fällen nur ein leeres Wort und keine Tatsache.

Diese Überlegungen haben so ziemlich ausgereicht, um den Riss in meinem Gewissen auszubessern, den ich an jenem Sonntag durch meine Reise nach Baden-Baden hervorgerufen hatte. Wir kamen rechtzeitig an, um uns aufzupolieren und die englische Kirche zu erreichen, bevor der Gottesdienst begann. Noch dazu kamen wir ziemlich großartig an, denn der Wirt hatte den ersten besten Wagen bestellt, der aufzutreiben war, weil wir keine Zeit verlieren durften, und unser Kutscher trug eine so prächtige Livree, dass man uns wahrscheinlich für ein paar verirrte Herzöge hielt; warum hätte man uns sonst mit einem Kirchenstuhl für uns ganz allein beehrt, weit oben unter den ganz Auserwählten zur Linken der Kanzel? Das war mein erster Gedanke. In dem Kirchenstuhl direkt vor uns saß eine ältere Dame, einfach und billig gekleidet; ihr zur Seite saß eine junge Dame mit einem sehr freundlichen Gesicht, und sie war ebenfalls ganz schlicht gekleidet; aber rings um uns her waren Kleider und Schmuck zu sehen, in denen zu beten jedem wohltäte.

Ich dachte, es wäre ziemlich offensichtlich, dass die ältere Dame verlegen war, sich in so billiger Aufmachung an so auffälligem Orte zu befinden; sie fing an, mir leid zu tun und mich zu bekümmern. Sie versuchte sich den Anschein zu geben, als wäre sie sehr mit ihrem Gebetbuch und ihren Responsorien beschäftigt und als merkte sie nicht, dass sie hier nicht hineinpasste, aber ich sagte mir: »Es gelingt ihr nicht – in ihrer Stimme liegt ein gequältes Beben, das zunehmende Verlegenheit verrät.« Schließlich fiel der Name des Heilands, und in ihrer Erregung verlor sie völlig den Kopf, erhob sich und knickste, statt leicht den Kopf zu neigen, wie es alle anderen taten. Vor Mitgefühl stieg mir das Blut in die Schläfen, und ich wandte mich um und warf den feinen Pinkeln einen Blick zu, der flehend sein sollte, aber meine Empfindungen gingen mit mir durch und machten einen Blick daraus, der sagte: »Wenn einer von euch Lieblingen des Glücks diese arme Seele auslacht, verdienet ihr, dafür ausgepeitscht zu werden.« Es wurde immer schlimmer, und kurz darauf ertappte ich mich dabei, dass ich im Geiste die freundlose Dame unter meinen Schutz nahm. Mein ganzer Sinn war auf sie gerichtet, die Predigt vergaß ich völlig. Die Verwirrung ergriff sie immer mehr; sie fing an, den Verschluss ihres Riechfläschchens schnappen zu lassen – er gab ein lautes, scharfes Geräusch von sich, aber in ihrer Not schnappte und schnappte sie immer weiter, ohne zu merken, was sie tat. Das Äußerste geschah, als der Sammelteller zu kreisen begann; die bescheidenen Leute warfen Pfennige darauf, die Adligen und die Reichen spendeten Silber, sie aber legte mit hallendem Klang ein goldenes Zwanzigmarkstück auf die Buchablage vor sich hin! Ich sagte mir: »Sie hat sich von all ihren kleinen Ersparnissen getrennt, um die Achtung dieser herzlosen Leute zu erkaufen – es ist ein trostloser Anblick.« Diesmal wagte ich nicht, mich umzuschauen; aber als der Gottesdienst zu Ende ging, sagte ich mir: »Lasst sie lachen, sie haben eine Gelegenheit dazu; aber an der Pforte dieser Kirche werden sie sehen, wie sie mit uns in unsere vornehme Kutsche steigt, und unser prachtstrotzender Kutscher soll sie nach Hause fahren.«

Dann erhob sie sich – und die ganze Gemeinde blieb stehen, bis sie den Gang hinabgeschritten war. Es war die deutsche Kaiserin!

Nein, sie war nicht so verlegen gewesen, wie ich angenommen hatte. Meine Einbildungskraft war von der falschen Fährte ausgegangen, und das ist dann immer hoffnungslos; bis zum Schluss legt man dann garantiert alles falsch aus. Die junge Dame, die Ihre Kaiserliche Majestät begleitet hatte, war eine Ehrendame gewesen – und ich hatte sie die ganze Zeit über für eine ihrer Untermieterinnen gehalten.

Es war das einzige Mal, dass ich jemals eine Kaiserin unter meinem persönlichen Schutz hatte, und wenn ich meine Unerfahrenheit bedenke, staune ich, dass ich das so gut geschafft habe. Ich wäre selbst ein bisschen verlegen gewesen, wenn ich vorher gewusst hätte, auf welches Unternehmen ich mich da eingelassen hatte.

Wir erfuhren, dass die Kaiserin sich schon seit mehreren Tagen in Baden-Baden aufhielt. Es heißt, dass sie stets nur den Gottesdienst englischer Form besucht.

Den Rest dieses Sonntags verbrachte ich im Bett, ich las und ruhte mich von den Anstrengungen der Reise aus, aber ich schickte meinen Agenten, um mich bei der Nachmittagsandacht zu vertreten, denn niemals lasse ich etwas meinem Brauch in die Quere kommen, jeden Sonntag zweimal zur Kirche zu gehen.

An diesem Abend versammelte sich eine große Menschenmenge in den Anlagen, um die Kapelle den »Fremersberg« spielen zu hören. Dieses Musikstück schildert eine alte Sage aus dieser Gegend; wie ein großmächtiger Edler aus dem Mittelalter sich in den Bergen verlief und in einem wütenden Sturm mit seinen Hunden umherirrte, bis schließlich die schwachen Klänge einer Klosterglocke, welche die Mönche zur Mitternachtsmesse rief, an sein Ohr drangen und er die Richtung einschlug, aus der die Töne kamen, und gerettet war. Eine wunderschöne Melodie zog sich unaufhörlich durch das Stück; manchmal laut und kräftig, manchmal so leise, dass man sie kaum erkennen konnte – aber immer war sie da; sie kam machtvoll durch das schrille Pfeifen des Sturmwindes, das prasselnde Rauschen des Regens und das Rollen und Krachen des Donners dahergetost; sie wand sich sanft und leise um die weniger lauten, die entfernteren Klänge, wie das Läuten der Klosterglocke, das melodische Blasen des Jagdhorns, das jämmerliche Gebell der Hunde und den feierlichen Gesang der Mönche; sie steigerte sich wieder zu jubelndem Klang und verschmolz mit den ländlichen Liedern und Tänzen der Bauern, die sich im Klostersaal versammelt hatten, um den geretteten Jägersmann aufzuheitern, solange er sein Nachtmahl einnahm. Alle diese Klänge ahmten die Instrumente mit wunderbarer Genauigkeit nach. Mehr als einer machte Anstalten, den Regenschirm aufzuspannen, als das Gewitter losging und die nachgeahmten Regengüsse vorüberfegten; kaum konnte man sich zurückhalten, die Hand zum Hut zu führen, wenn der heftige Wind zu toben und zu kreischen anfing, und man konnte sich *nicht* enthalten aufzuschrecken, wenn die plötzlichen, bezaubernd echten Donnerschläge losbrachen.

Ich nehme an, dass der »Fremersberg« sehr wertlose Musik ist; tatsächlich weiß ich, dass es wertlose Musik sein *muss,* weil er mich so entzückte, erwärmte, bewegte, aufrührte, erhob, hinriss, dass ich die ganze Zeit über dem Weinen nahe und vor Begeisterung wahnsinnig war. Solange ich lebe, hat mein Gemüt noch kein solches Reinigungsbad erlebt. Der feierliche und majestätische Gesang der Mönche wurde nicht von Instrumenten, sondern von Männerstimmen ausgeführt; und er schwoll an und wurde leiser und schwoll wieder an in einer üppigen Vermischung miteinander ringender Töne, schlagender Glocken und jener allgegenwärtigen, bezaubernden Melodie mit ihrem stolzen Schwung und mir schien, als könne nur das allerwertloseste aller wertlosen Musikwerke so überirdisch schön sein.

Die große Menschenmenge, die der »Fremersberg« herausgelockt hatte, war ein weiterer Beweis dafür, dass es sich um sehr wertlose Musik handelte; denn nur die wenigsten haben einen Bildungsstand erreicht, wo wertvolle Musik Freude macht. Ich habe niemals so viel klassische Musik gehört, dass ich sie genießen könnte. Ich mag die Oper nicht, weil ich sie lieben möchte und das nicht kann.

Ich nehme an, dass es zwei Arten von Musik gibt – eine Art, die man empfindet, genau so, wie es eine Auster könnte, und eine andere Art, die höhere Gaben erfordert, Gaben, die man durch Erziehung fördern und entwickeln muss. Doch wenn mindere Musik manche unter uns beflügelt, warum sollten wir eine andere wollen? Aber wir tun es. Wir wollen sie, weil die Höherstehenden und Besseren an ihr Gefallen finden. Aber wir wollen sie, ohne ihr die notwendige Zeit und Mühe zu widmen; daher steigen wir durch eine Lüge in den höheren, den ersten Rang auf; wir *geben vor,* Gefallen daran zu finden. Ich kenne mehrere Leute dieser Art – und ich habe mir vorgenommen, selbst zu diesen zu gehören, wenn ich mit meiner feinen europäischen Bildung nach Hause komme.

Und dann ist da die Malerei. Was einem Stier das rote Tuch ist, war mir Turners »Sklavenschiff«, bevor ich Kunst studiert hatte. Mr. Ruskin[55] hat in der Kunst einen solchen Bildungsstand erreicht, dass ihn dieses Gemälde in eine so wahnsinnige Ekstase des Entzückens versetzt, wie es mich stets in eine der Wut versetzte – im vorigen Jahr, als ich noch unwissend war. Seine Bildung befähigt ihn – und jetzt auch mich –, in jenem grellgelben Schlamm Wasser und in jenen fahlen Explosionen aus Rauch und Flammen und jener karmesinroten Sonnenuntergangspracht natürliche Wirkungen zu sehen; sie versöhnt ihn – und jetzt auch mich – mit dem Schwimmen von Ankerketten und anderen nicht schwimmfähigen Dingen; sie versöhnt uns mit Fischen, die oben auf dem Schlamm herumschwimmen – ich meine auf dem Wasser. Der größte Teil des Bildes ist eine offensichtliche Unmöglichkeit – das heißt, eine Lüge; und nur strenge Bildung kann einen Menschen dazu befähigen, in einer Lüge Wahrheit zu finden. Aber sie befähigte Mr. Ruskin dazu, und sie hat mich dazu befähigt, und dafür bin ich dankbar. Ein Bostoner Zeitungsreporter ging hin, warf einen Blick auf das Sklavenschiff, wie es in jener wilden Feuersbrunst von Rot und Gelb herumkrebst, und sagte, es erinnere ihn an eine Katze aus Schildpatt, die in einer Tomatenschüssel die Krämpfe habe. Bei meiner damaligen Unwissenheit ging das meiner Unbildung ohne Weiteres ein, und ich dachte, dies sei ein Mann mit unvoreingenommenem Blick. Mr. Ruskin hätte gesagt: Das ist ein Esel. Genau das würde auch ich jetzt sagen.*

Aber diesmal sollten wir in Baden-Baden mit unserem Reiseführer zusammentreffen. Ich hatte es für richtig gehalten, einen einzustellen, da wir auch nach Italien kommen würden und nicht Italienisch sprachen. Er auch nicht. Wir fanden ihn im Hotel vor, bereit, sich unser anzunehmen. Ich fragte ihn, ob er »fix und fertig« sei. Er sagte ja. Das war sehr wahr. Er hatte einen großen Koffer, zwei kleine Reisetaschen und einen Regenschirm. Ich sollte ihm fünfundfünfzig Dollar im Monat und die Fahrtkosten zahlen. In Europa ist der Eisenbahntarif für einen Koffer ungefähr der gleiche wie für einen Menschen. Reiseführer brauchen für Kost und Logis nichts zu zahlen. Das scheint eine große Ersparnis für den Touristen zu sein – zunächst. Es fällt dem Touristen nicht ein, dass *jemand* für diesen Mann Kost und Logis bezahlt. Mit der Zeit jedoch fällt es ihm in einem lichten Moment ein.

---

* Monate, nachdem ich dies geschrieben hatte, kam ich zufällig in die National Gallery in London und wurde bald von den Turner-Bildern so gefesselt, dass ich kaum mehr fortkam. Danach ging ich noch oft hin und wollte mir den Rest der Galerie ansehen, aber die Anziehungskraft Turners war zu stark; sie ließ sich nicht abschütteln. Aber die Turners, die mich am meisten anzogen, erinnerten mich nicht an das »Sklavenschiff«.

Die schreckliche deutsche Sprache

Ein bisschen Bildung
macht die ganze Welt verwandt.[56]

Sprüche XXXII,7

Oft ging ich ins Heidelberger Schloss, um mir die Raritätensammlung anzusehen, und eines Tages überraschte ich den Kustos mit meinem Deutsch. Ich redete gänzlich in dieser Sprache. Er war sehr interessiert; und nachdem ich eine Weile gesprochen hatte, sagte er, mein Deutsch sei höchst seltsam, möglicherweise ein »Unikum«, und wollte es seinem Museum einverleiben.

Wenn er gewusst hätte, was mich diese Fertigkeit zu erwerben gekostet hatte, hätte er auch gewusst, dass jeder Sammler dem Ruin entgegenging, der sie kaufen wollte. Harris und ich hatten damals mehrere Wochen lang hart an unserem Deutsch gearbeitet, und obwohl wir gute Fortschritte erzielt hatten, war uns das nur unter großen Schwierigkeiten und Behinderungen gelungen, denn in der Zwischenzeit waren uns drei Lehrer weggestorben. Ein Mensch, der nicht Deutsch gelernt hat, kann sich gar keine Vorstellung davon machen, was das für eine komplizierte Sprache ist.

Ganz bestimmt gibt es keine andere Sprache, die so ungeordnet und unsystematisch, so schlüpfrig und unfassbar ist; man treibt völlig hilflos in ihr umher, hierhin und dahin; und wenn man schließlich glaubt, man hätte eine

Regel erwischt, die festen Boden böte, auf dem man inmitten der allgemeinen Unruhe und Raserei der zehn Wortarten ausruhen könne, blättert man um und liest: »Der Schüler beachte sorgfältig folgende *Ausnahmen*.« Man lässt das Auge darüber hinweggleiten und entdeckt, dass es mehr Ausnahmen von der Regel als Beispiele für sie gibt. Und so geht man wieder über Bord, um wieder einen Ararat[57] zu suchen und wieder Treibsand zu finden. So ging es mir und geht es mir noch. Jedes Mal, wenn ich glaube, einen dieser vier verwirrenden Fälle da zu haben, wo ich ihn meistern kann, schleicht sich eine scheinbar unbedeutende Präposition in meinen Satz ein, ausgestattet mit einer furchtbaren und ungeahnten Macht, und lässt den Boden unter mir wegbröckeln. Zum Beispiel erkundigt sich mein Buch nach einem bestimmten Vogel (es erkundigt sich immerzu nach Sachen, die niemandem irgendetwas bedeuten): »Wo ist der Vogel?« Nun ist – laut Buch – die Antwort auf diese Frage, dass der Vogel wegen des Regens in der Schmiede warte. Natürlich macht das kein Vogel, aber man muss sich eben an das Buch halten. Na gut, ich fange an, mir das Deutsch für diese Antwort auszuklamüsern. Ich fange notwendigerweise am falschen Ende an, denn das ist die deutsche Auffassung. Ich sage mir: »Regen« ist männlich – oder vielleicht ist es weiblich – oder möglicherweise sächlich –, es macht jetzt zu viel Mühe, nachzuschlagen. Also ist es entweder »der« Regen oder »die« Regen oder »das« Regen, je nachdem, was dabei herauskommt, wenn ich nachschlage. Im Interesse der Wissenschaft werde ich von der Hypothese ausgehen, es sei männlich. Sehr schön, dann ist es »der« Regen, wenn er sich nur in dem ruhenden Zustand des *Erwähntwerdens* befindet, ohne Weiterung oder Erörterung – Nominativ; aber wenn dieser Regen in gewissermaßen allgemeiner Weise auf dem Boden herumliegt, dann ist er genau lokalisiert, er *tut etwas* – das heißt, er *ruht* (was eine der Vorstellungen der deutschen Grammatik von »tun« ist), und das versetzt den Regen in den Dativ und macht »dem« Regen daraus. Dieser Regen jedoch ruht nicht, sondern tut *aktiv* etwas: er fällt – vermutlich, um dem Vogel in die Quere zu kommen – und das zeigt *Bewegung* an, was die Wirkung hat, ihn in den Akkusativ rutschen zu lassen, und »dem« Regen zu »den« Regen macht. Nachdem ich das grammatikalische Horoskop dieses Falles fertiggestellt habe, melde ich mich zuversichtlich und gebe auf Deutsch bekannt, dass der Vogel sich »wegen den Regen« in der Schmiede aufhalte. Dann lässt mich der Lehrer gelinde mit der Bemerkung abblitzen, dass das Wörtchen »wegen«, sobald es in einen Satz hineinplatze, *stets* das Subjekt ohne Rücksicht auf die Folgen in den *Genitiv* versetze und dass deshalb dieser Vogel »wegen des Regens« in der Schmiede geblieben sei.

Übrigens, von einer höheren Autorität erfuhr ich später, dass es eine »Ausnahme« gebe, die es einem gestatte, unter gewissen eigentümlichen und verwickelten Umständen »wegen den Regen« zu sagen, aber dass diese Ausnahme ausschließlich bei Regen gelte.

Es gibt zehn Wortarten, und alle sind sie schwierig. Ein Durchschnittssatz in einer deutschen Zeitung ist eine erhabene und Ehrfurcht gebietende Kuriosität; er nimmt eine Viertelspalte ein; er enthält alle zehn Wortarten – nicht in der gehörigen Reihenfolge, sondern durcheinandergewürfelt. Er ist hauptsächlich aus zusammengesetzten Wörtern gebaut, die der Schreiber an Ort und Stelle konstruiert hat und die in keinem Wörterbuch zu finden sind – sechs oder sieben in eines zusammengepresste Wörter ohne Naht oder Saum – das heißt ohne Bindestriche. Er handelt von vierzehn oder fünfzehn verschiedenen Gegenständen, jeder in einer eigenen Parenthese eingeschlossen, mit zusätzlichen Parenthesen hier und da, die wiederum drei oder vier Unterparenthesen einschließen, sodass Hürden innerhalb der Hürden entstehen; schließlich werden alle Parenthesen und Unterparenthesen zwischen zwei Überparenthesen zusammengeballt, deren eine in der ersten Zeile des majestätischen Satzes liegt und die andere in der Mitte der letzten Zeile – *und danach kommt das Verb,* und man bekommt zum ersten Mal heraus, wovon der Mann gesprochen hat; und nach dem Verb – nur als Verzierung, soweit ich es ausmachen kann – schaufelt der Schreiber »*haben sind gewesen gehabt haben geworden sein*« oder Worte ähnlicher Bedeutung hinein, und das Monument ist fertig. Ich nehme an, dass dieses abschließende Hurra so etwas wie der Schnörkel bei einer Unterschrift ist – nicht notwendig, aber hübsch. Deutsche Bücher sind ziemlich leicht zu lesen, wenn man sie vor den Spiegel hält oder sich auf den Kopf stellt – um den Aufbau umzukehren –, aber ich glaube, eine deutsche Zeitung lesen und verstehen zu lernen ist eine Sache, die muss einem Ausländer stets unmöglich bleiben.

Aber sogar die deutschen Bücher sind nicht ganz frei von Anfällen der Parenthesenstaupe – obwohl diese gewöhnlich so mild verläuft, dass sie nur ein paar Zeilen umfasst, und daher vermittelt das Verb, wenn man sich endlich zu ihm hinabgearbeitet hat, dem Verstand noch einen gewissen Sinn, weil man sich noch an eine ganze Menge von dem erinnern kann, was davor stand.

Hier folgt nun ein Satz aus einem beliebten und ausgezeichneten deutschen Roman – mit einer kleinen Parenthese darin. Ich werde ihn absolut wörtlich übersetzen und zur Unterstützung des Lesers die Klammern und ein paar Bindestriche hinzufügen – obwohl im Original keine Klammern oder Bindestriche stehen und es dem Leser überlassen bleibt, sich bis zu dem fernen Verb hindurchzumühen, so gut er kann:

»Wenn er aber auf der Straße der (in-Samt-und-Seide-gehüllten-jetzt-sehr-ungeniert-nach-der-neuesten-Mode-gekleideten) Regierungsrätin begegnet«, und so weiter und so fort.

Das ist aus dem Roman »Das Geheimnis der alten Mamsell« von Frau Marlitt[58]. Und dieser Satz ist nach dem höchst bewährten deutschen Muster gebaut. Sie sehen, wie weit das Verb von der Operationsbasis des Lesers entfernt ist; na, in einer deutschen Zeitung setzen sie ihr Verb drüben auf die nächste Seite hin; und ich habe gehört, dass sie manchmal, wenn sie eine oder zwei Spalten lang aufregende Einleitungen und Parenthesen dahergeschwafelt haben, in Zeitnot geraten und in Druck gehen müssen, ohne überhaupt bis zum Verb gekommen zu sein. Natürlich lässt das den Leser in einem Zustand starker Erschöpfung und Unwissenheit sitzen.

Auch in unserer Literatur haben wir die Parenthesenkrankheit; und Fälle davon kann man täglich in unseren Büchern und Zeitungen sehen; aber bei uns ist sie Merkmal und Kennzeichen eines ungeübten Verfassers oder eines trüben Verstandes, während sie bei den Deutschen zweifellos Merkmal und Kennzeichen einer routinierten Feder und Zeugnis jener Art leuchtenden intellektuellen Nebels ist, den diese Leute für Klarheit halten. Denn es ist bestimmt *nicht* Klarheit – es kann überhaupt nicht Klarheit sein. Selbst ein Schwurgericht hätte genug Scharfsinn, um das herauszukriegen. Die Gedanken eines Schriftstellers müssen ziemlich verworren, ziemlich aus der Reihe geraten sein, wenn er ansetzt, zu sagen, ein Mann habe auf der Straße eine Regierungsrätin getroffen, und dann mitten in einem so einfachen Vorhaben die aufeinander zukommenden Leute anhält und stillstehen lässt, bis er eine Aufstellung der Kleider der Frau niedergeschrieben hat. Das ist einfach absurd. Es erinnert an jene Zahnärzte, die sich dein unmittelbares und atemloses Interesse an einem Zahn sichern, indem sie ihn mit der Zange packen und dann dastehen und sich durch eine langweilige Anekdote nölen, bevor sie den gefürchteten Ruck machen. Parenthesen in der Literatur und der Zahnheilkunde sind geschmacklos.

Die Deutschen haben noch eine Art von Parenthese, die sie bilden, indem sie ein Verb in zwei Teile spalten und die eine Hälfte an den Anfang eines aufregenden Absatzes stellen und die andere Hälfte an das Ende. Kann sich jemand etwas Verwirrenderes vorstellen? Diese Dinger werden »trennbare Verben« genannt. Die deutsche Grammatik ist übersät von trennbaren Verben wie von den Blasen eines Ausschlags; und je weiter die zwei Teile auseinandergezogen sind, desto zufriedener ist der Urheber des Verbrechens mit seinem Werk. Ein beliebtes Verb ist »reiste ab«. Hier folgt ein Beispiel, das ich aus einem Roman ausgewählt und ins Englische übertragen habe:

»Da die Koffer nun bereit waren, REISTE er, nachdem er seine Mutter und Schwestern geküsst und noch einmal sein angebetetes Gretchen an den Busen gedrückt hatte, die, in schlichten weißen Musselin gekleidet, mit einer einzigen Teerose in den weiten Wellen ihres üppigen braunen Haares, kraftlos die Stufen herabgewankt war, noch bleich von der Angst und Aufregung des vergangenen Abends, aber voller Sehnsucht, ihren armen, schmerzenden Kopf noch einmal an die Brust dessen zu legen, den sie inniger liebte als ihr Leben, AB.«

Es ist jedoch nicht richtig, allzu lange bei den trennbaren Verben zu verweilen. Ganz bestimmt verliert man dabei sehr bald die Geduld; und wenn man an dem Thema klebt und sich nicht warnen lässt, wird es einem schließlich das Gehirn erweichen oder verhärten. Personalpronomen und Adjektive sind in dieser Sprache eine wuchernde Plage und hätten weggelassen werden sollen. Der gleiche Laut »sie« zum Beispiel bedeutet »you« und bedeutet »she« und bedeutet »her« und bedeutet »IT« und bedeutet »they« und bedeutet »them«. Man stelle sich die lumpige Armut einer Sprache vor, die ein Wort die Arbeit von sechsen tun lassen muss – und noch dazu ein armes, kleines, schwaches Ding von nur drei Buchstaben. Aber vor allem stelle man sich vor, wie es erbittert, wenn man nie weiß, welche dieser Bedeutungen der Sprecher ausdrücken will. Das erklärt, warum ich, wenn jemand »sie« zu mir sagt, gewöhnlich versuche, ihn umzubringen, wenn es ein Fremder ist.

Man betrachte nun das Adjektiv. Hier lag ein Fall vor, wo Einfachheit ein Vorteil gewesen wäre; deshalb und aus keinem anderen Grunde hat der Erfinder dieser Sprache es so sehr kompliziert, wie er nur konnte. Wenn wir in unserer erleuchteten Sprache von »our good friend or friends« sprechen wollen, halten wir uns an diese eine Form und haben keinen Kummer oder Ärger damit; aber bei der deutschen Sprache ist es anders. Wenn ein Deutscher ein Adjektiv in die Hände kriegt, dekliniert er es und dekliniert es immer weiter, bis der gesunde Menschenverstand ganz und gar herausdekliniert ist. Es ist genau so schlimm wie Latein. Er sagt zum Beispiel:

Singular

Nominativ:	mein guter Freund,	my good friend
Genitiv:	meines guten Freundes,	of my good friend
Dativ:	meinem guten Freunde,	to my good friend
Akkusativ:	meinen guten Freund,	my good friend

Plural

Nominativ:	meine guten Freunde	my good friends
Genitiv:	meiner guten Freunde	of my good friends
Dativ:	meinen guten Freunden	to my good friends
Akkusativ:	meine guten Freunde	my good friends

Nun lasse man den Irrenhauskandidaten versuchen, diese Variationen auswendig zu lernen, und sehe zu, wie bald er aufgenommen wird. Man möchte in Deutschland lieber ohne Freunde auskommen, als sich ihretwegen alle diese Mühe zu machen. Ich habe gezeigt, was es für eine Plage ist, einen guten (männlichen) Freund zu deklinieren; na, das ist nur ein Drittel der Arbeit, denn man muss eine Vielzahl neuer Verdrehungen des Adjektivs lernen, wenn das Objekt weiblich ist, und noch eine weitere Vielzahl, wenn das Objekt sächlich ist. Nun gibt es in dieser Sprache mehr Adjektive als schwarze Katzen in der Schweiz, und sie müssen alle so sorgfältig dekliniert werden wie die oben angedeuteten Beispiele. Schwierig? – mühsam? – diese Worte können es gar nicht beschreiben. Ich habe einen kalifornischen Studenten in Heidelberg in seiner gelassensten Laune sagen hören, er würde lieber zwei Schnäpse ablehnen als ein deutsches Adjektiv deklinieren.

Der Erfinder dieser Sprache scheint sich ein Vergnügen daraus gemacht zu haben, sie in jeder Form, die er sich nur ausdenken konnte, zu komplizieren. Zum Beispiel schreibt man, wenn man zufällig über ein Haus oder ein Pferd oder einen Hund spricht, diese Wörter so, wie ich es getan habe; aber wenn man von ihnen im Dativ spricht, klebt man ein dummes und unnötiges -e dran und schreibt Hause, Pferde, Hunde. Da nun ein angehängtes -e oft den Plural bedeutet, wie das -s bei uns, wird der unerfahrene Schüler vermutlich einen Monat lang immerzu aus einem Dativhund Zwillinge machen, bevor er seinen Fehler entdeckt; und auf der anderen Seite hat manch unerfahrener Schüler, der sich einen Verlust kaum leisten konnte, zwei Hunde gekauft und bezahlt und nur einen bekommen, weil er, ohne es zu wissen, diesen Hund im Dativ des Singulars gekauft hat, während er tatsächlich annahm, er redete im Plural – wobei natürlich nach den strengen Regeln der Grammatik das Recht auf der Seite des Verkäufers lag und deshalb eine Klage auf Rückerstattung keinen Erfolg haben konnte.

In Deutschland fangen alle Substantive mit einem Großbuchstaben an. Das ist nun mal eine gute Idee; und eine gute Idee fällt in dieser Sprache notwendigerweise wegen ihrer Einsamkeit auf. Ich halte die Großschreibung der Substantive für eine gute Idee, weil man daran fast immer das Hauptwort erkennen kann, sobald man es sieht. Gelegentlich gerät man in einen Irrtum, weil man den Namen einer Person fälschlich für den Namen einer Sache hält und ziemlich viel Zeit mit dem Versuch vergeudet, einen Sinn herauszugraben. Deutsche Namen bedeuten fast immer etwas, und das trägt dazu bei, den Lernenden zu täuschen. Einmal habe ich eine Stelle übersetzt, die besagte, dass »die wütende Tigerin ausbrach und den unglückseligen Tannenwald ganz und gar verschlang«. Als ich mich gerade rüstete, das zu bezweifeln, entdeckte ich, dass »Tannenwald« in diesem Falle der Name eines Mannes war.

Jedes Substantiv hat ein Geschlecht, und in dessen Verteilung liegt kein Sinn und kein System; deshalb muss das Geschlecht jedes einzelnen Hauptwortes für sich auswendig gelernt werden. Es gibt keinen anderen Weg. Zu diesem Zwecke muss man das Gedächtnis eines Notizbuches haben. Im Deutschen hat ein Fräulein kein Geschlecht, während eine weiße Rübe eines hat. Man denke nur, auf welche übertriebene Verehrung der Rübe das deutet und auf welche dickfellige Respektlosigkeit dem Fräulein gegenüber. Sehen wir mal, wie das gedruckt aussieht. Ich übersetze das aus einer Unterhaltung in einem der besten deutschen Sonntagsschulbücher:

Gretchen: »Wilhelm, wo ist die Rübe?«

Wilhelm: »*Sie* ist in die Küche gekommen.«

Gretchen: »Wo ist das gebildete und schöne englische Mädchen?«

Wilhelm: »*Es* ist in die Oper gegangen.«

Um mit deutschen Geschlechtern fortzufahren: Ein Baum ist männlich, seine Knospen sind weiblich, seine Blätter sind sächlich; Pferde sind geschlechtslos, Hunde sind männlich, Katzen sind weiblich – natürlich einschließlich der Kater; jemandes Mund, Hals, Busen, Ellbogen, Finger, Nägel, Füße und Leib gehören dem männlichen Geschlecht an, und sein Kopf ist männlich oder sächlich, je nach dem Wort, das zur Bezeichnung gewählt wird, und *nicht* nach dem Geschlecht der Person, die ihn trägt – denn in Deutschland tragen alle Frauen entweder männliche oder geschlechtslose Köpfe; jemandes Nase, Lippen, Schultern, Brust, Hände, Hüften und

Zehen gehören dem weiblichen Geschlecht an; und seine Haare, Ohren, Augen, Kinn, Beine, Knie, Herz und Gewissen haben überhaupt kein Geschlecht. Der Erfinder der Sprache hat wahrscheinlich das, was er vom Gewissen wusste, vom Hörensagen erfahren.

Nun wird der Leser aus der oben angeführten Aufteilung erkennen, dass in Deutschland ein Mann vielleicht *glaubt,* er sei ein Mann, aber wenn er darangeht, die Sache eingehender zu betrachten, müssen ihm Zweifel kommen; er stellt fest, dass er in nüchterner Wahrheit eine überaus lächerliche Mischung ist; und wenn er sich schließlich mit dem Gedanken zu trösten versucht, er könne sich wenigstens darauf verlassen, dass ein Drittel des Durcheinanders männlich und maskulin ist, wird der erniedrigende zweite Gedanke ihn schnell daran erinnern, dass er in dieser Beziehung nicht besser dran ist als jede Frau oder Kuh im Lande.

Es ist wahr, dass im Deutschen durch irgendein Versehen des Erfinders der Sprache eine Frau weiblich ist, aber ein Weib nicht – was bedauerlich ist. Ein Weib hat hier kein Geschlecht; sie ist neutrum; und so ist nach der Grammatik ein Fisch *er,* seine Schuppen sind *sie,* aber ein Fischweib ist keines von beiden. Eine Frau als geschlechtslos zu bezeichnen, mag man Untercharakterisierung nennen, das ist schlimm genug, aber Übercharakterisierung ist gewiss schlimmer. Ein Deutscher spricht von einem englischen Mann als einem »Engländer«; um das Geschlecht zu ändern, fügt er »-in« hinzu, und das bedeutet englische Frau – »Engländerin«. Das scheint eine ausreichende Kennzeichnung zu sein, aber für einen Deutschen ist es immer noch nicht exakt genug; also setzt er vor das Wort den Artikel, der darauf hinweist, dass das folgende Geschöpf weiblich ist, und schreibt es so hin: »die Engländerin«. Ich finde, dass diese Person übercharakterisiert ist.

Schön, nachdem nun der Schüler das Geschlecht einer großen Menge von Substantiven gelernt hat, ist er immer noch in einer schwierigen Lage, denn es ist ihm unmöglich, seine Zunge zu überreden, Dinge mit »er« und »sie« und »ihm« und »ihr« zu bezeichnen, die sie immer mit »es« zu bezeichnen gewöhnt war. Sogar wenn er sich im Geiste einen deutschen Satz mit den ihms und ihrs an den richtigen Stellen zurechtlegt und dann seinen Mut bis zu dem Punkt aufheizt, den Satz auch auszusprechen, hat es keinen Zweck – sobald er zu sprechen anfängt, macht seine Zunge nicht mit, und alle die mühsam erarbeiteten Männlichkeiten und Weiblichkeiten kommen als »es« heraus. Und sogar wenn er für sich Deutsch liest, nennt er diese Sachen immer »es«, wohingegen er in folgender Weise lesen sollte:

Geschichte von dem Fischweib und seinem traurigen Schicksal

Es ist ein rauer Tag. Hört den Regen, wie *er* strömt, und den Hagel, wie *er* prasselt; und seht den Schnee, wie *er* dahintreibt, und oh, den Schlamm, wie tief *er* ist! Ach, *das* arme Fischweib, *es* steckt im Sumpfe fest, *es* hat *seinen* Fischkorb fallen lassen; und *seine* Hände sind von den Schuppen zerschnitten worden, als *es* nach einigen der fallenden Fische griff; und eine Schuppe ist *ihm* sogar ins Auge gedrungen, und *es* kann *sie* nicht herausbekommen. *Es* öffnet den Mund, um Hilfe zu rufen, aber wenn ein Laut aus *ihm* herausdringt, ach! wird *er* vom Wüten des Sturmes erstickt. Und jetzt hat eine Katze einen der Fische erwischt, und *sie* wird gewiss mit *ihm* entkommen. Nein; *sie* beißt eine Flosse ab, *sie* hält *sie* im Maul – wird *sie* sie verschlingen? Nein, der tapfere Hund des Fischweibes verlässt *seine* Jungen und rettet die Flosse, die *er* zur Belohnung selbst auffrisst. Entsetzlich! Der Blitz hat den Fischkorb getroffen! *Er* setzt *ihn* in Brand! Seht die Flamme, wie *sie* das dem Untergang geweihte Utensil mit *ihrer* roten und zornigen Zunge beleckt! Nun greift *sie* den Fuß des hilflosen Fischweibes an – *sie* verbrennt *ihn* bis auf *die* große Zehe, und selbst diese ist halb verbrannt; und noch immer breitet *sie* sich aus, lässt *sie* ihre feurigen Zungen lodern! *Sie* greift *das* Bein des Fischweibes an und vernichtet *es; sie* greift *seine* Hand an und vernichtet *sie;* sie greift *seine* arme, abgetragene Kleidung an und vernichtet auch *sie;* sie greift *seinen* Leib an und verbrennt *ihn;* sie schlingt sich um *sein* Herz, und *es* wird verbrannt; dann um *seine* Brust, und in einem Augenblick ist *sie* Asche; nun erreicht sie *seinen* Hals – weg ist *er;* nun *sein* Kinn – weg ist *es;* nun *seine* Nase – weg ist *sie.* Wenn keine Hilfe kommt, wird im nächsten Augenblick *das* Fischweib nicht mehr sein! Die Zeit drängt – ist niemand da, zu helfen und zu retten? Ja! Frohlocken, Frohlocken! Mit fliegenden Füßen kommt *die* Engländerin! Aber ach! Die großherzige Frau kommt zu spät! Wo ist jetzt das dem Verhängnis verfallene Fischweib? *Es* ist von seinen Leiden erlöst; *es* ist in ein besseres Reich eingegangen; alles, was von *ihm* übrig ist, um die Klagen der Lieben zu hören, ist dieser arme, schwelende Aschenhaufen. Ach, trauriger, trauriger Aschenhaufen! Lasst uns *ihn* zart, ehrfurchtsvoll auf die bescheidene Schaufel nehmen und *ihn* zu seiner langen Ruhe tragen mit dem Gebet, wenn *er* wieder auferstehe, möge es in einem

Reich geschehen, wo *er* ein gutes, ordentliches, handfestes, verlässliches Geschlecht besäße, und zwar ganz für sich allein, ohne einen schäbigen Haufen verschiedener Geschlechter fleckförmig über sich verstreut herumschleppen zu müssen.

Bitte sehr, der Leser kann selbst sehen, dass diese Pronomengeschichte für die ungeübte Zunge eine sehr missliche Sache ist.

Ich nehme an, dass die Ähnlichkeit in Schriftbild und Klang zwischen Wörtern, die keine Ähnlichkeit in der Bedeutung besitzen, für den Ausländer in allen Sprachen eine unerschöpfliche Quelle der Verwirrung darstellt. Das gilt für unsere Sprache, und das gilt besonders für das Deutsche. Da ist nun das beschwerliche Wort »vermählt«; für mich hat es eine so große – entweder wirkliche oder eingebildete – Ähnlichkeit zu drei oder vier anderen Wörtern, dass ich nie weiß, ob es »verschmäht«, »gemalt«, »verdächtig« oder »verheiratet« heißt, bis ich im Wörterbuch nachschlage und dann feststelle, dass es Letzteres bedeutet. Solche Wörter gibt es haufenweise, und sie sind eine große Plage. Um die Schwierigkeiten zu mehren, gibt es Wörter, die einander zu ähneln *scheinen* und sich doch nicht ähneln; aber sie machen genauso viel Ärger, als täten sie es. Zum Beispiel gibt es das Wort »vermieten« und das Wort »verheiraten«. Ich habe von einem Engländer gehört, der in Heidelberg an die Tür eines Mannes klopfte und im besten Deutsch, das er beherrschte, vorschlug, dieses Haus zu »verheiraten«. Dann gibt es einige Wörter, die eine Sache bedeuten, wenn man die erste Silbe betont, aber etwas ganz anderes, wenn man die Betonung auf die letzte Silbe verlegt. Zum Beispiel gibt es ein Wort, das je nach der Betonung Ausreißen bedeutet oder

das schnelle Durchblättern eines Buches; und ein anderes
Wort, das mit jemandem »verkehren« oder jemanden
»meiden« bedeutet, je nachdem, wohin man die Betonung verlegt – und man kann sich gewöhnlich darauf
verlassen, dass man sie an die falsche Stelle verlegt und
Ärger bekommt.

In dieser Sprache gibt es einige höchst nützliche Wörter: »Schlag« zum Beispiel und »Zug«. Im Wörterbuch
stehen drei viertel Spalten Schlags und anderthalb Spalten
Zugs. Das Wort »Schlag« bedeutet Stoß, Streich, Schmiss,
Hieb, Erschütterung, Klaps, Klatsch, Zeitmaß, Takt, Mün-
zenprägen, Gepräge, Art, Rasse, Weise, Apoplexie, Holz-
fällen, Gehege, Flurstück, Waldrodung. Das ist seine einfache und *genaue* Bedeutung – das heißt, seine be-
schränkte, eingeengte Bedeutung; aber es gibt Mittel, es
freizusetzen, damit es sich aufschwingen kann wie auf
den Flügeln des Morgens, um nie zur Ruhe zu kommen.
Man kann ihm jedes beliebige Wort an den Schwanz
hängen und ihm jede Bedeutung geben, die man nur
möchte. Man kann mit »Schlagader« anfangen, was Arterie bedeutet, und man kann das ganze Lexikon Wort für
Wort anhängen, durch das ganze Alphabet hindurch, bis
»Schlagwasser«, was Leckwasser bedeutet, und einschließlich »Schlagmutter«, was Schwiegermutter bedeutet.

Genauso mit »Zug«. Streng genommen heißt Zug:
Ruck, Zerren, Luftstrom, Prozession, Marsch, Vor-
marsch, Schar, Richtung, Feldzug, Eisenbahn, Karawane,
Durchreise, Kolbenhub, Anflug, Linie, Schnörkel, Cha-
raktereigenschaft, Gesichtsbildung, Merkmal, Schach-
bewegung, Orgelklappe, Gespann, Rauchen, Hang,
Schublade, Neigung, Inhalation, Veranlagung; aber das,
was es *nicht* bedeutet, wenn alle seine legitimen An-
hängsel angefügt sind, hat noch niemand entdeckt.

Man kann die Nützlichkeit von Schlag und Zug gar nicht überschätzen. Nur mit diesen beiden und mit dem Wort »also« bewaffnet, was kann der Ausländer auf deutschem Boden nicht alles erreichen? Das deutsche Wort »also« entspricht der englischen Phrase »you know«, und das bedeutet überhaupt nichts – in der *Unterhaltung,* obwohl es gedruckt manchmal doch etwas bedeutet. Jedes Mal, wenn ein Deutscher den Mund öffnet, fällt ein »also« heraus; und jedes Mal, wenn er ihn schließt, beißt er eines entzwei, das gerade herauskommen wollte.

Nun, mit diesen drei prachtvollen Wörtern ausgerüstet, ist der Ausländer Herr der Lage. Er mag nur furchtlos daherreden; er mag nur sein leidliches Deutsch dahinplätschern lassen, und wenn ihm ein Wort fehlt, mag er einen »Schlag« in das Vakuum hieven; alle Wahrscheinlichkeit spricht dafür, dass es sauber hineinpasst; aber wenn nicht, mag er sofort einen »Zug« hinterherhieven; die zwei zusammen können kaum verfehlen, das Loch zu spunden; aber wenn sie durch ein Wunder *doch* versagen sollten, mag er einfach »Also!« sagen, und das verschafft ihm einen Augenblick Zeit, sich das benötigte Wort einfallen zu lassen. Wenn man in Deutschland seine Gesprächsflinte lädt, ist es immer zweckmäßig, einen oder zwei »Schlag« und einen oder zwei »Zug« mit hineinzustecken; denn gleichgültig, wie weit die übrige Ladung streuen mag, mit *diesen* wird man unbedingt etwas zur Strecke bringen. Dann sagt man sanft »also« und lädt wieder auf. Nichts verleiht einer deutschen oder englischen Unterhaltung einen solchen Anstrich von Anmut und Eleganz, als wenn man genügend »Alsos« oder »You knows« einstreut.

In meinem Notizbuch finde ich folgende Eintragung: »*1. Juli.* – Im Krankenhaus ist gestern einem Patienten mit Erfolg ein dreizehnsilbiges Wort entfernt worden –

einem Norddeutschen aus der Nähe von Hamburg –, aber da ihn die Chirurgen unglücklicherweise unter dem Eindruck, er enthalte ein Panorama, an der falschen Stelle geöffnet hatten, ist er gestorben. Das beklagenswerte Ereignis hat die ganze Gemeinde in Trauer versetzt.«

Dieser Abschnitt liefert den Stoff für ein paar Bemerkungen über eine der seltsamsten und merkwürdigsten Besonderheiten meines Themas – die Länge der deutschen Wörter. Einige deutsche Wörter sind so lang, dass sie eine Perspektive aufweisen. Man beachte folgende Beispiele:

Freundschaftsbezeigungen.
Dilettantenaufdringlichkeiten.
Stadtverordnetenversammlungen.

Diese Dinger sind keine Wörter, sie sind alphabetische Prozessionen. Und sie sind nicht selten; man kann jederzeit eine deutsche Zeitung aufschlagen und sie majestätisch quer über die Seite marschieren sehen – und wenn man nur einen Funken Fantasie besitzt, kann man auch die Banner sehen und die Musik hören. Sie verleihen dem sanftesten Thema einen kriegerischen Schmiss. Ich interessiere mich sehr für solche Kuriositäten. Wenn ich auf eine gute stoße, stopfe ich sie aus und stelle sie in mein Museum. Auf diese Weise habe ich eine recht wertvolle Sammlung geschaffen. Wenn ich Doubletten bekomme, tausche ich mit anderen Sammlern und mehre so die Vielseitigkeit meines Bestandes. Hier folgen einige Exemplare, die ich kürzlich bei der Versteigerung der Habe eines bankrotten Nippesjägers gekauft habe:

Generalstaatsverordnetenversammlungen.
Altertumswissenschaften.
Kinderbewahrungsanstalten.
Unabhängigkeitserklärungen.
Wiederherstellungsbestrebungen.
Waffenstillstandsunterhandlungen.

Wenn sich eine dieser großartigen Bergketten quer über die Druckseite zieht, schmückt und adelt sie natürlich diese literarische Landschaft – aber gleichzeitig bereitet sie dem unerfahrenen Schüler großen Kummer, denn sie versperrt ihm den Weg; er kann nicht unter ihr durchkriechen oder über sie hinwegklettern oder sich einen Tunnel durch sie hindurchgraben. Also wendet er sich Hilfe suchend an sein Wörterbuch; aber da findet er keine Hilfe. Irgendwo muss das Wörterbuch eine Grenze ziehen – und so lässt es diese Art von Wörtern aus. Und das ist richtig, denn diese langen Dinger sind kaum echte Wörter, sondern eher Wortkombinationen, und ihr Erfinder hätte umgebracht werden müssen. Es sind zusammengesetzte Wörter, deren Bindestriche weggelassen sind. Die verschiedenen Wörter, aus denen sie aufgebaut sind, stehen im Wörterbuch, aber sehr verstreut, sodass man die Wörter nacheinander aufstöbern kann und schließlich den Sinn herauskriegt, aber das ist eine langwierige und aufreibende Beschäftigung. Ich habe dieses Verfahren an einigen der oben angeführten Beispiele ausprobiert. »Freundschaftsbezeigungen« ist nur eine dumme und ungeschickte Art, »demonstrations of friendship« zu sagen. »Unabhängigkeitserklärungen« ist keine Verbesserung gegenüber »Declarations of Independence«, finde ich. »Generalstaatsverordnetenversammlungen« ist, soweit ich es feststellen kann, bloß ein rhythmischer, überspannter, gespreizter Ausdruck für »meetings of the legislature«, scheint mir. In unserer Literatur hatten wir einmal eine ganze Menge Verbrechen dieser Art, aber die sind jetzt verschwunden. Wir sprachen damals von einer »nie-zu-vergessenden« Sache, statt alles in das schlichte und hin-reichende Wort »denkwürdig« zu zwängen und gelassen unseren Geschäften nachzugehen, als sei nichts geschehen. Damals waren wir nicht damit zufrieden, die Sache einzubalsamieren und auf anständige Weise zu begraben, wir wollten noch ein Monument darüber errichten.

Aber in unseren Zeitungen wirkt die Zusammenset-zungsseuche bis zum heutigen Tag noch ein bisschen fort, jedoch nach deutscher Art mit weggelassenen Bin-destrichen. Sie nimmt folgende Form an: Statt zu sagen: »Mr. Simmons, Sekretär der Kreis- und Distriktsgerich-te, war gestern in der Stadt«, wird es auf die neue Art so formuliert: »Kreis- und Distriktsgerichtssekretär Sim-mons war gestern in der Stadt.« Das spart weder Zeit noch Tinte und klingt außerdem ungeschickt. In unse-ren Zeitungen findet man oft eine Bemerkung wie die-se: »*Frau* Unterbezirksstaatsanwalt Johnson kehrte ges-tern für die Saison in ihre Stadtwohnung zurück.« Das ist ein Fall von wirklich unberechtigter Zusammen-ziehung; denn er spart nicht nur keine Zeit und Mü-he, sondern verleiht Frau Johnson einen Titel, auf den sie kein Recht hat. Aber diese kleinen Beispiele sind wirklich Lappalien verglichen mit dem schwerfälligen und schrecklichen deutschen System, durcheinanderge-mengte Zusammensetzungen anzuhäufen. Ich möchte zur Illustration die folgende Lokalnotiz aus einer Mann-heimer Tageszeitung vorlegen:

»Vorgesternkurznachelfuhrabend brannte der indie-serstadtstehendegasthof Zum Fuhrmann ab. Als das Feuer das aufdemabbrennendenhausruhende Storchennest erreichte, flogen die Storcheltern fort. Aber als das vondemtobendenfeuerumgebene Nest *selbst* Feuer fing, stürzte sich sofort die schnell wiederkehrende Storchenmutter in die Flammen und starb, die Flügel über die Jungen gebreitet.«

Selbst die schwerfällige deutsche Konstruktion ist nicht fähig, dem Bilde das Pathos zu nehmen – tatsächlich scheint sie es irgendwie zu unterstreichen. Diese Notiz ist Monate zurückdatiert. Ich hätte sie früher verwenden können, aber ich wartete noch darauf, etwas von dem Storchenvater zu hören. Ich warte immer noch.

Also! Wenn ich nicht bewiesen habe, dass das Deutsche eine schwierige Sprache ist, so habe ich es wenigstens beabsichtigt. Ich habe von einem amerikanischen Studenten gehört, der gefragt wurde, wie er mit seinem Deutsch vorankomme, und prompt antwortete: »Ich komme überhaupt nicht voran. Ich habe drei volle Monate lang hart daran gearbeitet, und alles, was ich vorweisen kann, ist nur der eine deutsche Satz: Zwei Glas! « (Zwei Glas Bier.) Er hielt einen Augenblick nachdenklich inne, dann fügte er mit Nachdruck hinzu: »Aber das *sitzt*!«

Und wenn ich nicht auch bewiesen habe, dass Deutsch ein quälendes und erbitterndes Fach ist, dann ist meine Darstellung zu rügen, nicht meine Absicht. Ich habe kürzlich von einem verhärmten und schwer geprüften amerikanischen Studenten gehört, der immer, wenn er seine Kümmernisse nicht länger tragen konnte, zu einem bestimmten deutschen Wort seine Zuflucht nahm – dem einzigen Wort in der ganzen Sprache, dessen Klang seinem Ohr süß und köstlich und seinem gefolterten Geist wohltätig war. Es war das Wort »damit«. Nur der *Klang* war es, der ihm half, nicht die Bedeutung; und so wurde ihm schließlich, als er erfuhr, dass die Betonung nicht auf der ersten Silbe liege, seine einzige Stütze, sein einziger Stab genommen, und er schwand dahin und starb.

Ich glaube, die Beschreibung eines lauten, erregenden, tumulthaften Geschehens muss im Deutschen zahmer als im Englischen klingen. Unsere bildhaften Wörter dieser Art haben einen so tiefen, starken hallenden Klang, während ihre deutschen Entsprechungen so dünn und mild und energielos klingen. Boom, burst, crash, roar, storm, bellow, blow, thunder, explosion; howl, cry, shout, yell, groan; battle, hell. Das sind großartige Wörter. Ihr Klang besitzt eine Kraft und Mächtigkeit, die den Dingen angemessen sind, die sie beschreiben. Aber ihre deutschen Entsprechungen wären viel zu niedlich, um Kinder damit in Schlaf zu singen, oder aber meine Achtung gebietenden Ohren sind nur Schaustücke und nicht wesentlich nützlichere Instrumente zur Klanganalyse. Würde irgendein Mensch in einer Auseinandersetzung sterben wollen, die mit einem so harmlosen Ausdruck wie »Schlacht« benannt würde? Oder würde sich ein Schwindsüchtiger nicht zu dick verpackt vorkommen, wenn er, nur mit Hemdkragen und Siegelring bekleidet, in einen Sturm hinausgehen wollte, den zu beschreiben das an Vogelgezwitscher erinnernde Wort »Gewitter« verwendet würde? Und man beachte die stärkste der verschiedenen deutschen Entsprechungen für »explosion« – »Ausbruch«. Unser Wort Zahnbürste, »toothbrush«, ist kräftiger. Mir scheint, die Deutschen könnten Dümmeres tun, als es in ihre Sprache einzuführen, um besonders ungeheure Explosionen damit zu beschreiben. Das deutsche Wort für »hell« – Hölle – klingt mehr wie »helly« als sonst etwas; wie dürr, nüchtern und ausdruckslos ist es also notwendigerweise. Wenn einem Manne auf Deutsch gesagt würde, er solle dorthin gehen, könnte er sich wirklich dazu aufschwingen, sich beleidigt zu fühlen?

Nachdem ich die verschiedenen Untugenden dieser Sprache ausführlich aufgezeigt habe, komme ich nun zu der kurzen und angenehmen Aufgabe, ihre Tugenden aufzuweisen Die Großschreibung der Substantive habe ich bereits erwähnt. Aber weit vor dieser Tugend kommt noch eine andere – dass ein Wort entsprechend seinem Klang geschrieben wird. Nach einer kurzen Belehrung über das Alphabet weiß der Schüler schon, wie jedes deutsche Wort ausgesprochen wird, ohne fragen zu müssen; während wir in unserer Sprache einem Schüler auf die Frage: »Was bedeutet das Wort b-o-w?«, antworten müssten: »Niemand kann sagen, was es heißt, wenn es für sich allein steht; man kann es nur sagen, wenn man es im Textzusammenhang betrachtet und auf diese Weise seine Bedeutung ermittelt – ob es eine Sache ist, mit der man Pfeile abschießt, oder ein Kopfnicken oder das Vorderende eines Bootes.«

Es gibt einige deutsche Wörter, die ungewöhnlich ausdrucksstark sind. Zum Beispiel diejenigen, die das stille, friedliche und zärtliche Familienleben beschreiben; diejenigen, die sich mit der Liebe in jeder Form befassen, von der einfachen Freundlichkeit und ehrlichem Wohlwollen dem vorüberschreitenden Fremden gegenüber bis hinauf zum Liebeswerben; diejenigen, die sich mit der Natur draußen in ihren sanftesten und lieblichsten Formen befassen – mit Wiesen und Wäldern, Vögeln und Blumen, dem Duft und Sonnenschein des Sommers und dem Mondlicht friedvoller Winternächte; mit einem Wort, diejenigen, die sich mit allen nur möglichen Formen der

Untätigkeit, der Ruhe und des Friedens befassen; auch diejenigen, die sich mit den Geschöpfen und Wundern des Märchenlandes befassen; und schließlich und hauptsächlich ist die Sprache in denjenigen Worten, die Pathos ausdrücken, unübertrefflich reich und ausdrucksstark. Es gibt deutsche Lieder, die einen mit der Sprache nicht Vertrauten zum Weinen bringen können. Das zeigt, dass der *Klang* der Worte stimmt – er gibt den Inhalt haargenau wieder; und auf diese Weise wird das Ohr angesprochen und über das Ohr das Herz.

Die Deutschen scheinen keine Angst davor zu haben, ein Wort zu wiederholen, wenn es das richtige ist. Sie wiederholen es sogar mehrmals, wenn sie wollen. Das ist klug. Aber wenn wir im Englischen ein Wort in einem Absatz mehrmals verwendet haben, bilden wir uns ein, tautologisch zu werden, und dann sind wir so schwach, dass wir es gegen irgendein anderes Wort auswechseln, das der genauen Bedeutung nur nahekommt, um dem zu entgehen, was wir fälschlich für den größeren Makel halten. Wiederholung mag schlecht sein, aber bestimmt ist Ungenauigkeit schlimmer.

Es gibt in der Welt Leute, die sich ziemlich viel Mühe geben, die Mängel an einer Religion oder Sprache aufzuzeigen, und dann gelassen ihrer Wege gehen, ohne Abhilfe vorzuschlagen. Ich bin kein Mensch dieser Art. Ich habe bewiesen, dass die deutsche Sprache reformbedürftig ist. Nun gut, ich bin bereit, sie zu reformieren. Zumindest bin ich bereit, die geeigneten Vorschläge zu machen. Ein solches Vorgehen wäre bei jemand anderem unbescheiden; aber ich habe alles in allem mehr als neun Wochen einem gewissenhaften und kritischen Studium dieser Sprache gewidmet und daraus ein Zutrauen zu meiner Fähigkeit gewonnen, sie zu reformieren, das mir eine bloß oberflächliche Bildung nicht hätte verleihen können.

An erster Stelle würde ich den Dativ fortlassen. Er bringt die Plurale durcheinander; und außerdem weiß man nie, wann man sich im Dativ befindet, wenn man es nicht zufällig entdeckt – und dann weiß man nicht, wann oder wo man hineingekommen ist oder wie lange man schon drin ist oder wie man jemals wieder herauskommen soll. Der Dativ ist nur eine närrische Verzierung – es ist besser, ihn aufzugeben.

Als nächstes würde ich das Verb weiter nach vorn schieben. Man kann mit einem noch so guten Verb laden, ich stelle doch fest, dass man bei der gegenwärtigen deutschen Entfernung nie wirklich ein Subjekt zur Strecke bringt – man verletzt es nur. Deswegen bestehe ich darauf, dass diese wichtige Wortart an einen Punkt vorgeschoben wird, wo sie mit bloßem Auge leicht zu erkennen ist.

Drittens würde ich einige kräftige Wörter aus der englischen Sprache importieren – zum Fluchen und auch, um alle Arten kräftiger Dinge kräftig auszudrücken.*

---

* »Verdammt« und seine Abwandlungen und Erweiterungen sind Wörter, denen viel Bedeutung innewohnt, aber der *Klang* ist so mild und wirkungslos, dass deutsche Damen sie gebrauchen können, ohne sich zu versündigen. Deutsche Damen, die man durch keinerlei Überredung oder Zwang dazu bringen könnte, eine Sünde zu begehen, stoßen sofort eines dieser harmlosen kleinen Wörter aus, wenn sie ihr Kleid zerreißen oder die Suppe ihnen nicht schmeckt. Es klingt ungefähr so verrucht wie unser »My gracious!«. Deutsche Damen sagen immerzu »Ach Gott!«, »Mein Gott!«, »Gott im Himmel!«, »Herrgott!«, »Der Herr Jesus!« und so weiter. Vielleicht glauben sie, unsere Damen hätten denselben Brauch, denn ich habe einmal eine freundliche und liebe alte deutsche Dame zu einem reizenden, jungen amerikanischen Mädchen sagen hören: »Die beiden Sprachen sind sich so ähnlich – wie nett; wir sagen ›Ach Gott!‹, und Sie sagen ›*Goddam!*‹.«

Viertens würde ich die Geschlechter reorganisieren und sie entsprechend dem Willen des Schöpfers verteilen. Dies als Ehrfurchtsbeweis, wenn schon nichts anderes.

Fünftens würde ich diese großmächtigen, langen, zusammengesetzten Wörter beseitigen oder den Sprecher auffordern, sie in Abschnitten vorzubringen, mit Pausen zum Einnehmen von Erfrischungen. Das Beste wäre, sie gänzlich zu beseitigen, denn Ideen werden leichter aufgenommen und verdaut, wenn sie einzeln kommen, als wenn sie in einem Haufen anrücken. Geistige Speise ist wie jede andere; es ist angenehmer und bekömmlicher, sie mit einem Löffel einzunehmen als mit einer Schaufel.

Sechstens würde ich einen Sprecher auffordern, aufzuhören, wenn er fertig ist, und seiner Rede nicht eine Girlande dieser unnützen »haben sind gewesen gehabt haben geworden seins« an den Schwanz zu hängen. Kinkerlitzchen dieser Art entehren eine Rede, statt ihr einen zusätzlichen Reiz zu verleihen. Sie sind daher ein Ärgernis und sollten verworfen werden.

Siebentens würde ich die Parenthese abschaffen. Ebenso die Unterparenthese, die Unterunterparenthese und die Unterunterunterunterunterparenthesen sowie die abschließende, weitreichende, allumfassende Hauptparenthese. Ich würde von jedem einzelnen, hoch oder niedrig, verlangen, dass er eine einfache, gradlinige Erzählung entwickle oder aber sie zusammenwickle, sich darauf setze und still sei. Übertretungen dieses Gesetzes sollten mit dem Tode bestraft werden.

Und achtens und letztens würde ich »Zug« und »Schlag« mit ihren Anhängseln beibehalten und den Rest des Vokabulars verwerfen. Das würde die Sache vereinfachen.

Nun habe ich angeführt, was ich als die notwendigsten und wichtigsten Änderungen betrachte. Man konnte wohl kaum erwarten, dass ich umsonst noch mehr nennen würde; aber es gibt weitere Vorschläge, die ich machen kann und werde, falls meine beabsichtigte Bewerbung zur Folge hat, dass ich von der Regierung in aller Form dazu angestellt werde, die Sprache zu reformieren.

Meine philologischen Studien haben mich davon überzeugt, dass ein begabter Mann Englisch (ausgenommen Rechtschreibung und Aussprache) in dreißig Stunden lernen kann, Französisch in dreißig Tagen und Deutsch in dreißig Jahren. Es liegt also auf der Hand, dass die letztgenannte Sprache gestutzt und ausgebessert werden muss. Wenn sie so bleiben sollte, wie sie ist, müsste man sie sanft und ehrerbietig bei den toten Sprachen absetzen, denn nur die Toten haben Zeit, sie zu lernen.

Rede in deutscher Sprache

gehalten vom Autor dieses Buches bei einem Festessen des Anglo-Amerikanischen Studentenklubs anlässlich des 4. Julis[59]

Meine Herren!

Seit ich vor einem Monat in diesem alten Wunderland, diesem ungeheuren Garten Deutschland angekommen bin, hat sich meine englische Sprache schon so oft als unnützes Gepäckstück erwiesen, und in einem Land, wo man Gepäck nicht aufgeben kann, war es sehr lästig, sie mitzuschleppen, dass ich mich schließlich in der vorigen Woche an die Arbeit gemacht und die deutsche Sprache gelernt habe. *Also! Es freut mich, dass dies so ist, denn es muss, in ein hauptsächlich degree, höflich sein, dass man auf ein occasion like this, sein Rede in die Sprache des Landes worin he boards*[60]*, aussprechen soll. Dafür habe ich aus reinische Verlegenheit – no, Vergangenheit – no, I mean Höflichkeit – aus reinische Höflichkeit habe ich resolved to tackle this business in the German language*[61]*, um Gottes willen! Also! Sie müssen so freundlich sein und verzeih mich die interlarding*[62] *von ein oder zwei Englischer Worte, hie und da, denn ich finde dass die deutsche ist not a very copious language*[63]*,* und so muss man, wenn man wirklich etwas zu sagen hat, auf eine Sprache zurückgreifen, die der Belastung gewachsen ist.

Wenn man aber kann nicht meinem Rede verstehen, so werde ich ihm später dasselbe übersetz, wenn er solche Dienste verlangen wollen haben werden sollen sein hätte. (Ich weiß nicht, was »wollen haben werden sollen sein hätte« bedeutet, aber ich bemerke, dass man es immer an das Ende eines deutschen Satzes stellt – nur zur allgemeinen literarischen Prachtentfaltung, nehme ich an.)

Dies ist ein großer und mit Recht gewürdigter Tag – ein Tag, der die Verehrung verdient, die ihm von den echten Patrioten aller Klimazonen und Nationalitäten erwiesen wird – ein Tag, der ein ergiebiges Thema für Gedanken und Reden bietet; *und meinem Freunde – no, meinen Freunden – meines Freundes –* na, sucht euch was aus, sie kosten alle dasselbe; ich weiß nicht, welches stimmt – *also! ich habe gehabt haben worden gewesen sein,* wie Goethe in seinem »Verlorenen Paradies«[64] sagt – *ich – ich – that is to say – ich –* aber wir wollen umsteigen.

Also! Die Anblick so vieler Großbritanischer und Amerikanischer hier zusammengetroffen in Bruderliche concord[65]*, ist zwar a welcome und inspiriting spectacle*[66]. Und was hat euch dazu bewegt? Kann die schwerfällige deutsche Zunge sich zum Ausdruck dieses Impulses aufschwingen?

*Is it Freundschaftsbezeigungenstadtverordnetenversammlungen-
familieneigentümlichkeiten? Nein, o nein!* Das ist ein lebendiges und edles Wort, aber es trifft nicht den Kern des
Impulses, der dieses freundschaftliche Treffen zusam-
mengebracht hat *und produced diese Anblick – eine Anblick
welche ist gut zu sehen – gut für die Augen in a foreign land
und a far country – eine Anblick solche als in die gewöhnliche
Heidelberger Phrase nennt man ein »schönes Aussicht«! Ja,
freilich natürlich wahrscheinlich ebenso wohl! Also! Die Aussicht auf dem Königstuhl mehr größerer ist, aber geistliche spre-
chend nicht so schön, lob Gott! Because sie sind hier zusammengetroffen, in Bruderlichem concord, ein großen Tag zu feiern,* dessen großer Gewinn nicht nur einem Lande und
einem Ort zugutekommt, sondern allen Ländern, die
heute die Freiheit kennen und lieben, Gutes gebracht
hat. *Hundert Jahre vorüber, waren die Engländer und die
Amerikaner Feinde; aber heute sind sie herzlichen Freunde,
Gott sei Dank!* Möge diese gute Kameradschaft andau-
ern; mögen diese Flaggen hier, in Freundschaft vereint,
so bleiben; mögen sie nie wieder über feindlichen Hee-
ren wehen oder von Blut befleckt werden, das verwandt
war, verwandt ist und immer verwandt bleiben wird, bis
eine auf der Landkarte gezogene Linie sagen kann: »*Das*
hindert das Blut der Vorväter daran, in den Adern der
Nachkommen zu fließen!«

Anmerkungen

1 Gutenberg – Johann Gensfleisch zum Gutenberg (um 1394–1468), Erfinder des Buchdrucks mit beweglichen Lettern aus Metall. Gutenberg wurde in Mainz geboren.

2 Karl der Große – (742–814), König der Franken, seit 800 römischer Kaiser, schuf in langjährigen Kämpfen ein einheitliches Frankenreich.

3 Buchstaben – Mark Twain gibt das deutsche »Buchstabe« irrtümlich mit »Birkenstab« wieder. Der Name »Buchstabe« gründet sich auf dem altgermanischen Brauch, Schriftzeichen (Runen) vorzugsweise in Stäbchen aus Buchenholz zu ritzen. Die von Mark Twain gewählte Bezeichnung »bewegliche Lettern« für diese »Buchenstäbchen« ist insofern nicht glücklich, als dadurch die Gefahr der Verwechslung mit den von Gutenberg erfundenen beweglichen Lettern für den Buchdruck besteht.

4 B. A. – Bachelor of Arts, niedrigster akademischer Grad in England und den USA.

5 Römer – das 1405 erbaute alte Rathaus in Frankfurt am Main, in dem seit 1562 deutsche Kaiser gekrönt wurden.

6 der Großherzog von Baden – Friedrich Wilhelm Ludwig von Baden seit 1858 Großherzog.

7 die deutsche Kaiserin – Augusta von Sachsen-Weimar (1811 bis 1890), Gemahlin Kaiser Wilhelms I. und Schwiegermutter des Großherzogs von Baden.

8 Fuß – Längenmaß; 1 Fuß = 0,3048 m.

9 Heidelberger Schloss – Die Anlage des Schlosses stammt aus dem 13. Jahrhundert; es wurde vom 14. bis 17. Jahrhundert ausgebaut und erweitert, von den Franzosen 1689 und 1693 zerstört.

[10] Lear – Anspielung auf den unglücklichen, verstoßenen König Lear in der gleichnamigen, 1605 entstandenen Tragödie des englischen Dichters William Shakespeare (1564–1616).

[11] Kongressmann – Mitglied des aus Senat und Repräsentantenhaus bestehenden Kongresses, der gesetzgebenden Körperschaft der Vereinigten Staaten.

[12] Opossum – bis zu 60 cm langes, auf Bäumen lebendes Beuteltier Nordamerikas, dessen Fleisch und Pelz sehr geschätzt werden.

[13] Neuschottland – am Atlantik gelegene östliche Provinz Kanadas. das Tal Yosemite – etwa 12 km langes Gletschertal am Westabhang der Sierra Nevada in Kalifornien, wegen seiner landschaftlichen Schönheit 1864 zum Naturschutzgebiet erklärt.

[14] Fuchs – Student des ersten oder zweiten Semesters.

[15] Fürst Bismarck – Otto von Bismarck (1815–1898), preußischer Junker und Staatsmann, der maßgeblich an der Reichsgründung 1871 beteiligt war.

[16] Kentucky – im östlichen Teil der USA gelegener Staat, dessen Grenzlandbevölkerung im 19. Jahrhundert als besonders rauflustig galt.

[17] M. Paul de Cassagnac – (1843–1904), französischer Redakteur und Politiker.

[18] Gambetta – Léon Gambetta (1838–1882), französischer Politiker, war als Vorkämpfer für eine bürgerliche Republik erbitterter Gegner Napoleons III.

[19] Fourtou – Marie-François-Oscar Bardy de Fourtou (1836–1897), französischer klerikaler Politiker und Anhänger Napoleons III.

[20] Colts Marinerevolver – nach seinem Erfinder, dem amerikanischen Seemann und Ingenieur Samuel Colt (1814–1862), benannter mehrschüssiger Trommelrevolver.

[21] Eclat – (franz.) Glanz, Pracht.

22 Kreuz der Ehrenlegion – von Napoleon I. für Verdienste auf allen Gebieten gestifteter Orden, der vom Präsidenten der französischen Republik verliehen wird.

23 Olymp – höchster Berg Griechenlands; hier Bezeichnung für die billigen Theaterplätze auf den oberen Rängen.

24 »Shaughraun« – im Jahre 1874 in New York uraufgeführtes Drama des irischen Bühnendichters Dion Boucicault (1822–1890).

25 Snags – Hindernisse im Fluss, insbesondere treibende Baumstämme.

26 der König von Bayern – Ludwig II. (1845–1886), betätigte sich als Kunstmäzen.

27 ein Turner – ein Gemälde des englischen Malers William Turner (1775–1851), der mit seinen Landschafts- und Seestücken zu den ersten Vertretern der Freilichtmalerei gehört.

28 Götz von Berlichingen – fränkischer Ritter (1480–1562), dessen Untergang Goethe in seinem gleichnamigen Schauspiel gestaltete.

29 König Artus – Anspielung auf die aus zwölf Rittern bestehende Tafelrunde des sagenhaften keltischen Königs Artus.

30 die berühmte Uhr am Rathaus – Die Uhr am Rathaus zu Heilbronn gehört zu den Kunstuhren, die neben der Uhrzeit astronomische Werte wie Monat, Mondwechsel und so weiter angeben.

31 Tilly – Johann Tserclaes Graf von Tilly (1559–1632), fähiger katholischer Heerführer im Dreißigjährigen Krieg. Er unterlag 1632 den Schweden unter Gustav Adolf in der Schlacht bei Breitenfeld.

32 Robin Hood – Held einer Reihe englischer Balladen, der als geächteter Anführer einer Räuberbande die Reichen beraubte und die Armen unterstützte.

33 Bachelor of Arts – vgl. Anmerkung zu S. 19.

34 will ich selbst eine Übersetzung vornehmen – Mark Twains Übersetzung lautet:

The Lorelei

I cannot divine what it meaneth,
This haunting nameless pain:
A tale of the bygone ages
Keeps brooding through my brain:

The faint air cools in the gloaming,
And peaceful flows the Rhine,
The thirsty summits are drinking
The sunset's flooding wine.

The loveliest maiden is sitting
High-throned in yon blue air.
Her golden jewels are shining,
She combs her golden hair;

She combs with a comb that is golden,
And sings a weird refrain
That steeps in deadly enchantment
The listener's ravished brain:

The doomed in his drifting shallop,
Is tranced with the sad sweet tone,
He sees not the yawning breakers,
He sees but the maid alone.

The pitiless billows engulf him! –
So perish sailor and bark;
And this, with her baleful singing,
Is the Lorelei's gruesome work.

[35] Raffael – Raffaelo Santi (1483–1520), italienischer Maler der Hochrenaissance; schuf Werke von klassischer Schönheit und Harmonie.

[36] Sassoferrato – eigentlich Giovanni Battista Salvi (1605–1685), italienischer Maler, der fast ausschließlich Bilder von Madonnen und der Heiligen Familie schuf.

³⁷ der heilige Johannes auf Pattersons Eiland – gemeint ist der biblische Prophet Johannes, der auf der ägäischen Insel Patmos weilte.

³⁸ Bayard Taylor – (1825–1878), amerikanischer Schriftsteller, bereiste die ganze Welt, verfasste zahlreiche Reisebücher, lebte lange in Deutschland und war ein großer Verehrer der deutschen Literatur.

³⁹ Choctaw – Sprache des gleichnamigen nordamerikanischen Indianerstammes; der Begriff »Choctaw« ist im amerikanischen Englisch gleichbedeutend mit einer unbekannten beziehungsweise besonders schwierigen Sprache.

⁴⁰ Fritz Reuter – (1810–1874), mecklenburgischer Schriftsteller, dessen Werke vorwiegend in niederdeutschem Dialekt verfasst wurden.

⁴¹ etruskisch – Die Etrusker waren ein in Mittelitalien ansässiger Volksstamm, der im 3. Jahrhundert v. u. Z. von den Römern unterworfen wurde.

⁴² viel gefälschtes Heinrich II. – Kunstgegenstände aus der Zeit Heinrichs II. (1518–1559), Königs von Frankreich.

⁴³ das Handtuch werfen – Ausdruck der Boxersprache für »den Kampf aufgeben«.

⁴⁴ New Jersey – südlich von New York am Atlantik gelegener Staat der USA, dessen indianische Bevölkerung frühzeitig ausgerottet wurde.

⁴⁵ Auerbach – Berthold Auerbach (1812–1882), deutscher Schriftsteller, Verfasser zumeist sentimentaler Heimatromane sowie einer Sammlung »Schwarzwälder Dorfgeschichten«.

⁴⁶ Baedeker – Karl Baedeker (1801–1857), gründete 1827 in Koblenz eine Verlagsbuchhandlung, bei der eine Serie nach ihm benannter Reisehandbücher erschien.

⁴⁷ Golconda – ursprünglich Stadt in Indien, in deren Umgebung Rubine und Saphire gefunden wurden; nun etwa »Goldgrube«.

⁴⁸ Bonanza – (span.) »großes Glück«; Bezeichnung für eine reiche Gold- oder Silberader.

49 Alpakarock – Rock aus Alpaka, einem glänzenden Stoff mit Leinwandbindung, für den unter anderem das Haar des in Südamerika beheimateten Lama pacos Verwendung fand.

50 Niagara – Verbindungsstrom zwischen dem Erie- und dem Ontariosee. Der Höhenunterschied zwischen den beiden Seen beträgt rund 100 m. Die Wassermassen des Niagara stürzen in zwei Hauptfällen herab. Der östliche, amerikanische Fall ist 330 m breit und 47 m hoch, der kanadische ist 578 m breit und 44 m hoch.

51 Kirkhams Grammatik – von dem Amerikaner Samuel Kirkham 1823 veröffentlichter und danach mehrmals neu aufgelegter Leitfaden der englischen Grammatik.

52 Macaulay – Thomas B. Macaulay (1800–1859), bürgerlicher englischer Politiker, Historiker und Schriftsteller.

53 Potomac – Fluss im Osten der USA, an dessen Ufer im amerikanischen Bürgerkrieg (1861–1865) viele erbitterte Kämpfe stattfanden.

54 Missouri – nach dem gleichnamigen Fluss genannter Staat im Mittleren Westen der USA, in dem Mark Twain seine Kindheit und Jugend verbrachte.

55 Mr. Ruskin – John Ruskin (1819–1900), englischer Kunsttheoretiker, -kritiker und Sozialreformer.

56 Ein bisschen Bildung ... – Dieses Motto stammt von Mark Twain; die Sprüche Salomos in der Bibel haben nur XXXI Kapitel.

57 Ararat – Berg im türkischen Armenien, auf dem nach der Bibel die Arche Noah gelandet sein soll.

58 Frau Marlitt – Pseudonym für Eugenie John (1825–1887), Verfasserin zahlreicher kitschiger Unterhaltungsromane.

59 4. Juli – Jahrestag der amerikanischen Unabhängigkeitserklärung (4.7.1776); Nationalfeiertag der USA.

60 he boards – (engl.) hier: er lebt.

⁶¹ resolved to tackle this business in the German language –
(engl.) entschlossen, diese Angelegenheit in deutscher Sprache
in Angriff zu nehmen.

⁶² interlarding ~ (engl.) Einflechten.

⁶³ not a very copious language – (engl.) keine sehr wortreiche
Sprache.

⁶⁴ Goethe in seinem »Verlorenen Paradies« – Das Epos stammt
nicht von Goethe, sondern von dem englischen puritanischen
Dichter und Politiker John Milton (1608–1674).

⁶⁵ concord – (engl.) Eintracht.

⁶⁶ a welcome und inspiriting spectacle – (engl.) ein willkomme-
nes und ermutigendes Schauspiel.